LE GUIDE DES SECRETS ET ASTUCES DE GRAND-MÈRE

EDITIONS ESI

Sommaire

Le guide des secrets et astuces de grand-mère

Beauté

Sommaire

Sommaire

Forme et santé

Sommaire

Cuisine

Sommaire

Sommaire

Maison

Sommaire

Sommaire

Jardin

Sommaire

Vêtements

Sommaire

Merci Grand-mère !

C'est tellement simple, il suffisait juste d'y penser !
Voilà souvent ce que nous inspire une bonne astuce de grand-mère. Une évidence, en somme, née de l'expérience et d'une subtile dose de bon sens. Ces astuces, nous les avons certainement apprises ou entendues un jour. Mais le manque de temps et le sentiment que tous les remèdes efficaces se trouvent dans le commerce les ont effacées de nos mémoires.
Peu à peu, nous sommes tous devenus dépendants des produits manufacturés et du savoir-faire des autres. Les astuces de grand-mère nous apprennent au contraire que l'on peut faire beaucoup par soi-même et ce dans tous les domaines, en cuisine comme au jardin. Et le plus souvent, tous les produits et outils dont vous aurez besoin dorment déjà dans vos placards. Dorénavant, si vous tombez en panne de déodorant, si vous rayez une assiette en faïence ou si vous tachez votre nouveau pantalon de cambouis… avant de courir au magasin, jetez un coup d'œil à notre sommaire ! La solution à votre problème se trouve peut-être dans ces pages.

Beauté

Tous les fabricants de cosmétiques nous le disent : leurs produits sont naturels car la nature et ses plantes nous offrent tous les actifs nécessaires à notre beauté. Prenons-les au mot en fabriquant nos propres produits, du masque au déodorant. À l'époque de nos grands-mères, on ne trouvait pas de parfumerie à chaque coin de rue. La beauté était souvent l'affaire de quelques produits, judicieusement choisis et bon marché. Pour le plaisir de la découverte (ou plutôt de la redécouverte), pour dépanner quand on a terminé son pot de crème miracle, réapproprions-nous donc ces petites recettes qui n'ont pas pris une ride. Ces basiques de la beauté faits maison sont aussi un appel à la créativité. Une fois que l'on a compris les règles de base, on peut improviser ! Nos astuces vous inspireront certainement de nouvelles recettes bien à vous qui deviendront peut-être un jour des astuces de grand-mère.

Raffermir ses seins

Pour garder une bonne tenue et ne pas que vos seins commencent à tomber prématurément, rien de tel que le sport, et une bonne douche froide ! Après la douche, effectuez des massages circulaires avec un glaçon sur vos seins. Partez de la base et remontez jusqu'au cou. Le froid tonifie les tissus et active la circulation.

Fixer le rouge à lèvres

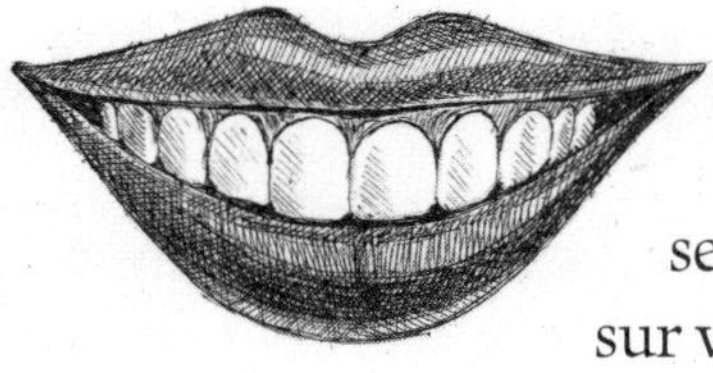

Le rouge à lèvres, c'est bien beau, mais ça ne fait pas long feu ! Et vous ne pensez pas forcément d'une à avoir votre tube sur vous, et de deux à vous regarder dans le miroir toutes les heures pour savoir si vous devez en remettre. La solution ? Passez un glaçon sur vos lèvres, essuyez et appliquez votre teinte : elle tiendra bien plus longtemps !

Préparer sa peau au maquillage

Avant de vous enduire le visage de moult produits, prenez le réflexe de vous passer un glaçon sur la peau afin qu'elle soit mieux préparée. Le froid raffermit l'épiderme. Étalez votre crème de jour, puis procédez à votre maquillage habituel. Il tiendra plus longtemps et vous serez belle jusqu'à la tombée de la nuit !

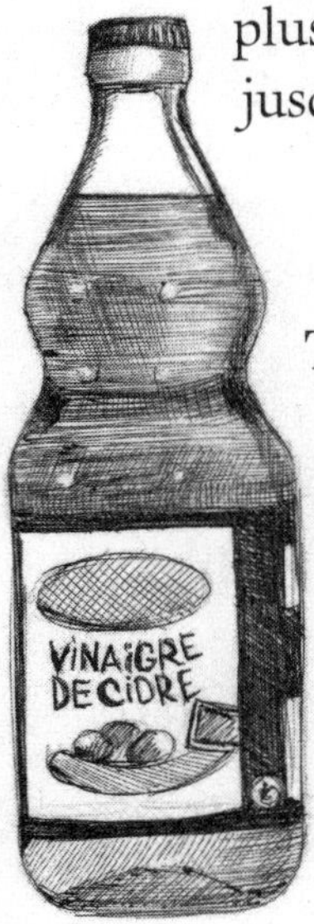

Solution tonique

Tonifiez la peau de votre visage avec cette lotion concoctée par les soins de nos grands-mères. Diluez du vinaigre et de l'eau tiède à parts égales. Faites-y fondre un cachet d'aspirine effervescent. À appliquer matin et soir sur votre visage : votre peau n'en sera que plus radieuse de jour en jour.

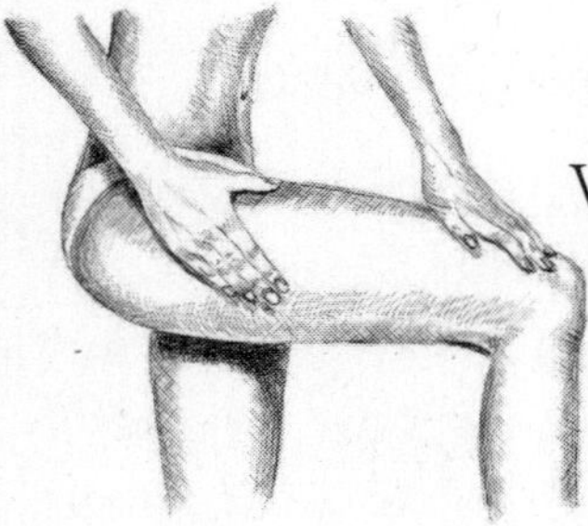

Poils incarnés

Vous menez un combat acharné contre les poils incarnés, essayant moult gommages dont l'efficacité reste encore à prouver… Préparez cette lotion : faites bouillir 1 litre d'eau et versez-y le jus d'un demi-citron et 5 clous de girofle. Laissez infuser une nuit, filtrez et laissez refroidir. Passez sur vos jambes un coton imbibé de cette préparation, et les poils sortiront !

Chute de cheveux

Vous en avez assez de perdre vos cheveux ? Donnez-leur un peu de tonus ! Mélangez de l'huile d'amande, quelques graines de fenac, quelques clous de girofle et une poignée de lavande. Laissez macérer 2 semaines puis filtrez. Appliquez sur vos cheveux et laissez agir 30 minutes, avant le shampoing.

Cheveux abîmés

Le stress, l'alimentation, le temps, la piscine… autant de facteurs qui fragilisent vos cheveux et favorisent leur dégradation. Prenez soin d'eux avec ce masque naturel : faites chauffer de l'huile d'olive et versez-y une poignée de clous de girofle. Laissez macérer une nuit, filtrez. Appliquez sur cheveux secs 30 minutes puis procédez à votre shampoing.

Bain de bouche

Impossible de trouver votre bain de bouche habituel en rayon… et pourquoi ne pas le confectionner vous-même ? Faites bouillir 20 cl d'eau et faites-y infuser 10 clous de girofle. Laissez refroidir : votre bain de bouche est prêt. Naturel, il possède des vertus antiseptiques et lutte également contre la mauvaise haleine : 2 en 1 !

Contre l'acné

L'acné a déjà gâché votre adolescence… il est temps de la faire disparaître une bonne fois pour toutes ! Profitez des vertus bactéricides des clous de girofle. Faites bouillir dans 40 cl d'eau 10 clous de girofle pendant 30 minutes. Filtrez et laissez refroidir. Ajoutez le jus d'un demi-citron : la lotion est prête. À appliquer matin et soir.

Reflets dorés

Obtenir des reflets dorés qui illumineront vos cheveux châtains ternes, facile avec Mamie ! Mélangez 4 clous de girofle, une pincée de thé, l'écorce d'une orange séchée et 1 cuillère à soupe de thym. Faites bouillir le tout 5 minutes puis laissez infuser une nuit. Le lendemain, la lotion est prête : filtrez et vaporisez sur vos cheveux après le shampoing, sans rincer.

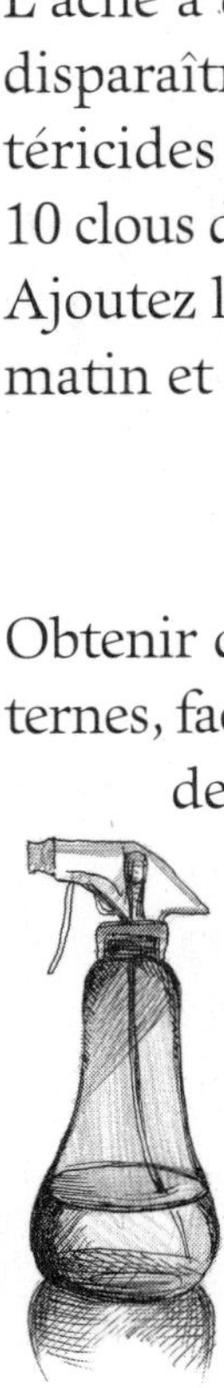

Contre la mauvaise haleine

Moi, mauvaise haleine ? On se rend difficilement compte de l'odeur que dégage notre bouche. N'attendez pas qu'on vous le fasse remarquer et prenez les devants : neutralisez la mauvaise odeur en suçant ou en mâchant un clou de girofle. Effet passager mais garanti !

Huile de massage maison

Au lieu de dépenser des mille et des cents dans des huiles de massage, pourquoi ne pas la fabriquer vous-même ? Préparez un liniment oléocalcaire : de l'eau de chaux amalgamée à de l'huile végétale. Elle nourrira et adoucira votre peau, et sera tout aussi efficace pour vos séances de massage.

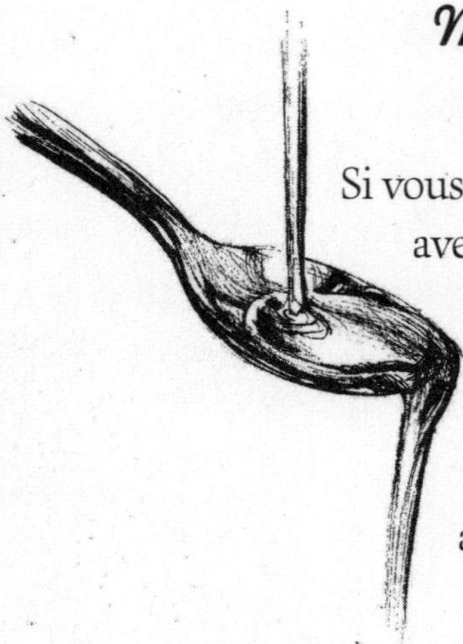

Mamelons irrités par l'allaitement

Si vous avez choisi d'allaiter votre enfant, vous avez sûrement le bout des seins irrités, présentant même parfois des crevasses. Le liniment oléocalcaire à base d'eau de chaux et d'huile d'olive, qui protège et adoucit la peau, s'avère efficace pour aider vos mamelons à cicatriser.

Un liniment sur-mesure

Le liniment se réalise à parti d'eau de chaux et d'huile végétale. Choisissez l'huile qui vous convient le mieux : l'huile d'olive nourrit, protège et assouplit la peau ; l'huile de noisette est conseillée pour les peaux grasses ; l'huile de jojoba, très grasse, convient à tout type de peau ; l'huile d'amande douce est recommandée pour les peaux délicates.

Démaquillant maison

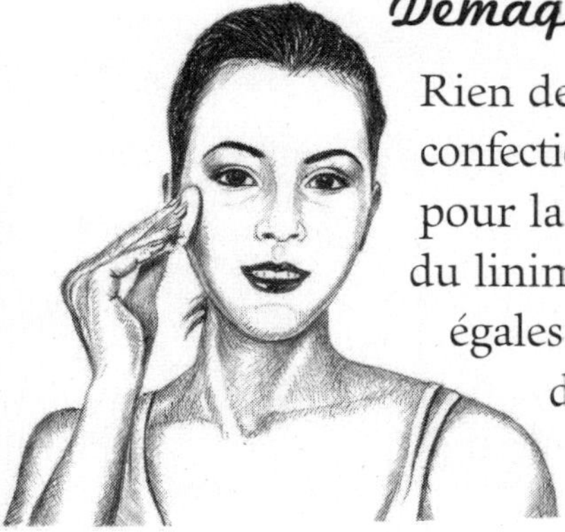

Rien de plus simple que de confectionner son propre démaquillant, doux pour la peau et écolo ! Il suffit de réaliser du liniment oléocalcaire. Mélangez à parts égales de l'eau de chaux et l'huile végétale de votre choix. Ce démaquillant est particulièrement efficace pour enlever le mascara.

Crème hydratante maison

Le liniment oléocalcaire, préparation à base d'huile végétale et d'eau de chaux, peut s'utiliser comme crème hydratante. Sa texture grasse nourrit la peau et laisse une fine pellicule qui la protégera des attaques extérieures. Il est recommandé comme lait de toilette pour bébé.

Contre l'eczéma

Les personnes sensibles à certains allergènes peuvent développer des allergies cutanées, comme l'eczéma. Du liniment oléocalcaire peut s'avérer efficace pour le soulager. Il est facile de le confectionner : mélangez de l'huile d'olive et de la chaux à parts égales. Apposez ce mélange sur les plaques d'eczéma.

Contre les boutons

Vous êtes sujettes aux boutons ? Et pas seulement sur le visage… Optez pour le navet. Même si le goût vous rebute, n'ayez crainte, vous n'aurez pas à le manger, mais à le presser. Obtenez quelques gouttes de son jus dont vous imbiberez un coton. Passez-le sur les parties concernées puis rincez au savon noir.

Limiter la cellulite

La plupart des femmes sont touchées par la cellulite. Il est difficile de la faire disparaître mais, en prévention, utilisez cette décoction : 500 g de fleurs de bouton-d'or séchées, 10 gouttes d'huile essentielle de sauge et 10 de sarriette dans

1 litre d'eau bouillante. Filtrez et versez dans votre bain, n'y restez pas plus de 15 minutes.

Lotion antipellicules

Des pellicules sur le col de votre veste, pas très classe. Pour faire cesser leur apparition, faites macérer 20 g de sauge, 20 g de romarin et 20 g de serpolet dans 1 litre d'eau durant 5 heures. Faites bouillir puis filtrez. Frictionnez votre cuir chevelu avec cette lotion refroidie quotidiennement, durant 8 jours.

Pieds odorants

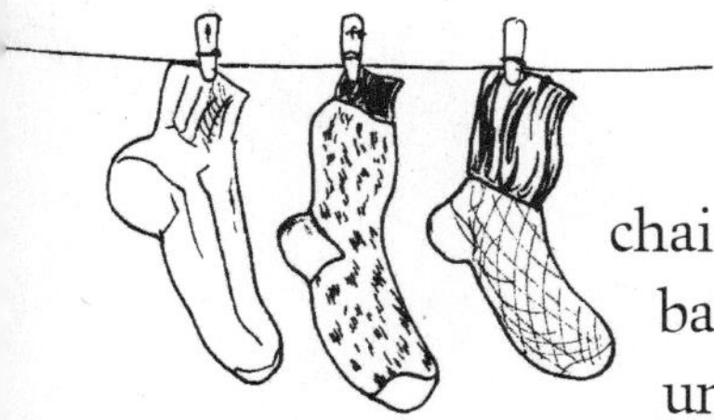

Vous n'osez pas ôter vos chaussures, au risque d'asphyxier vos acolytes. La prochaine fois, vous penserez à faire prendre un bain à vos pieds : dans de l'eau chaude, versez une poignée de sauge, de basilic, d'eucalyptus et de thym. Et adieu les mauvaises odeurs.

Mauvaise haleine

Avoir mauvaise haleine est un phénomène courant : problèmes de dentition, affections buccales, ou tout simplement la consommation d'aliments au goût prononcé, comme l'ail ou le fromage. Limitez son apparition grâce à la sauge : il suffit d'en mâcher quelques feuilles pour rafraîchir votre bouche.

Contre la chute de cheveux

Agissez avant d'avoir perdu tous vos cheveux ! Préparez-vous une lotion maison contre la calvitie : faites macérer 20 g de sauge, 20 g de romarin et 20 g de thym dans 1 litre d'eau, pendant 12 heures. Faites chauffer puis filtrez. Une fois refroidie, utilisez-la en frictions avant chaque shampoing. Conservez-la au frais.

Masque purifiant

Purifiez votre peau : la sauge agit contre le sébum. Dans un bol, mélangez 2 cuillères à café de miel, 1 cuillère à café d'argile verte, 3 gouttes d'huile essentielle de sauge sclarée et 2 cuillères à soupe d'eau. Votre masque est prêt : appliquez-le 15 minutes sur votre visage, puis rincez.

Dentifrice maison

Confectionnez votre propre dentifrice avec des produits naturels. Mélangez dans un bol 1 cuillère à café de feuilles de sauge, 1 cuillère à café de poudre de racine d'iris, 1 demi-cuillère à café d'huile de cannelle, la pulpe écrasée d'un citron et 1 cuillère à soupe d'eau. Conservez-le à température ambiante. Très efficace contre le jaunissement des dents !

Coup de soleil au visage

Vous avez fait l'erreur de vous endormir au soleil dans votre jardin : c'est bien beau de bronzer, mais il faut se protéger ! La peau de votre visage tire, il vous faut la soulager. Faites bouillir 50 cl d'eau et versez-y une cuillère à soupe de feuilles de sauge. Laissez infuser 10 minutes et rincez votre visage avec cette lotion, une fois refroidie.

Obscurcir les cheveux clairs

Nos aïeules savaient se teinter les cheveux de manière naturelle. Elles utilisaient la sauge pour brunir leurs cheveux clairs. Elles faisaient infuser quelques feuilles de sauge dans 50 cl d'eau bouillante, durant 30 minutes. Après l'avoir filtrée, elles appliquaient la solution comme dernière eau de rinçage.

Fini les grignotages

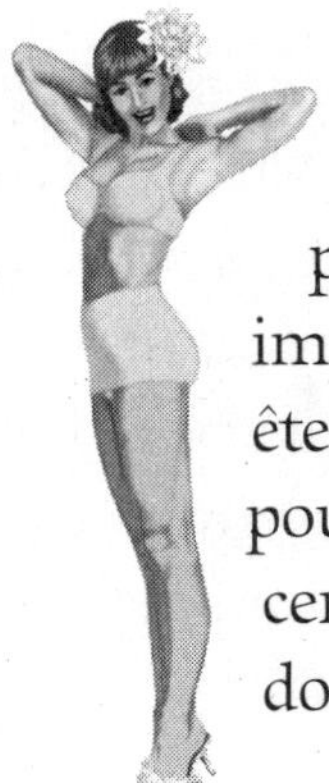

Les beaux jours arrivent, vous devez faire attention pour rentrer dans votre petite robe d'été ! Seulement, impossible de résister aux tentations sucrées. Si vous êtes une adepte des bulles, remplacez les sodas en optant pour l'eau gazeuse. Le goût sucré des sodas stimule le cerveau qui en redemande encore plus et vous incite donc à grignoter.

Blanchir les dents

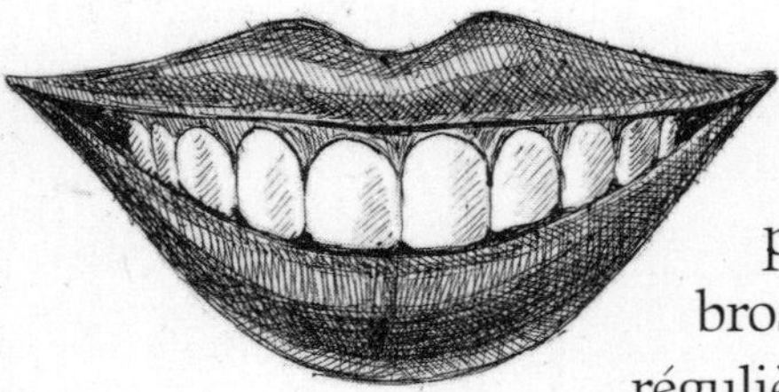

Vous pouvez utiliser le sel de deux façons pour rendre vos dents plus blanches. Tout d'abord, versez un peu de sel fin sur votre dentifrice et brossez-vous les dents avec. Enfin, faites régulièrement des bains de bouche avec de l'eau salée tiède.

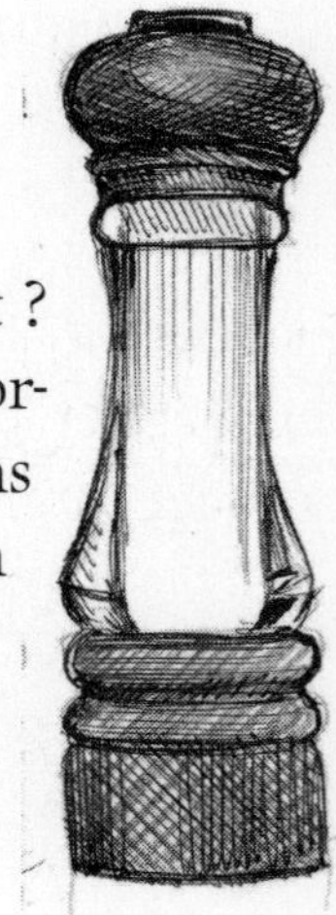

Ongles fragiles

Vos ongles ont tendance à se casser facilement ? Nourrissez-les en leur faisant prendre des bains fortifiants. Plongez-les une quinzaine de minutes dans de l'eau chaude salée, à raison de 4 g de sel pour un demi-litre d'eau. Renouvelez l'opération plusieurs fois par jour, durant une semaine.

Tonus et brillance des cheveux

Vos cheveux sont ternes ? Massez-les avec cette mixture de grand-mère : 2 cuillères à soupe d'huile d'olive additionnées à 2 cuillères à soupe de jus de citron et un jaune d'œuf. Laissez agir une dizaine de minutes puis rincez abondamment. Vos cheveux ont retrouvé leur éclat !

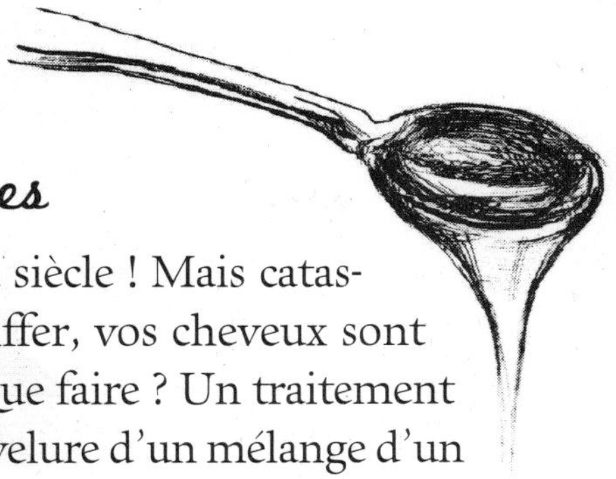

Baume pour cheveux ternes

Ce soir, c'est le rendez-vous du siècle ! Mais catastrophe, impossible de vous coiffer, vos cheveux sont tout raplapla et indisciplinés. Que faire ? Un traitement express ! Badigeonnez votre chevelure d'un mélange d'un jaune d'œuf et d'une cuillère à café de miel et entourez de film plastique. Au bout de 10 minutes, rincez et shampoinez.

Adieu la moustache

Avis à ces messieurs : au lieu de vous raser la moustache, préférez la pince à épiler, cela vous évitera cette petite trace noire persistante. Après cet intense moment de concentration, pensez à appliquer une lotion à la camomille pour éviter l'éruption de la peau.

Préparer sa peau

Avant de vous maquiller, votre peau doit être bien propre et préparée. Appliquez cette décoction au préalable : dans 50 cl d'eau, versez une bonne poignée de feuilles de persil et une de fleurs de camomille. Faites bouillir pendant 15 minutes. Ne vous brûlez pas : laissez tiédir avant de vous nettoyer le visage avec.

Masque purifiant

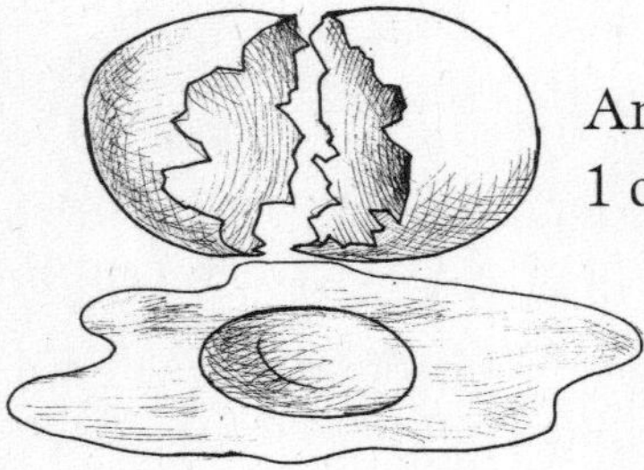

Amalgamez ces ingrédients dans un bol : 1 œuf, 1 cuillère à soupe de miel, 1 cuillère à café de fleurs de camomille sèches, 1 cuillère à café de menthe finement coupée. Mélangez bien le tout. Appliquez ce masque sur votre visage. Une fois sec, rincez à l'eau tiède : votre peau est belle à croquer.

Après-shampoing

Nos grands-mères savaient prendre soin de leur blanche chevelure. Pour éviter qu'elle ne jaunisse, elles se massaient les cheveux avec un après-shampoing maison : une infusion de camomille. Quelques fleurs de camomille dans de l'eau bouillante pendant 15 minutes. Filtrez, la potion est prête !

Contre les points noirs

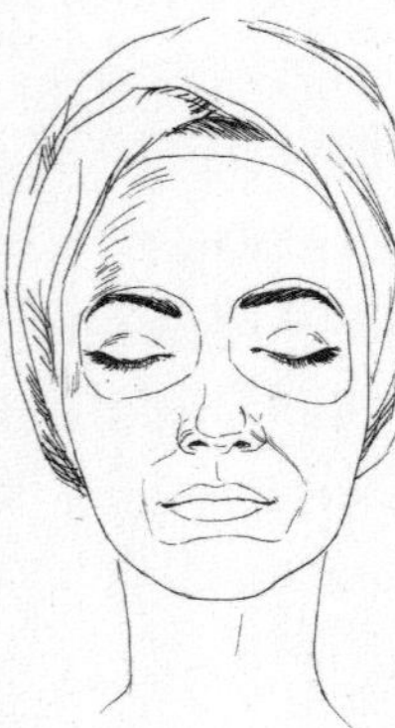

Halte aux points noirs ! Optez pour ce masque purifiant facile à réaliser. Délayez 2 cuillères à café d'argile verte dans un peu d'eau florale de camomille allemande. Mélangez jusqu'à obtenir une pâte lisse mais pas trop liquide. Appliquez le masque sur une peau propre pendant 20 minutes puis rincez.

Antirides naturel

Vous commencez à voir apparaître de petites ridules au coin de vos yeux et de votre bouche… Avec l'âge, elles deviennent inévitables. Prévenez leur apparition et atténuez-les en vous massant le visage avec un peu d'huile d'olive additionnée de jus de citron. Répétez ce geste tous les soirs.

Autobronzant naturel

Faites infuser 30 cl de thé assez fort. Faites fondre au bain-marie 3 cuillères à soupe d'huile de noix de coco, 3 cuillères à soupe de beurre de cacao et 3 cuillères à soupe d'huile d'olive. Hors feu, ajoutez le thé infusé. Mélangez et laissez refroidir. Votre autobronzant est prêt à l'emploi !

Soulager les mains rougies

Les travaux ménagers, avec l'utilisation de produits toxiques, ou encore le froid abîment nos mains. Si vous n'avez pas pris l'habitude de mettre des gants, vos mains peuvent réagir et devenir rouges suite à ces irritations. Pour les apaiser, plongez-les un instant dans de l'eau chaude salée puis massez-les avec de l'huile d'olive.

Contre les jambes lourdes

Il arrive que vos jambes soient lourdes et enflées : ceci est dû à une mauvaise circulation sanguine. Massez-les avec cette préparation : 15 cl d'huile d'olive mélangés à 50 gouttes d'huile essentielle de cyprès et 20 gouttes d'huile essentielle de citron. Vos jambes seront soulagées et désenflées.

Talons cornés

Les pieds supportent tout le poids du corps et en font les frais ! Vos talons sont souvent cornés ? Le soir, massez-vous les pieds avec de l'huile d'olive et enfilez des chaussettes pour dormir. Au réveil, prenez un bain de pieds chaud. La corne sera ramollie et vous pourrez l'éliminer assez facilement.

Raffermir la poitrine

Pour redonner fermeté et douceur à votre poitrine, un petit massage quotidien s'impose. Diluez quelques gouttes d'huile essentielle de mélisse dans de l'huile d'olive. Appliquez la préparation sur votre poitrine chaque soir puis massez-vous avec. Vos seins deviendront plus fermes et seront correctement hydratés.

Éliminer la résine

Vous avez de la résine plein les doigts ? Impossible de les décoller. Même après plusieurs lavages, elle ne veut pas s'en aller ! Pour l'éliminer du premier coup, c'est très simple : lavez-vous les mains avec de l'huile d'olive. Rincez ensuite à l'eau claire, et le tour est joué.

Démaquiller une peau sèche

Si vous avez la peau sèche, démaquillez-vous le visage avec de l'huile d'amande douce. Elle nourrira votre peau par la même occasion. Vous pouvez la mélanger à parts égales avec de l'huile de sésame et de l'huile d'olive. Rincez-vous ensuite le visage avec de l'eau de rose.

Baume pour cheveux abîmés

Après moult colorations et agressions dues au soleil, à la mer, à la piscine… vos cheveux s'en trouvent bien abîmés ! Nourrissez-les en leur faisant prendre un bain d'huile d'amande douce. Badigeonnez-en vos cheveux puis enroulez-vous autour de la tête une serviette chaude. Laissez agir une bonne heure, puis faites un shampoing doux.

Baume pour cheveux secs

Vos cheveux sont rêches et cassants ? Vous avez donc besoin de les nourrir correctement : fabriquer un masque maison de grand-mère. Faites fondre au bain-marie 3 cuillères à soupe de miel et 3 cuillères à soupe d'huile d'amande douce. Hors du feu, ajoutez 3 cuillères à soupe de crème fraîche. Laissez agir 30 minutes avant de procéder au shampoing.

Éliminer la cellulite

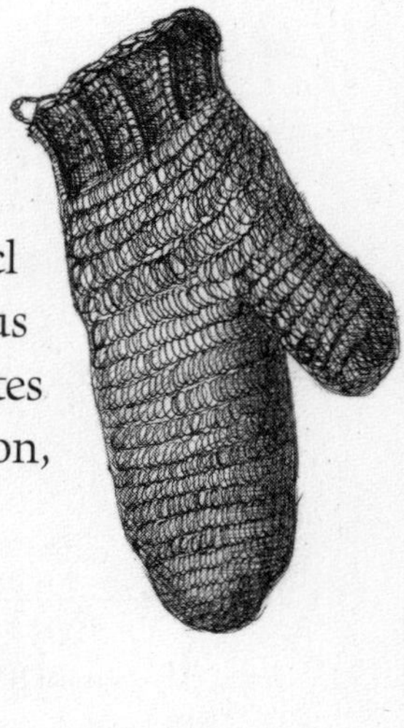

Après votre toilette, massez votre peau avec un gant de crin puis pratiquez le palper-rouler. Massez ensuite les zones concernées avec 10 cl d'huile d'amande douce dans laquelle vous aurez dilué au préalable, au choix, 100 gouttes d'huile essentielle de sauge, de cyprès, de citron, de genièvre ou de géranium.

Contre les ongles trop durs

Il arrive que les ongles deviennent très durs, en particulier ceux des pieds. Ils sont ainsi assez difficiles à couper. Pour les ramollir, pensez à prendre régulièrement un bain de pieds bien chaud. Massez-les ensuite avec de l'huile d'amande douce. Leur coupe sera facilitée.

Un après-soleil naturel

L'été, vous aimez vous prélasser au soleil et ainsi obtenir un joli teint hâlé. Mais pour éviter de peler, il faut bien hydrater sa peau ! Chaque soir, avant d'aller vous coucher, enduisez votre peau propre avec cette préparation : le jus d'un concombre mixé additionné de 2 cuillères à soupe d'huile d'amande douce.

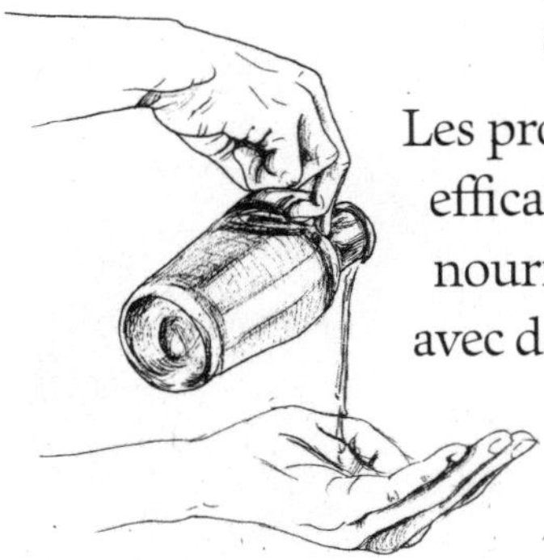

Bien hydrater son corps

Les produits onéreux qui n'ont pas prouvé leur efficacité, très peu pour vous. Il est facile de nourrir sa peau, simplement en vous massant avec de l'huile d'amande douce. Appliquez-la le matin, après votre toilette, puis séchez votre peau à l'aide de coton pour ne pas coller toute la journée.

Des jambes douces après rasage

Vous êtes une adepte du rasage quotidien ? L'épilation, très peu pour vous. Le rasoir a tendance à abîmer et assécher la peau, c'est pourquoi il faut bien l'hydrater. Pour que vos jambes soient vraiment douces après les avoir rasées, massez-les avec de l'huile d'amande douce. Laissez agir 5 minutes puis rincez à l'eau claire.

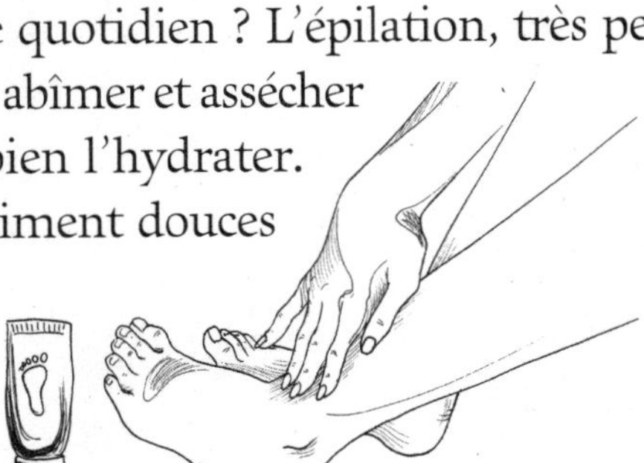

Effacer les décalcomanies

Vos enfants ont la fâcheuse manie de vous coller sur le bras les tatouages qu'ils trouvent dans les paquets de chewing-gum. C'est marrant, certes… mais au travail, ça fait plutôt mauvais genre ! Rien de tel qu'un coton imbibé de vinaigre blanc pour les faire disparaître.

Dentifrice maison

Vous vous apprêtiez à vous brosser les dents avant d'aller vous coucher, mais votre tube de dentifrice est fini. Il est bien trop tard pour pouvoir aller en acheter ! Pas de panique, vous irez au lit les quenottes brossées. Frottez votre brosse à dents humidifiée sur du savon de Marseille. Le goût peut surprendre, mais c'est tout aussi efficace.

Démaquillant sucré

Confectionnez votre démaquillant maison aux notes sucrées. Amalgamez 2 cuillères à soupe de crème fraîche avec une cuillère à soupe de miel d'acacia. Mélangez bien, puis ajoutez une cuillère à soupe d'eau de rose et 5 gouttes d'huile essentielle de rose pour fluidifier la mixture.

Estomper les vergetures

Il est difficile d'éliminer les vergetures, mais vous pouvez toutefois tenter de les atténuer avec cette potion de grand-mère : écrasez en purée un demi-avocat et ajoutez-lui une cuillère à soupe de jus de citron et une de miel. Mélangez bien et massez les zones concernées avec cette préparation. Renouveler quotidiennement.

Antirides sucré

Vous aimeriez pouvoir contrer le temps et empêcher l'apparition de ces vilaines rides sur votre visage… Vous n'êtes pas magicienne ? Mamie l'était ! Elle confectionnait un lait de toilette antirides en mélangeant le jus d'un demi-citron vert, 3 cuillères à soupe d'huile de germe de blé et une de miel d'acacia.

Anticernes sucré

Il existe une multitude de produits miracles contre les cernes. Mais leur prix vous laisse perplexe… pourquoi ne pas le créer vous-mêmes ? Une cuillère à café de miel d'acacia dans 10 cl d'eau minérale tiède, et le tour est joué. Vous n'avez plus qu'à l'appliquer à l'aide de 2 cotons sur vos yeux, pendant 5 minutes.

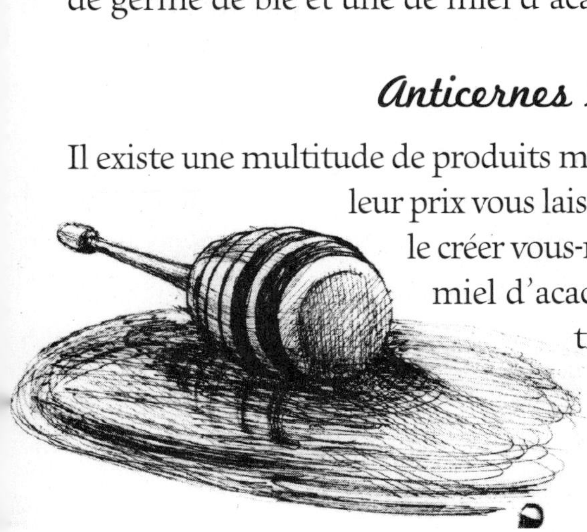

Baume hydratant

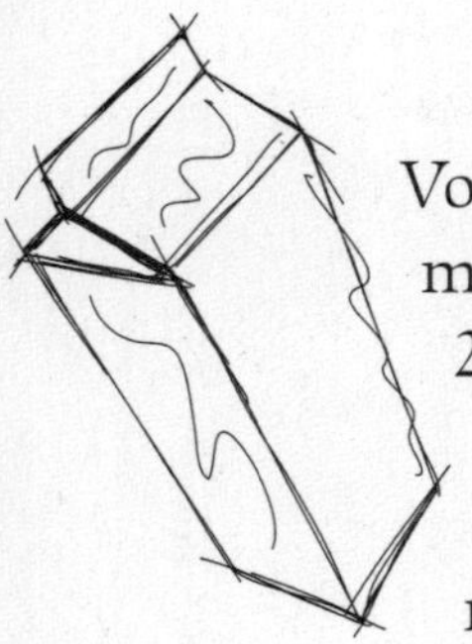

Voici comment réaliser votre baume corporel hydratant à moindres coûts : faites chauffer 1 litre de lait et ajoutez-y 20 g de poudre d'amandes ainsi que 5 cuillères à soupe de miel. Remuez la préparation puis versez-la dans l'eau de votre bain. Plongez-y une vingtaine de minutes, vous en ressortirez la peau douce et nourrie.

Masque tenseur

Retrouvez une mine étincelante grâce à ce masque tenseur alliant les vertus de l'œuf et du café. Pour le réaliser, c'est très simple : il suffit de mélanger un blanc d'œuf avec une cuillère à soupe de miel et une cuillère à soupe de marc de café. Étalez la préparation 10 minutes sur votre visage et votre cou, puis rincez abondamment.

Anticernes caféiné

Un anticernes gratuit, écolo et facile à réaliser ? Adoptez le marc de café ! Mélangez-en une cuillère à café avec une cuillère à café de yaourt ou, à défaut, de fromage blanc puis ajoutez quelques gouttes de jus de citron. Laissez refroidir plusieurs heures la mixture au réfrigérateur. Déposez-la ensuite sous vos yeux 15 bonnes minutes puis nettoyez avec un coton. À renouveler toutes les semaines.

Un gommage naturel

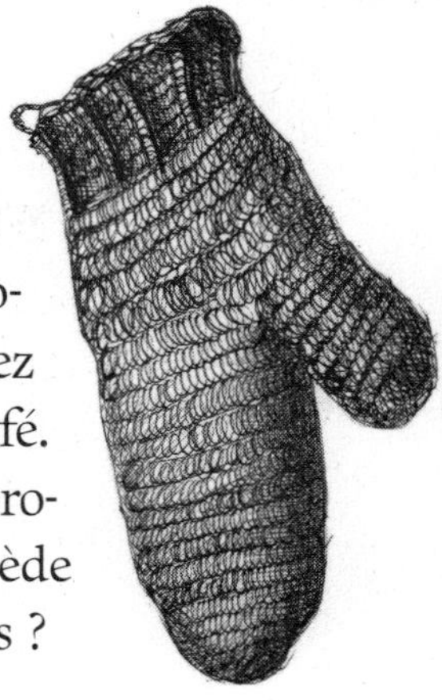

Après en avoir essayé une bonne quantité, vous doutez encore de l'efficacité des gommages corporels que l'on trouve en supermarché ? Ne cherchez plus, vous en avez un sous la main : le marc de café. Utilisez-le sous la douche, il gommera la peau en profondeur. D'une pierre deux coups, la caféine possède des vertus amincissantes. Que demander de plus ?

Chasser l'odeur de l'ail

À force de peler et découper de l'ail, vos mains en ont gardé l'odeur. Ce qui a tendance à titiller vos narines et celles de vos convives. Pour la faire disparaître, c'est très simple : il suffit de vous laver les mains avec du marc de café à la place du savon. Rincez, le tour est joué !

Anticernes fait maison

La pomme de terre se veut également être un allié beauté. Préparez-vous un cataplasme de pommes de terre pour atténuer vos cernes. Râpez ou écrasez en purée une pomme de terre crue. Déposez la mixture entre deux morceaux de gazes. Appliquez pendant 15 minutes les compresses sur vos yeux.

Contre la transpiration

Vous souffrez de transpiration excessive ? Relaxez-vous dans un bon bain ! Portez à ébullition 50 cl d'eau et versez-y 30 g d'ortie, 25 g de sauge, 25 g de prêle et 30 g de valériane. Faites bouillir le tout 30 minutes puis filtrez la préparation. Versez dans l'eau de votre bain et détendez-vous !

Contre les cheveux secs

Nos grands-mères, lorsque leurs cheveux devenaient secs et ternes, se préparaient une lotion à l'ortie blanche. Portez à ébullition 1 litre d'eau et plongez-y 2 poignées d'orties blanches découpées. Laissez infuser 10 minutes et filtrez la préparation. Conservez-la en bouteille, au réfrigérateur. À utiliser tous les matins et après le shampoing.

Contre les cheveux gras

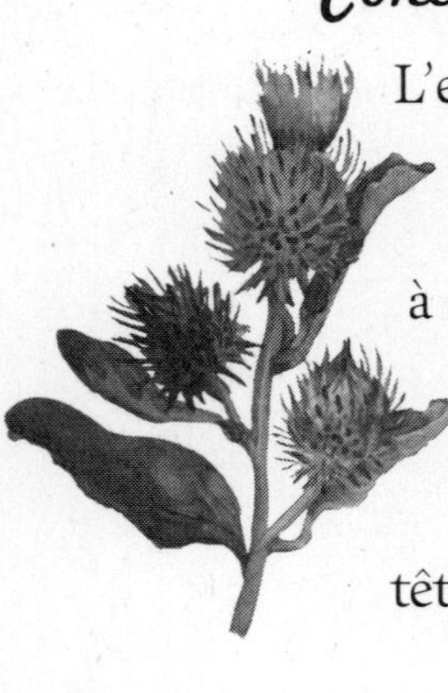

L'excès de sébum au niveau du cuir chevelu est assez désagréable, rendant vos cheveux gras et provoquant de petits boutons. Optez pour un baume à l'ortie : faites macérer pendant 1 mois 50 g de feuilles de roquette, 50 g de feuilles de bardane et 50 g de racines d'ortie dans 50 cl d'alcool à 70°. Filtrez la préparation puis massez-vous la tête avec avant le shampoing.

Cuticules des ongles

Pour prendre bien soin des cuticules de ses ongles, il ne faut surtout pas les couper ! Trempez vos doigts deux fois par semaine dans de l'huile de jojoba additionnée de quelques gouttes d'huile essentielle de lavande. Cela les rendra plus souples. Poussez-les ensuite à l'aide d'un bâtonnet.

Gommage à la lavande

Réalisez un gommage corporel à la lavande : mélangez 6 cuillères à soupe d'huile d'olive à 50 gouttes d'huile essentielle de lavande. Ajoutez à ce mélange 12 sucres que vous aurez légèrement fait fondre au préalable (sans qu'il ne caramélise). Le gommage est prêt : vous n'avez plus qu'à vous masser !

Mycose des ongles

Les mycoses des ongles sont assez contraignantes et difficiles à faire partir. D'autant plus que les traitements ne sont pas toujours efficaces. Essayez ce remède naturel : frictionnez les ongles touchés avec de l'huile essentielle de lavande, matin et soir. Cela peut prendre du temps avant de porter ses fruits.

Sauna contre les points noirs

Assez de ces points noirs incrustés sur votre visage ! Faites bouillir 1 litre d'eau et versez-y quelques gouttes d'huile essentielle de lavande. Versez le tout dans un récipient et placez votre tête au-dessus de ce dernier. Fermez bien vos yeux et recouvrez votre tête à l'aide d'une serviette.

Des ongles fortifiés à l'ail

Il est difficile de prendre soin de ses mains tant on les maltraite tout au long de la journée : au travail, avec les taches ménagères… Si vos ongles ont tendance à facilement se casser, frottez une demi-gousse d'ail sur chacun d'eux. Répétez ce geste régulièrement, tous les jours. Cela vous fera également passer l'envie de les ronger, tant le goût est désagréable !

Contre un bouton de fièvre

Les boutons de fièvre apparaissent sans crier gare, sont douloureux et inesthétiques à souhait ! Pour les faire partir au plus vite, frottez-les avec une gousse d'ail coupée en deux. Cela pique un peu et l'odeur n'est pas très agréable, mais le résultat en vaut la chandelle.

Taches d'encre et de stylo-bille

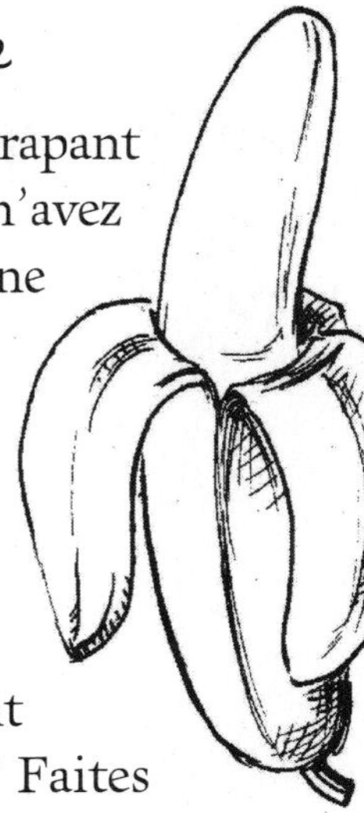

Les taches d'encre et les marques de stylo-bille dérapant sur vos doigts, vous ne les comptez plus. Si vous n'avez pas de savon sous la main, vous pouvez utiliser une peau de banane pour les faire disparaître. Frictionnez vos doigts avec l'intérieur de la peau et les marques ne feront pas long feu.

Prolonger son bronzage

Vous souhaitez garder votre teint hâlé un peu plus longtemps ? Faites infuser pendant 20 minutes 3 sachets de thé dans un demi-litre d'eau chaude. Laissez refroidir. Ajoutez ensuite le jus d'un demi-citron. Mélangez bien la mixture et appliquez-la sur tout le corps. Elle se conserve plusieurs jours. À secouer avant utilisation.

Un fond de teint qui tient

L'application du fond de teint ne se fait pas à la va-vite ! Passez tout d'abord une rondelle de citron sur votre visage. Étalez ensuite votre fond de teint en mouvements circulaires pour qu'il s'applique de manière uniforme. Faites glisser rapidement un glaçon par-dessus : tenue assurée jusqu'à la fin de la journée.

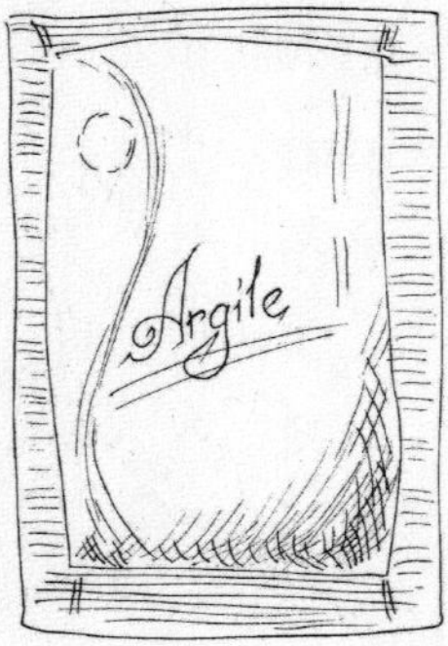

Masque antirides à l'argile

Des ridules commencent à faire leur apparition sur votre visage ? Faites une pâte épaisse avec de l'argile ventilée additionnée d'eau et appliquez-la pendant 2 heures sur votre visage. Répétez ce geste une fois par semaine : vous ferez disparaître les ridules et préviendrez l'apparition des rides.

Masque régénérant

Voici un masque maison qui nourrit, purifie et rajeunit votre peau. Écrasez 6 fraises en purée, puis mélangez-les avec une cuillère à café d'huile d'olive, une cuillère à café d'argile verte en poudre et une cuillère à soupe de crème fraîche. Appliquez sur votre visage et laissez agir 20 minutes, puis rincez.

Contre les boutons de fièvre

Dès l'apparition du bouton de fièvre, c'est-à-dire dès que vous ressentez une sensation de brûlure à la lèvre, passez dessus un glaçon enveloppé dans du tissu. Formez ensuite une pâte avec un peu d'argile verte diluée dans de l'eau et déposez-la sur le bouton. Il guérira ainsi plus rapidement.

Baume contre les crevasses des mains

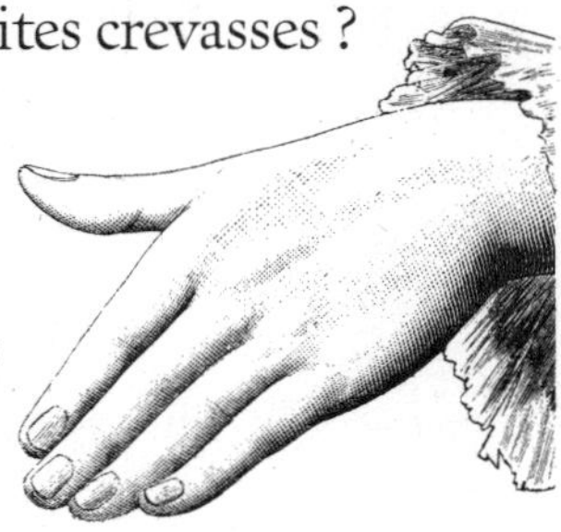

Vos mains présentent de douloureuses petites crevasses ? Soulagez-les avec cette préparation : mélangez 2 cuillères à soupe d'huile d'olive, 2 cuillères à soupe d'argile en poudre et 1 cuillère à soupe d'eau. Enduisez-en vos mains et laissez agir une bonne demi-heure. Rincez avec du lait démaquillant. À renouveler plusieurs jours.

Blanchir les dents et rafraîchir l'haleine

Fabriquez-vous un dentifrice maison : mélangez de l'argile verte en poudre avec un peu d'eau. Trempez-y votre brosse à dents et frottez-les avec. L'argile élimine les toxines présentes dans la salive et les résidus de nourriture restants. Ne l'utilisez pas plus de 3 fois par semaine, il abîme l'émail des dents.

Soin pour cheveux plats

Vous aimeriez avoir une chevelure avec un peu plus de volume ? Diluez 5 cuillères à soupe d'argile verte dans une infusion de lavande (20 g pour 50 cl d'eau). Ajoutez le jus d'un citron et 5 g de chlorure de magnésium. Secouez la préparation et utilisez-la en shampoing. Massez, rincez puis laissez sécher vos cheveux naturellement.

Bain de bouche fait maison

Mélangez : 4 cuillères à soupe de vinaigre de cidre, 1 cuillère à soupe de vodka, 1 cuillère à soupe de glycérine végétale, 1 goutte d'huile essentielle de menthe poivrée, 1 goutte d'huile essentielle de citron et 1 goutte d'huile essentielle de tea tree dans un bocal. Laissez reposer 1 semaine, secouez et filtrez. À diluer à raison d'une cuillère à café pour 10 cl d'eau chaude.

Nettoyer sa brosse à cheveux

Nettoyer sa brosse à cheveux n'est pas une tâche des plus agréables… Toutefois, ne fuyez pas à la vue de cheveux gras emmêlés, impossibles à dépêtrer ! Simplifiez le travail en laissant tremper votre brosse toute une journée dans 1 litre d'eau froide additionnée de 1 cuillère à soupe de bicarbonate de soude.

Un après-rasage sans alcool

Si vous n'aimez pas l'odeur de parfum, parfois forte, des après-rasage et préférez de plus utiliser des produits sans alcool, fabriquez votre propre lotion ! Ajoutez 1 cuillère à café de bicarbonate de soude à 20 cl d'eau tiède. Apaisez votre peau avec ce mélange, elle n'en sera que plus douce !

Un bain deux en un

Profitez des bienfaits du bicarbonate de soude en en versant 1 verre dans votre bain. Vous serez relaxé, votre peau sera tonifiée et plus douce. Il soulage également les courbatures après un effort sportif. Cela nettoie également votre baignoire, qui prend aussi son « bain » !

La chute de cheveux

Voici une astuce de grand-mère… d'Afrique du Nord. Pour favoriser la repousse des cheveux, hachez 2 ou 3 gousses d'ail et plongez-les dans un demi-verre d'huile d'olive chaude. Laissez mariner au moins 2 jours avant d'utiliser cette huile pour masser votre cuir chevelu, en mouvements circulaires, avant le shampoing. Si vous êtes courageux, vous pouvez laisser poser ce masque toute la nuit et ne laver vos cheveux qu'au matin.

Un bouton d'acné

Coupez une gousse d'ail en rondelles. Massez doucement les boutons d'acné avec ces petits morceaux de gousse pour les faire disparaître plus vite.

Une haleine d'ail

Pour masquer une haleine parfumée à l'ail, mâchez et avalez quelques feuilles de persil. Certes, vous risquez de remplacer un inconvénient par un autre : les feuilles de persil ont une fâcheuse tendance à se glisser entre les dents. Vous pouvez alors opter pour une autre méthode : croquez dans un morceau de citron et buvez un peu de jus. Si vous supportez son acidité, vous constaterez une amélioration immédiate.

Faire disparaître une verrue

Coupez une gousse d'ail en rondelles. Appliquez une de ces rondelles sur la verrue avec un sparadrap et passez la nuit ainsi.

Un shampoing sec

Lorsque la douche tombe en panne, on n'a pas toujours un shampoing sec en aérosol ou un sachet d'argile sous la main. La farine peut, aussi bien que l'argile, dégraisser les cheveux en moins d'une minute. Frottez votre cuir chevelu avec une poignée de farine. Patientez une minute et brossez bien vos cheveux. Plus encore que l'argile, la farine laisse les cheveux légèrement ternes. En revanche, ils reprennent volume et tenue.

Un masque de beauté à la farine

Bon marché et très efficace sur les peaux à tendance grasse, ce masque se compose avec tout type de farine. Il suffit de mélanger dans un bol 1 cuillère à soupe de farine, 1 cuillère à soupe de miel et de fluidifier le tout avec, au choix, 1 jaune d'œuf ou 1 cuillère à soupe d'huile d'amande douce. Laissez poser 10 minutes et rincez à l'eau fraîche.

Une peau douce

La farine de maïs affine le grain de peau et la laisse douce et nette. Vous pouvez en ajouter quelques poignées à votre bain ou encore l'utiliser pour gommer la peau de votre visage. Pour cela, il suffit de former une pâte très épaisse avec de la farine et un filet d'eau tiède.

Des cheveux propres et légers

Pour avoir de beaux cheveux, misez sur les bulles ! Rincer ses cheveux à l'eau gazeuse leur redonne souplesse et vigueur et assainit le cuir chevelu.

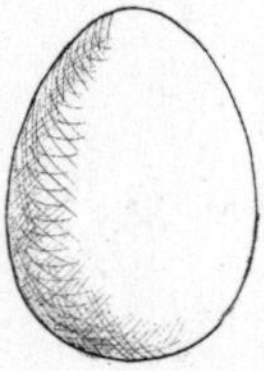

Un regard pétillant

Plus d'anticernes dans votre trousse à maquillage ? Le blanc d'œuf va vous permettre d'atténuer, en quelques instants, cernes et poches. Il suffit d'en passer une pointe sous chaque œil et de l'étaler sur toute l'étendue du cerne ou de la poche. En séchant, le blanc d'œuf va étirer votre peau. Votre regard paraîtra plus jeune et plus « réveillé ».

Un masque pour peaux grasses

Le blanc d'œuf resserre les pores et élimine les points noirs. Étalez le blanc d'œuf au pinceau sur votre visage en évitant le contour des yeux, les sourcils et la racine des cheveux. Si sa texture vous rebute, montez le blanc en neige : le masque deviendra alors beaucoup plus agréable. Vous pouvez ajouter à votre masque une cuillère à soupe de miel, ou de farine de maïs. Laissez poser le masque un bon quart d'heure et ôtez-le avec du coton imbibé d'eau citronnée.

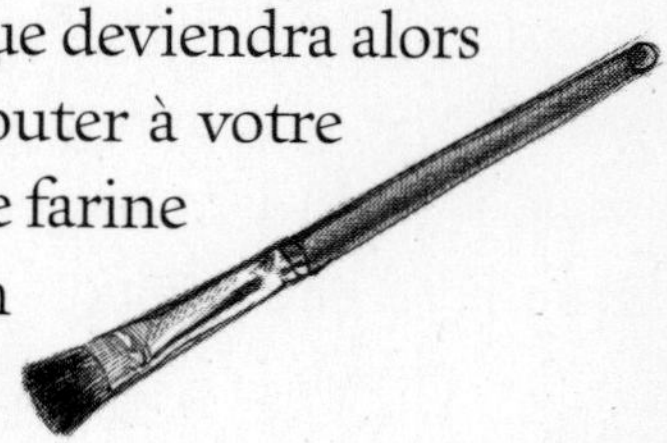

Un masque capillaire

Mélangez 1 jaune d'œuf avec 3 cuillères à soupe d'huile de pépins de raisin. Appliquez sur les longueurs et les pointes. Emballez vos cheveux dans une feuille d'aluminium et laissez poser 20 minutes. Lorsque vous enlèverez la feuille, vos cheveux vous paraîtront très collants, mais après un bon shampoing, ils auront retrouvé vigueur et éclat.

Un shampoing aux œufs

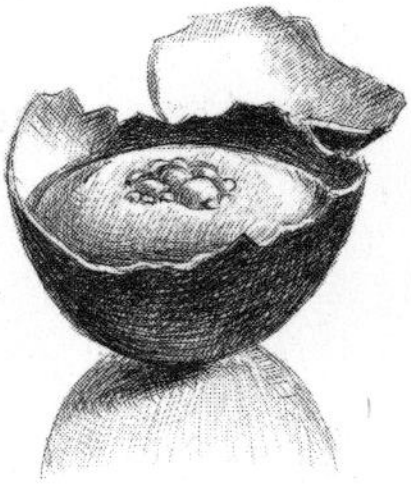

Vous pouvez fabriquer un shampoing aussi efficace que les shampoings du commerce en mélangeant 1 jaune d'œuf, 1 cuillère à soupe de vinaigre de cidre et 1 cuillère à soupe de rhum. Si vos cheveux sont longs, utilisez 2 jaunes d'œufs et s'ils sont très secs, ajoutez 1 cuillère à café d'huile d'amande douce.

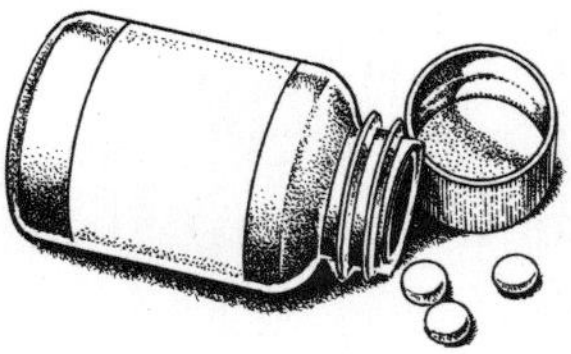

Supprimer une verrue

Il suffit de poser une aspirine sur la verrue et de la mouiller. Laissez-la se dissoudre lentement et au besoin, renouvelez l'application le lendemain.

Des cheveux blonds ternis

À force de baignades dans l'eau chlorée de la piscine, les cheveux blond doré prennent des reflets verdâtres beaucoup moins agréables à regarder. Vous les dissiperez, ou préviendrez leur apparition, en les massant avec une eau dans laquelle vous aurez fait fondre 1 ou 2 cachets d'aspirine (en fonction de la longueur de votre chevelure). Laissez poser cinq minutes, puis lavez vos cheveux. Enfin, n'oubliez pas que le meilleur moyen de protéger vos cheveux du chlore est de porter un bonnet de bain, certes inesthétique mais parfaitement étanche.

Masque anti points noirs

Pour attaquer la peau en profondeur et éliminer les vilains points noirs de votre visage, préparez ce masque maison confectionné par nos aïeules. Mixez une banane avec une pomme de terre préalablement cuite à l'eau. Une fois la mixture refroidie, apposez-la sur votre visage durant une quinzaine de minutes. Rincez abondamment.

Venir à bout des points noirs

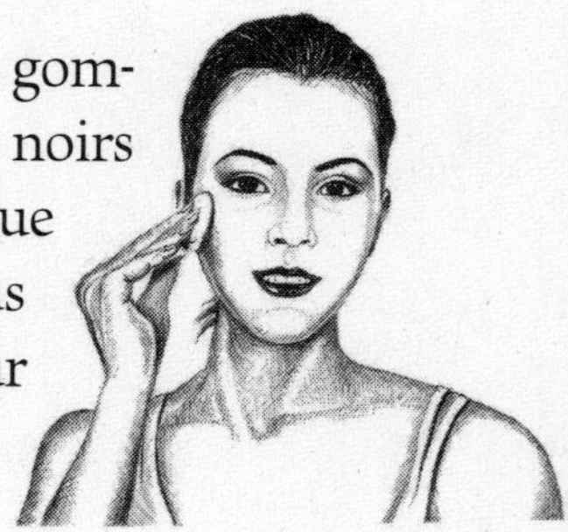

À l'époque de nos grands-mères, les divers gommages et produits pour enlever les points noirs n'existaient pas ! Elles avaient une technique infaillible pour faire disparaître les intrus incrustés sur leur peau : elles frottaient leur visage avec la face interne d'une peau de banane. Effet garanti !

Antirides à la banane

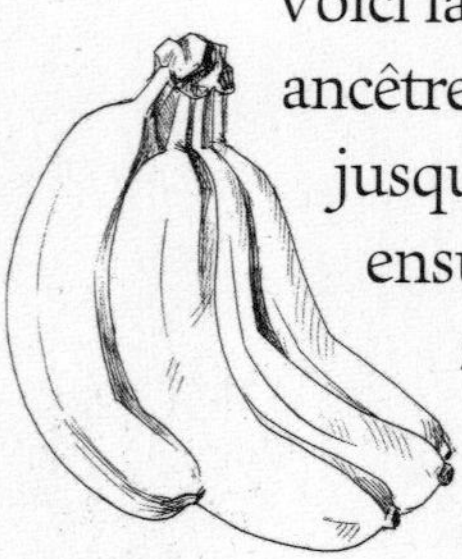

Voici la recette de l'antirides qu'utilisaient autrefois nos ancêtres. Elles écrasaient le quart d'une banane en purée jusqu'à obtenir une texture crémeuse. Elles étalaient ensuite la mixture sur leur visage en insistant sur les zones concernées. Elles laissaient ensuite agir ce masque miracle pendant 20 minutes avant de rincer à l'eau tiède, puis froide.

Après-rasage adoucissant pour les jambes

Après vous être rasée, il est nécessaire d'hydrater correctement votre peau. Confectionnez un baume hydratant maison à l'aide d'une banane écrasée en purée mélangée à de l'huile d'olive et du jus de citron. Massez-vous les jambes avec pendant 15 minutes puis rincez. Attention, la préparation obtenue ne se conserve que 2 jours.

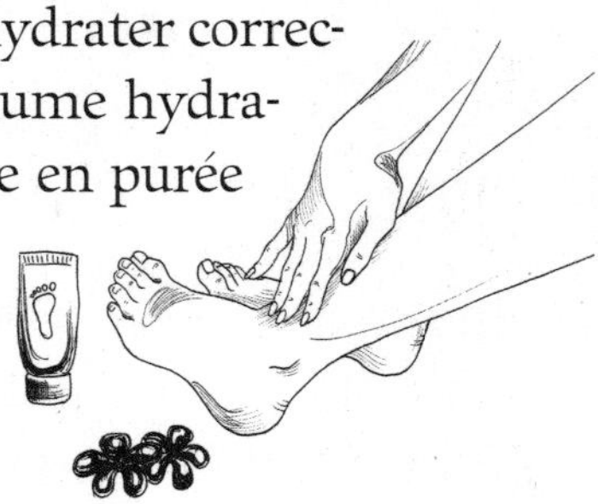

Taches de nicotine sur les doigts

Avis aux fumeurs : vous vous en êtes sûrement déjà rendu compte, fumer laisse de vilaines traces jaunâtres sur vos doigts, ce qui n'est pas des plus esthétiques. Qui plus est, elles ne partent pas si facilement ! Pour venir à bout des traces de nicotine, frottez-les avec l'intérieur d'une peau de banane. Elle chassera également l'odeur désagréable du tabac.

Baume à lèvres écolo

Vous avez oublié votre baume à lèvres à la maison ? Mais le froid ne vous oublie pas, lui ! Pas de panique, sacrifiez un petit bout de votre quatre-heures : prenez un petit morceau de banane et appliquez-le sur vos lèvres. Il hydratera vos lèvres aussi bien qu'un baume en stick. Adieu gerçures !

Agrandir son regard

La nature n'a pas doté toutes les femmes de grands yeux en amande. Heureusement, le maquillage vient à notre secours ! Posez un peu de fard blanc sur le coin interne de l'œil et sous l'arcade sourcilière. À la place de votre crayon khôl habituel, utilisez un crayon blanc-rosé pour souligner l'intérieur de l'œil. Tracez enfin un trait de khôl brun ou noir sous les cils inférieurs, du coin extérieur jusqu'au milieu de l'œil. Estompez ce trait vers l'extérieur.

Allonger un vernis à ongles

Votre vernis à ongles préféré est presque fini ? Vous aviez mal refermé le pot et le vernis est devenu tout pâteux et collant ? Vous lui rendrez sa fluidité et l'allongerez un peu en ajoutant quelques gouttes de dissolvant et en secouant le pot vigoureusement.

Anticernes minute

Votre pot d'anticernes est vide ? Pas de panique : si vous avez un peu de temps devant vous, vous pouvez atténuer vos cernes en plaçant sous chaque œil une compresse imbibée de lait écrémé. Laissez reposer pendant un bon quart d'heure pour une plus grande efficacité.

Anti-rougeurs

Des compresses d'eau de mauve ou un masque réalisé en mélangeant des flocons d'avoine et un yaourt peuvent aider à limiter les rougeurs. Si votre peau est réactive, évitez les repas trop épicés ou trop arrosés, l'exposition au soleil ou les sorties sans cache-nez par grand froid. Optez pour une base de teint verte qui cachera les petites rougeurs.

Autobronzant en excès

Avec l'autobronzant, l'effet bonne mine au naturel n'est au rendez-vous que si l'on sait étaler uniformément le produit et qu'on en connaît bien la teinte finale. Si des traînées orange apparaissent sur votre peau, inutile de faire trois gommages d'affilée sous la douche. Appliquez sur la zone une bonne couche de dentifrice à la menthe forte, laissez reposer un quart d'heure et rincez.

Bain de bouche maison

Pour confectionner votre propre bain de bouche, faites bouillir de l'eau et ajoutez-y une bonne poignée de feuilles de menthe, quelques pétales de rose et quelques grains de café. Laissez infuser ce mélange jusqu'à ce qu'il refroidisse, filtrez-le et conservez-le dans une bouteille.

Bain relaxant

La lavande a des propriétés déstressantes. Faites-vous couler un grand bain chaud et ajoutez-y quelques gouttes d'huile essentielle de lavande.

Bien choisir son soutien-gorge

Trouver un soutien-gorge bien ajusté n'est pas simple. Sa taille est définie par deux éléments : une lettre, correspondant à la profondeur du bonnet, et un nombre, correspondant au tour de buste. Mesurez votre tour de buste avec un mètre ruban que vous placerez sous vos seins. Mesurez ensuite votre tour de poitrine et soustrayez-lui votre tour de buste. Si le nombre obtenu est 13, choisissez un bonnet A, si c'est 15, un bonnet B, etc. Enfin, ajoutez 15 à votre tour de buste pour trouver la taille de soutien-gorge qui vous correspond. Ainsi, si votre tour de poitrine mesure 89 centimètres et votre tour de buste 75 centimètres, vous opterez pour la taille 90 A. Ces mesures ne vous dispensent pas d'un essayage en cabine. Dernière astuce, n'achetez pas un soutien-gorge que vous fermez avec la troisième agrafe : machine après machine, l'élastique va se distendre. Un soutien-gorge bien ajusté se ferme, au moment de l'achat, avec la première agrafe.

Chewing-gum dans les cheveux

Vous vous êtes appuyé contre la paroi de l'autobus sans regarder. Résultat des courses : un chewing-gum s'est incrusté dans vos cheveux. Vous pourrez retirer le plus gros en tirant dessus. Une fois ceci fait, il restera une multitude de résidus. Plutôt que de triturer cette pauvre mèche de cheveux, versez généreusement, sur les restes de chewing-gum, de l'huile alimentaire et massez patiemment jusqu'à ce que tout se décolle.

Cire d'épilation maison

La cire d'épilation est simple à réaliser : il suffit de faire chauffer un mélange de sucre, de miel et de jus de citron. Plusieurs proportions sont envisageables : ainsi, vous pouvez mélanger un verre de sucre et un demi-verre de miel avec le jus d'un demi-citron, ou encore deux verres de sucre, un demi-verre d'eau, une cuillère à soupe de jus de citron et deux de miel. Si vous chauffez les ingrédients à la casserole, retirez du feu quand le mélange blondit. Au micro-ondes, deux minutes sont suffisantes. Dans un cas comme dans l'autre, pour que le mélange prenne, il faut remuer très régulièrement.

Couleur sans fausse note

Quand on essaie pour la première fois une couleur, on craint toujours la catastrophe. Parfois, elle se produit ! Pour être certaine que la couleur que vous avez choisie ne vous décevra pas, collectez, pendant quelques jours, les cheveux qui tombent lorsque vous vous peignez. Vous n'aurez plus qu'à tester la couleur sur cette mèche de cheveux « morts » pour avoir un aperçu valable. Attention : lisez avec attention l'emballage, car la plupart des couleurs chimiques ne peuvent pas se conserver une fois qu'elles ont été mélangées. D'autre part, ce test sur une mèche de cheveux ne vous dispense pas d'un éventuel test sur une zone de peau, pour détecter une allergie au produit.

Dégonfler les paupières

Les yeux gonflés au réveil rendent toute tentative de maquillage hasardeuse. Pour que vos paupières retrouvent leur volume normal, roulez des glaçons dans un linge et posez-le sur vos yeux. À défaut, vous pouvez également mettre sur vos yeux deux cuillères à soupe passées quelques minutes au réfrigérateur.

Si ce problème de paupières lourdes est récurrent, prenez un quart d'heure, le week-end, pour reposer vos yeux en déposant sur vos paupières des sachets d'infusion de camomille déjà utilisés (mouillés et froids).

Démaquillant maison

Moitié eau de chaux, moitié huile d'olive bio : en mélangeant vigoureusement ces deux ingrédients, on obtient du liniment oléocalcaire, un produit naturel utile à toute la famille. Le liniment est principalement employé pour le change des bébés : il nettoie et apaise les rougeurs. Les mamans en auront un tout autre usage : c'est un excellent démaquillant qui laisse la peau souple et hydratée. S'il n'est utilisé que par des adultes, vous pouvez y ajouter une ou deux gouttes d'huile essentielle de votre choix. Le liniment se conserve un mois, mais il se déphase rapidement : il faut le secouer à chaque utilisation. Le mélange sera plus stable si vous remplacez, au moment de la préparation, un peu d'huile d'olive par du beurre de karité fondu.

Démêlant maison

Faites infuser pendant 20 minutes une petite poignée de flocons d'avoine dans de l'eau chaude. Filtrez soigneusement ce mélange (en utilisant un vieux bas, par exemple). Le lait ainsi obtenu est à la fois démêlant et très nourrissant. Appliquez-le deux minutes sur les longueurs et les pointes et rincez.

Dentifrice maison

Il existe de nombreuses recettes de dentifrice. En voici une, peu onéreuse : remplissez à moitié un pot d'argile verte ultra-ventilée, ajoutez de l'infusion de romarin et un trait d'huile d'olive pour former une crème onctueuse et terminez par quelques gouttes d'huile essentielle de menthe, pour une haleine bien fraîche.

Déodorant maison

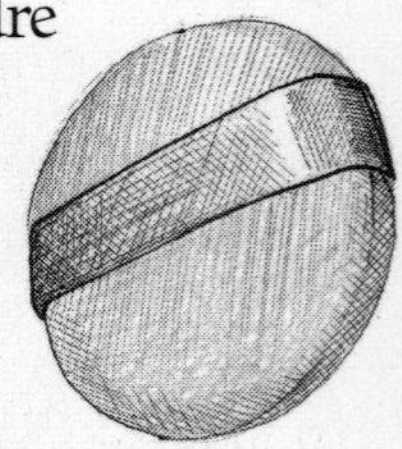

Mélangez à parts égales de la poudre d'alun et de la poudre d'iris. Ajoutez quelques gouttes d'une huile essentielle dont le parfum vous plaît. Ce déodorant en poudre s'applique avec une houppette, certains ajoutent à sa composition un volume de bicarbonate de soude. Le bicarbonate de soude peut également s'employer seul, en le frottant directement sous les aisselles. Si vous êtes adepte des déodorants en spray, il vous suffit de diluer une ou deux cuillerées à café de poudre dans un petit pulvérisateur rempli d'eau.

Dissoudre la colle d'un pansement

Lorsqu'on enlève un pansement en place depuis plusieurs jours, il reste sur la peau une zone imprégnée de colle. L'eau savonneuse n'en viendra pas à bout. En revanche, ces résidus peuvent être enlevés très simplement avec un morceau de coton imbibé de dissolvant. Attention, cette méthode n'est à utiliser que si vous pouvez contourner la plaie.

Eau de rose maison

Plus besoin de l'acheter dans le commerce ! Voici une recette toute simple : faites bouillir de l'eau. Hors du feu, ajoutez-y une grosse poignée de roses ou de toute autre fleur que vous aurez choisie pour réaliser votre eau florale. Laissez infuser 20 à 30 minutes. Attention, avant d'utiliser des fleurs à des fins cosmétiques, il convient de toujours vérifier qu'elles n'appartiennent pas à la liste des plantes toxiques et qu'elles n'ont pas subi de traitement chimique. Autrement dit, cette eau florale est à faire uniquement avec les roses de son jardin, pas avec celles du commerce ! L'eau florale s'utilise notamment en tonique, après le démaquillage.

Éliminer les points noirs

Pour venir à bout plus facilement des points noirs qui vous gâchent la vie, faites bouillir de l'eau, versez-la dans un saladier et restez penchée au-dessus, la tête couverte par une serviette pour garder le plus longtemps possible cette vapeur qui va dilater vos pores. Lorsque vous vous attaquez à vos points noirs, faites-le toujours avec un mouchoir en papier (avec les ongles seuls, vous risquez de vous faire de petites plaies et de les infecter). Une fois par semaine, faites un masque à la papaye : étalez sur votre visage la chair d'une demi-papaye mixée, une dizaine de minutes au plus (ne laissez pas la papaye sécher, elle est alors plus difficile à enlever). Bien entendu, ce masque ne doit pas être réalisé le jour où vous éliminez manuellement vos points noirs.

Faire briller les yeux

Pour avoir un regard pétillant jusqu'au soir, même après une longue journée de travail, misez sur le bleuet, qui va rehausser la couleur du blanc de l'œil. Des gouttes d'eau de bleuet, à mettre dans les yeux tous les matins, s'achètent en parapharmacie. Elles ont pour autre vertu de reposer les yeux, avantage précieux notamment pour les personnes qui travaillent derrière un écran d'ordinateur.

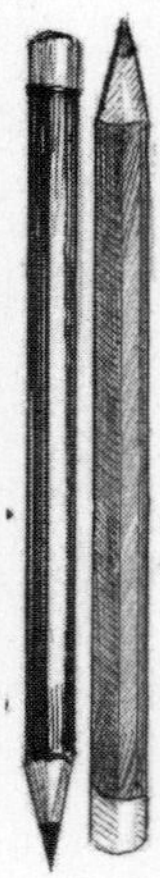

Faire ressortir les lèvres

Vos lèvres sont fines et vous voudriez les mettre en valeur sans avoir recours au rouge à lèvres ? Dessinez le contour de votre bouche, au-delà des lèvres, avec un crayon beige clair-rosé, ou légèrement plus clair que la couleur de votre peau. Estompez le tracé, toujours vers l'extérieur : effet volume naturel garanti !

Fard en excès

Lorsqu'on a eu la main lourde sur le fard à joues ou à paupières, l'erreur à ne pas commettre est de l'estomper avec le doigt. Cela aura pour effet d'écraser le pigment et de le fixer sur la peau. Pour supprimer l'excédent de poudre, utilisez un pinceau de bon diamètre, bien entendu parfaitement propre, et balayez la zone que vous voulez alléger en couleur.

Faux ongles impeccables

Pour nettoyer le dessous des faux ongles, suivez cette petite recette toute simple : diluez une pastille de nettoyant pour dentier dans une tasse d'eau et laissez vos doigts faire trempette quelques minutes.

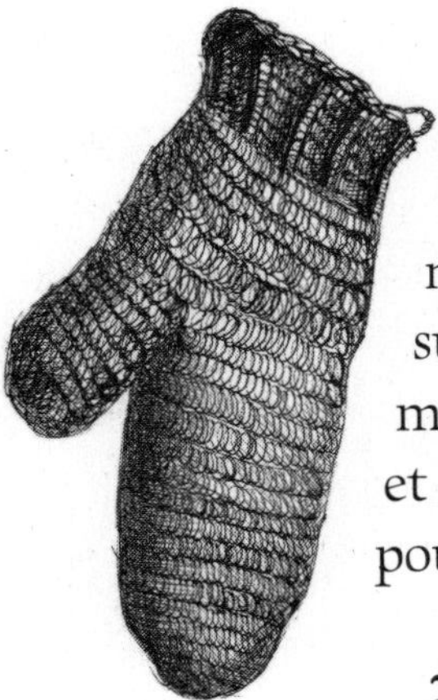

Gommage naturel

Pour obtenir un gommage maison digne des meilleurs instituts, mélangez une demi-tasse de sucre, un quart de tasse d'huile et 2 cuillères de miel bien fluide. Pour liquéfier un peu ce mélange et lui donner une texture plus crémeuse, vous pouvez y ajouter votre gel douche habituel.

Huile de massage tonifiante

Ajoutez à votre flacon d'huile d'amande douce ou d'huile de pépin de raisin un trait d'huiles essentielles de pamplemousse et de gingembre. Mélangez bien et souvenez-vous : si l'huile est tonifiante, le massage doit lui aussi être tonique pour produire ses effets.

Huile de massage anti-âge

Remplacez le dixième d'une bouteille d'huile d'amande douce par de l'huile de bourrache. Nourrissante, elle répare la peau d'où sa réputation d'huile anti-âge. Cette huile de massage constituera également un excellent soin des ongles et cheveux (longueurs et pointes uniquement) cassants.

Lèvres douces

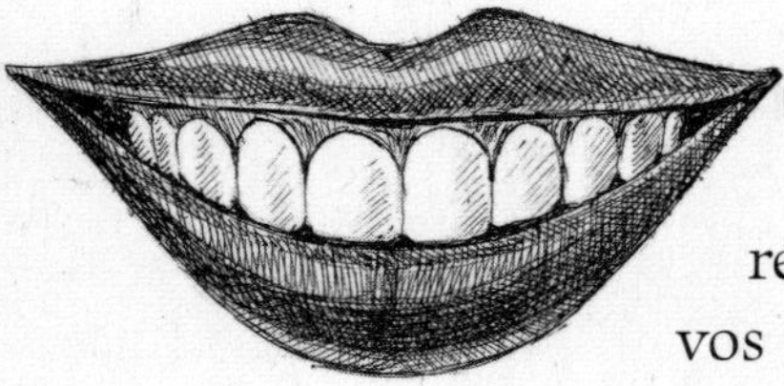

Pour enlever les peaux mortes qui percent sous votre gloss et donnent à votre bouche un aspect peu soigné, réalisez régulièrement un gommage de vos lèvres : frottez-les avec une brosse à dents enduite d'huile d'amande douce.

Manucure sans vernis

Pas besoin de vernis pour avoir des ongles impeccables : faites-leur prendre un bain de jus de citron chaque semaine. Tout aussi efficace que le vernis, un polissoir quatre faces leur donnera un aspect lisse et brillant que vous pourrez parfaire par un bain de quelques secondes dans un peu d'huile d'olive réchauffée.

Maquillage à portée de main

Crayons à lèvres ou pour les yeux, mascaras et autres rouges à lèvres ont une fâcheuse tendance à se renverser et à tomber par terre. Si vous détestez perdre du temps à farfouiller dans votre trousse à produits de beauté le matin, récupérez un pot d'une dizaine de centimètres de profondeur et dont la forme est bien adaptée à votre étagère à maquillage. Remplissez ce pot de pop-corn ou de légumes secs et plantez-y vos cosmétiques. Ils seront toujours à portée de main !

Maquillage des yeux sans faute

Pour souligner vos yeux à la perfection et sans bavure, laissez votre crayon khôl dans le bac à légumes du réfrigérateur ou brûlez le bout de sa mine avec un briquet.

Mascara trop pâteux

Pour fluidifier un mascara qui s'est desséché pour cause de tube mal refermé, ajoutez-y quelques gouttes d'huile d'amande douce bio. Attention, si votre tube est trop ancien, mieux vaut le jeter et en acheter un neuf, pour éviter irritations et autres conjonctivites.

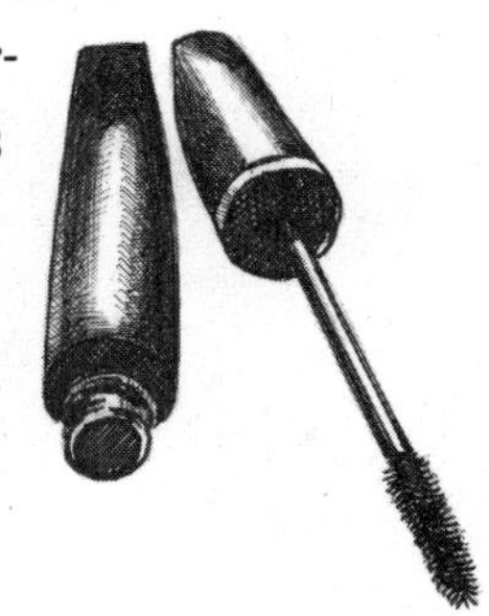

Masque antirides

Appliquer sur votre visage un blanc d'œuf, tel quel ou monté en neige, si la texture vous semble plus appétissante. Laissez poser une vingtaine de minutes et rincez dès que le masque sèche ou tire. Le blanc d'œuf resserre les pores et donne à la peau du visage un aspect plus tendu et tonique. On peut y ajouter un trait de citron, 1 cuillère à soupe de farine ou un trait d'huile…

Masque anti peau grasse

L'argile verte fait des miracles contre les peaux grasses. Chaque semaine, réalisez un masque en formant une pâte moyennement épaisse avec de l'argile verte et de l'eau froide. Appliquez sur la peau en évitant les contours de la bouche et des yeux. Laissez poser une dizaine de minutes (ne laissez pas l'argile sécher). Si votre peau est à tendance mixte, n'appliquez ce masque que sur la zone dite T (front, nez et éventuellement menton).

Masque anti peau sèche

Prenez un avocat bien mûr, écrasez sa chair et ajoutez-y un trait d'huile d'olive, bio de préférence. À défaut d'avocat, vous pouvez également utiliser une banane. Laissez poser une dizaine de minutes.

Masque pour les cheveux à tendance grasse

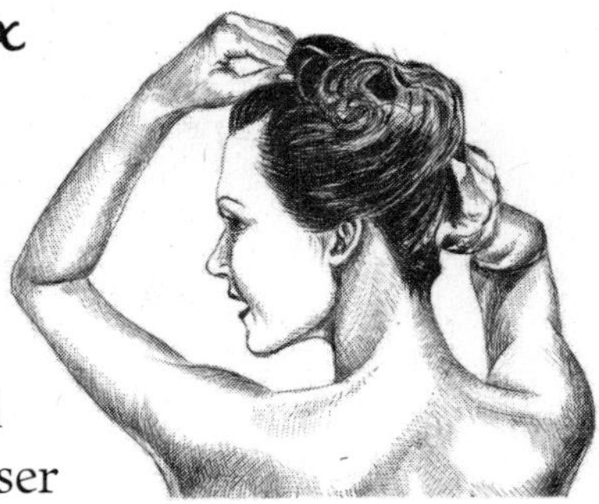

Mélangez de l'argile verte et de l'eau. Étalez cette pâte sur le cuir chevelu, en évitant les pointes, puisque ce sont en général les racines qu'il convient de dégraisser. Laissez reposer 15 à 20 minutes, rincez et procédez à votre shampoing habituel : vos cheveux regraisseront moins vite.

Masque pour les cheveux secs

Mixez une banane et 4 cuillères à soupe d'huile d'olive. Appliquez ce masque et laissez reposer entre 45 minutes et une heure. Rincez vos cheveux à l'eau tiède puis lavez-les.

Massage anti-cellulite

Il ne faut pas se mentir, la cellulite bien installée est presque impossible à déloger. En revanche, des massages réguliers peuvent la réduire. Ils seront encore plus efficaces si vous utilisez les propriétés de certaines plantes. Pour préparer votre huile de massage, prenez pour base une huile d'olive. Ajoutez-y quelques gouttes d'huiles essentielles de géranium, de cyprès, de lemon grass et de romarin.

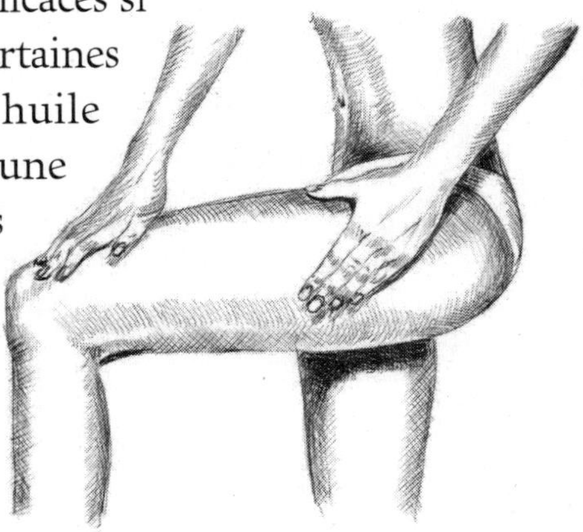

Peau douce

Pour redonner un coup d'éclat à votre peau, si celle-ci est terne à la fin de l'hiver ou après un petit virus, additionnez l'eau de votre bain d'une dizaine de cuillères à soupe d'argile blanche.

Péremption des cosmétiques

Un mascara se jette au bout de 3 à 6 mois, un fond de teint ou une crème bronzante au bout de 6 mois en moyenne, un crayon, un rouge à lèvres au bout de 1 an. Dès qu'un produit change de texture ou prend une odeur, jetez-le. Sinon, gare aux réactions cutanées.

Redonner du volume aux cheveux

Pour redonner du volume aux cheveux raplapla, rien de mieux que l'utilisation d'un shampoing sec. Pulvérisez-le un peu partout sur les racines. Laissez agir quelques minutes puis brossez votre chevelure avec vigueur. La chevelure gonfle instantanément et l'effet dure toute la journée. Cette méthode est d'usage ponctuel et n'est pas recommandée aux personnes qui ont les cheveux secs (puisque le shampoing sec agit en absorbant le gras et fragiliserait donc leurs cheveux).

Regard fumé

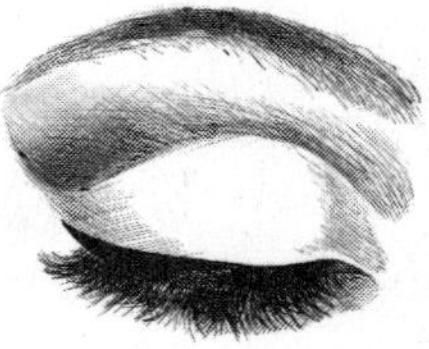

Réussir un maquillage « smoky » demande du temps et du travail. Pourquoi vous fatiguer à estomper et étirer une ombre alors que cela peut se faire naturellement ? Avant de vous coucher, tracez un large trait de khôl sur et sous vos yeux. Au réveil, vous n'aurez qu'à effacer, avec un peu de démaquillant, les coulures indésirables et parfaire votre maquillage par un nouveau trait de crayon, fin cette fois-ci, au ras des cils.

Regard glossy

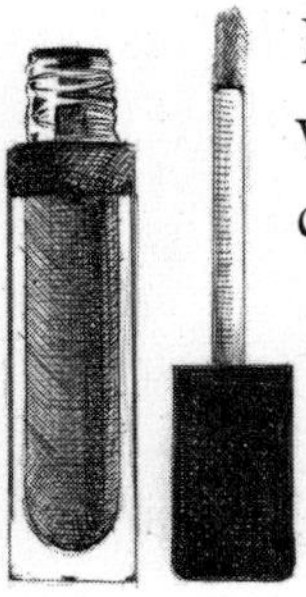

Même si votre trousse à maquillage n'est pas bien garnie, vous pouvez mettre en valeur très simplement vos yeux dans la perspective d'une soirée. Appliquez votre ombre à paupières habituelle en forçant un peu la dose. Sur chaque paupière mobile, étalez un soupçon de gloss pour les lèvres. Plus l'ombre à paupières (ou le crayon) est foncée, plus l'effet est impressionnant. Si vous avez la chance de posséder plusieurs gloss, optez pour celui qui vous paraît le moins collant.

Remplacer le blush

Un peu de rouge à lèvres à la texture crémeuse étalé au doigt remplace avantageusement le blush. L'effet bonne mine peut être augmenté en posant une touche de cette même teinte sous l'arcade sourcilière. Naturellement, il convient d'utiliser un rouge à lèvres rose ou orangé (oubliez le rouge pompier !).

Rinçage pour des cheveux brillants

Pour donner de l'éclat à votre chevelure, après le shampoing, utilisez comme dernière eau de rinçage un bon litre d'eau additionné, au choix, d'un trait de vinaigre de cidre, ou d'un trait de jus de citron.

Raviver le blond des cheveux

Pour éclairer votre chevelure blonde, utilisez, comme dernière eau de rinçage après le shampoing, une infusion de camomille matricaire, à laquelle vous pouvez ajouter un trait de vinaigre de cidre.

Rouge à lèvres tout simple

Une goutte de jus de betterave suffit à donner une coloration légèrement rosée à vos lèvres et peut même servir de fard à joues de secours, à condition bien sûr de garder la main légère !

Shampoing sec fait maison

Vous partez pour un trekking de plusieurs jours sans accès à la douche ou vous êtes simplement en rade de shampoing et vous ne voulez pas utiliser de shampoing sec en aérosol, trop irritant ? Une simple poignée de farine, frottée uniformément sur le crâne, va constituer un excellent shampoing sec. Laissez agir deux minutes avant de brosser vigoureusement les cheveux pour les débarrasser de la farine.

Soin anti-vergetures

Des massages quotidiens à l'huile de rose musquée contribuent à atténuer les vergetures, au bout de plusieurs semaines ou mois.

Soin bronzant à la carotte

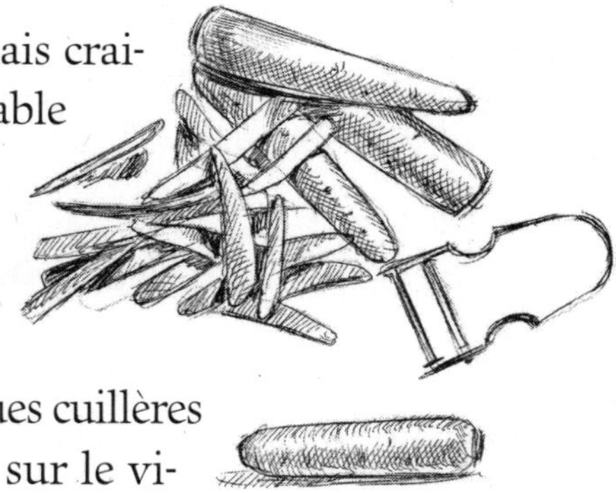

Vous voulez avoir bonne mine mais craignez de vous transformer en véritable pastèque pour avoir mal dosé l'autobronzant ? Optez pour ce masque naturel : mélangez une carotte foncée, râpée très finement, à un peu d'huile d'olive ou à quelques cuillères de yaourt. Appliquez ce masque sur le visage, le cou et le décolleté et laissez reposer pendant une vingtaine de minutes.

Soin capillaire hydratant

Mélangez un jaune d'œuf et un demi-verre d'huile d'olive. Fouettez fermement et versez cette crème sur toute la longueur des cheveux, en évitant les racines. Laissez poser une heure, rincez et faites un ou deux shampoings selon votre nature de cheveux : ceux-ci seront bien hydratés, plus faciles à coiffer, et ils conserveront toute leur légèreté.

Sourire éclatant

Pour blanchir vos dents et diminuer les taches dues à la consommation de thé ou de tabac, vous pouvez vous brosser les dents régulièrement avec du bicarbonate de soude. Vous augmenterez son efficacité en y ajoutant quelques gouttes de citron ou d'eau oxygénée. Bien sûr, il ne faut surtout pas avaler ce mélange et, compte tenu de l'acidité des produits, il faut limiter leur usage (une fois tous les quinze jours).

Taches de nicotine sur les doigts

Le jus de citron doit normalement venir à bout des taches jaunâtres produites par la nicotine. Si cela ne fonctionne pas, parce que la tache est trop importante ou trop bien installée, utilisez un disque de coton imbibé de dissolvant. Ne répétez pas ce geste trop souvent : le dissolvant assèche la peau.

Teinter du vernis à ongles

Les femmes ont tendance à accumuler, au fil des années, les pots de vernis à ongles dont la couleur, il est vrai, se démode très vite. Pour les remettre au goût du jour, vous pouvez en modifier la teinte en utilisant tout simplement du colorant alimentaire liquide. Si vous tenez à ce que la couleur du vernis soit la plus proche possible de celle du colorant, teintez un vernis blanc ou incolore. N'oubliez pas : cette teinture ne peut fonctionner que sur un vernis à ongles bien fluide. Autrement dit, mieux vaut laisser de côté les vieux pots mal refermés devenus pâteux.

Tonique au concombre

Pour une peau fraîche et éclatante, il est recommandé d'utiliser un tonique. Vous n'en avez pas dans votre armoire de salle de bains ? Pas de problème : en fabriquer un ne vous prendra pas plus de 10 minutes. Remplissez une casserole d'eau de source et jetez-y un concombre râpé ou coupé en rondelles fines. Laissez frémir pendant une demi-heure et filtrez votre mélange. Votre tonique, à passer sur le visage avec du coton, est prêt à être conditionné, de préférence dans un vaporisateur.

Tonique et rinçage au riz

Elle est en général jetée comme un simple déchet, mais l'eau de cuisson du riz, grâce à l'amidon qu'elle contient, constitue un excellent tonique qui affine le grain de peau. Elle peut également être utilisée pour adoucir et lisser les cheveux, avant le shampoing.

Un lait de toilette maison

Passez au mixeur 2 cuillères à soupe de pulpe de kaki avec 2 cuillères à soupe de pulpe de fraises et 2 cuillères à soupe de lait entier. Appliquez sur la peau et massez légèrement. Essuyez l'excédent à l'aide d'un mouchoir en papier. Dommage que cette préparation ne se conserve pas plus de deux jours au frais.

Un joli décolleté pour les petites poitrines

Il n'y a pas que les poitrines voluptueuses qui ont le droit de se montrer dans de jolis décolletés ! Au contraire ! Mettez en valeur votre poitrine, quelle que soit la taille de votre bonnet, en déposant un peu de blush entre les seins, en suivant leur courbe. Résultat bluffant garanti !

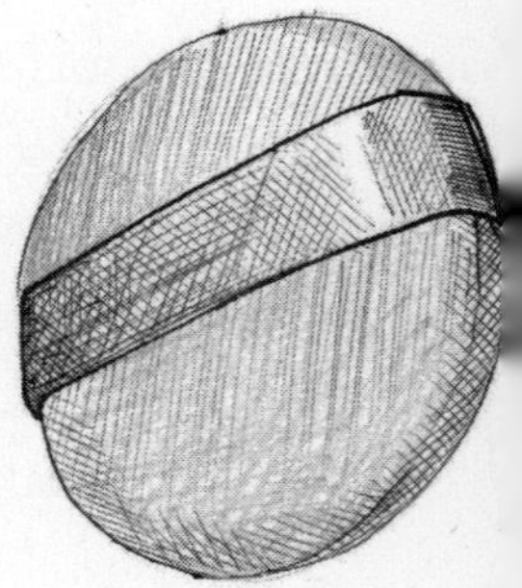

Des yeux maquillés moins fatigués

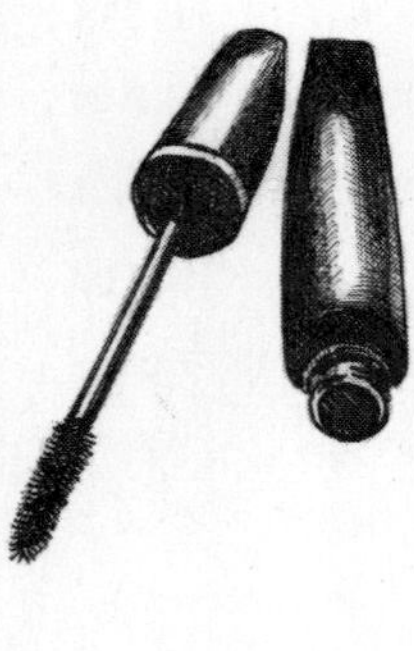

Mal dormi ? Nuit trop courte ? À moitié enrhumée ? Pour sembler moins fatiguée que vous ne l'êtes en réalité, trichez ! Et pour cela, rien de tel qu'un petit coup de mascara. En revanche, évitez de maquiller les cils inférieurs, vous risqueriez alors de mettre vos cernes en valeur !

Sentir le parfum plus longtemps

Pour faire profiter plus longtemps votre entourage de votre délicieux parfum, vaporisez-le de préférence aux endroits de votre corps où le sang a tendance à affluer : pli des poignets et des coudes, derrière les oreilles ou au niveau de la nuque. Cela renforcera sa diffusion… et votre capital séduction.

Rattraper une trace de mascara

Vos paupières maquillées se la jouent maintenant effet panda grâce à une belle trace de mascara. Eh oui ! Vous avez malencontreusement débordé. Pas grave, déposez un peu de fond de teint sur un Coton-Tige et essayez d'effacer délicatement la marque. Ajoutez ensuite une touche finale du fard précédemment utilisé.

Des lèvres pulpeuses grâce au maquillage

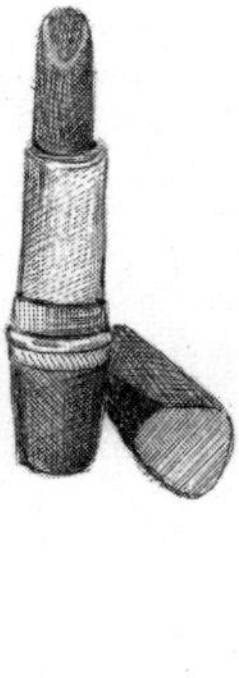

Lorsque vous appliquez votre rouge à lèvres ou votre gloss, pensez à sourire exagérément ! Ainsi, vous étirerez encore plus vos lèvres et pourrez y déposer du rouge sur toute la longueur. De quoi donner encore plus de volume aux lèvres et retrouver un sourire pulpeux à souhait.

Ne pas pleurer en appliquant le mascara

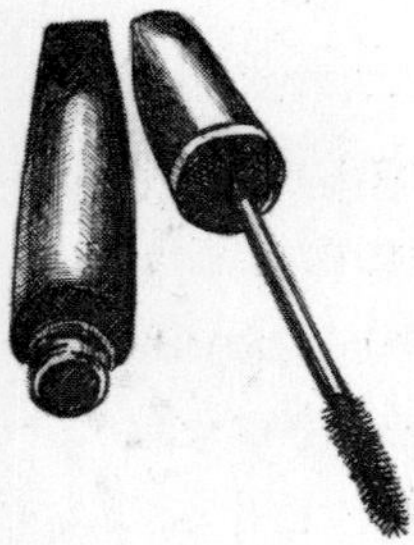

Aïe ! En appliquant votre mascara, votre main a ripé et touché l'œil. Du coup, vous larmoyez et vous maquiller devient une vraie galère. Pour y remédier, pincez fermement la racine de votre nez entre le pouce et l'index. De cette façon, vous stimulerez un nerf oculaire qui maintient les yeux ouverts, et stopperez les larmes.

Une crème anticellulite maison

Mélangez un quart de tasse de moutures de café avec 1 cuillère à soupe d'huile d'olive jusqu'à obtenir une pâte homogène. Appliquez généreusement sur vos cuisses puis recouvrez de feuilles de papier journal. Enveloppez ensuite avec du film étirable. Laissez agir durant 15 minutes environ et rincez à l'eau tiède.

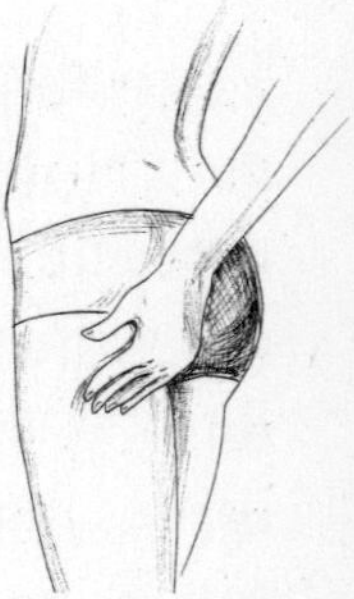

Aider le vernis à ongles à sécher plus vite

Pour toutes les coquettes pressées, il existe une astuce simple et efficace afin de gagner du temps sur le séchage du vernis à ongles des mains et des pieds. En effet, il suffit de les passer sous l'eau froide une dizaine de minutes avant l'application. Même plus besoin du sèche-cheveux !

Pour des ongles bien blancs

Ne cachez plus vos mains à cause de vos ongles encrassés ou jaunis ! Optez plutôt pour un nettoyage en profondeur et un blanchiment efficace : faites-les tremper quelques minutes dans un bain d'eau oxygénée tiède. Idéal si vous êtes plutôt une adepte d'un vernis incolore.

Un sourire plus jeune

Pour rajeunir votre sourire sans avoir recours au bistouri ou aux injections, apprenez à ruser ! Comment ? Avec de l'anticernes ! Appliquez-en une petite quantité dans le fond des sillons des rides qui vous dérangent et lissez au maximum de façon à le fondre avec la peau. Facile et bluffant !

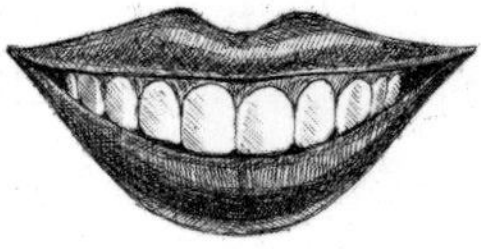

De beaux reflets pour les cheveux bruns !

Ne jetez plus le reste de café du matin ! Une fois qu'il aura refroidi, utilisez-le plutôt pour vos cheveux, uniquement s'ils sont bruns ! Versez le contenu de 2 tasses sur votre chevelure humide et peignez soigneusement. Laissez agir une bonne vingtaine de minutes. Rincez. Admirez le résultat !

Un cataplasme anticellulite

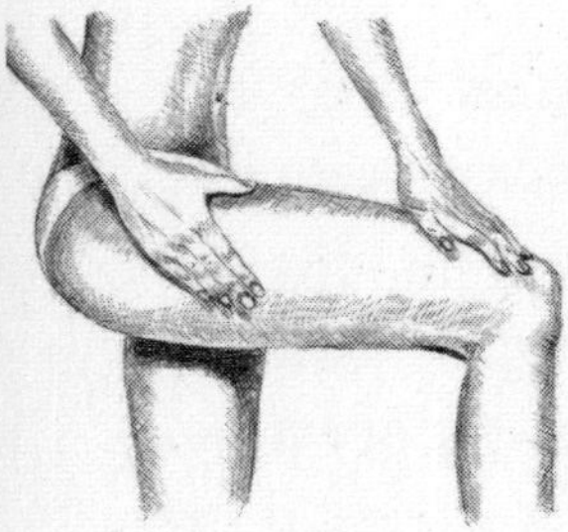

Commencez par faire cuire dans un fond d'eau 80 g d'algues marines séchées, 100 g de son, et 100 g de gros sel gris marin. Mélangez jusqu'à obtenir une pâte homogène. Appliquez généreusement cette mixture sur les zones concernées (cuisses, fesses…) et maintenez en place pendant un quart d'heure à l'aide de compresses.

Des seins plus fermes

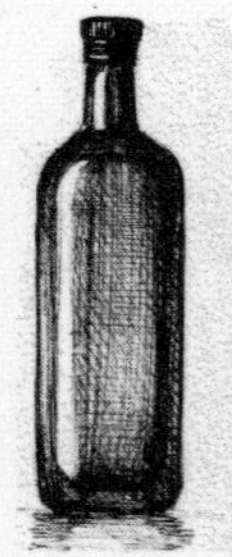

Faites macérer 10 g de serpolet, 10 g de géranium, 10 g de romarin et la moitié d'un citron en morceaux dans un mouchoir en tissu. Placez le tout dans un récipient. Arrosez de 30 cl d'huile d'olive. Fermez. Laissez une dizaine de jours. Enfin, étalez la mixture sur la poitrine par des massages légers. Laissez agir toute la nuit.

Lutter contre la cellulite

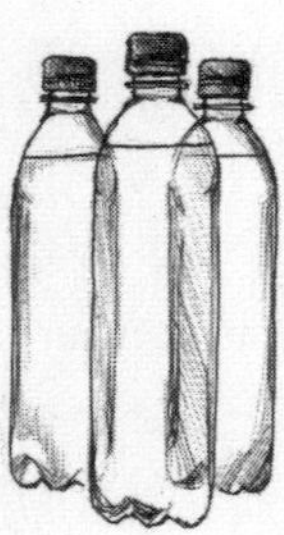

L'eau chasse l'eau. Autrement dit, pour éliminer, il faut boire beaucoup. Et pour lutter contre la peau d'orange, la tisane de chiendent peut se révéler un allié de poids. Comptez une cuillère de plantes par tasse d'eau bouillante, laissez infuser dix minutes et buvez trois tasses par jour, avant 17 heures. Parfait contre la rétention d'eau.

Éliminer une odeur persistante sur les mains

Vous avez vidé un poisson ? Renversé sur vos mains de l'essence à la pompe ? Tripoté la poubelle d'un peu trop près ? Pas de problème ! Frottez simplement vos mains avec un peu de dentifrice et il n'y paraîtra plus. Évitez surtout d'utiliser de l'eau chaude car elle a tendance à fixer les odeurs.

Nettoyer les doigts jaunis par la cigarette

Pour ceux qui fument régulièrement et qui ont honte ensuite de montrer leurs doigts tout jaunis, voilà une astuce toute simple : il suffit de les frotter avec une noisette de dentifrice. En plus d'être nettoyés, vos doigts seront désodorisés ! Du tout bénef' !

Une couleur pour les cheveux sans tache

Chaque fois, c'est pareil : après avoir fait votre coloration, vous perdez un temps fou à nettoyer la peau du contour du visage. Désormais, optez pour la prévention en appliquant sur le front, le cou, les oreilles et la nuque votre crème hydratante. Frottez au moment du rinçage, plus une trace !

Remplacer le dentifrice...

Panne de dentifrice ? Pour pouvoir quand même vous brosser les dents, utilisez une fraise ! Choisissez-la bien mûre et écrasez-la. Étalez la compote ainsi obtenue sur votre brosse et lavez-vous les dents normalement, en mangeant votre dentifrice si vous le souhaitez. Et voilà, des dents propres et blanches !

Un masque éclat

Votre teint manque d'éclat, votre peau est terne ? Concoctez-vous un instant beauté gourmand avec un masque au chocolat. Mélangez à parts égales du beurre avec du chocolat en poudre, sans sucre si possible. Malaxez et appliquez sur le visage. Laissez poser une vingtaine de minutes et rincez. Miam !

Exit les points noirs

Pour vous débarrasser des points noirs sans faire appel à des crèmes et autres lotions agressives pour la peau, essayez... le jus de tomate ! Versez-en quelques gouttes sur un coton ou une compresse et appliquez généreusement sur la peau. Laissez poser une demi-heure. À renouveler deux fois par semaine.

Étaler uniformément l'autobronzant

Fini les traces orange, les marques plus foncées par endroits… Pour appliquer l'autobronzant de manière uniforme, utilisez des gants en latex (ou encore ceux que vous trouverez avec les colorations vendues en magasin). Le truc en plus ? Aucune trace sur la paume des mains. Pratique !

Un démaquillant maison pour les yeux

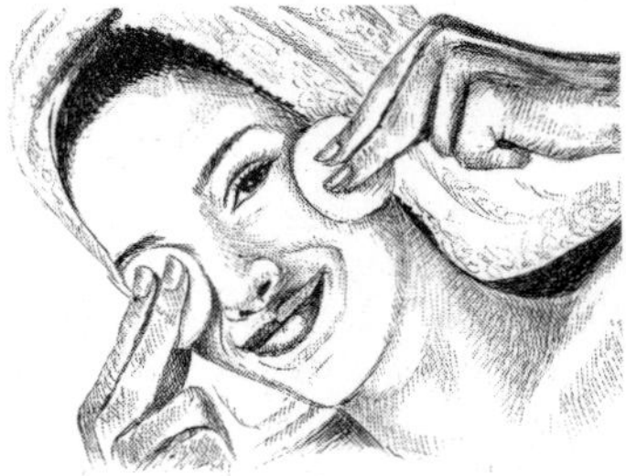

Pour éliminer toute trace de maquillage, du mascara à l'eye-liner en passant par le crayon ou le fard, déposez un peu de vaseline sur un coton. Tamponnez ensuite délicatement vos yeux, sans frotter. Rincez abondamment à l'eau tiède. Idéal pour préserver la peau particulièrement fine et fragile des paupières.

Fini la peau qui brille

Pour matifier le teint, notamment au niveau de la zone T du visage (menton, nez et front) qui a toujours tendance à être plus grasse et à briller, gardez l'eau de cuisson du riz. Appliquez-la une fois refroidie à l'aide d'un coton imbibé, matin et soir. Économique et très efficace !

Fini les cheveux électriques

Pas toujours facile de se coiffer quand les cheveux ont décidé de n'en faire qu'à leur tête. Pour les discipliner et éliminer l'électricité statique qui les déchaîne, pulvérisez un léger voile de laque sur votre peigne ou votre brosse. De cette façon, vos cheveux devraient rester en place.

Un masque tonique

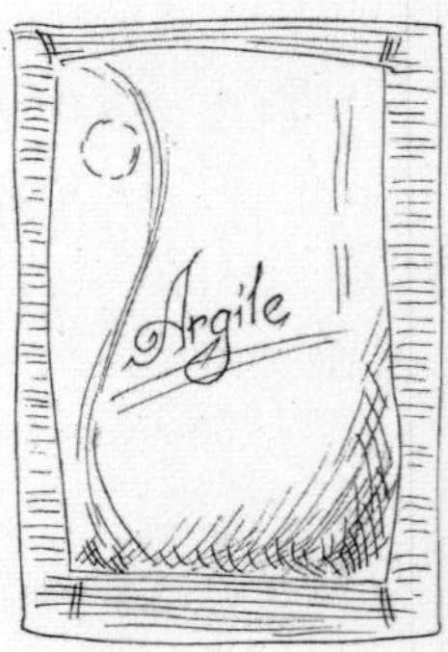

Pour un teint éclatant et une peau tonifiée, mélangez 4 cuillères à soupe d'argile verte avec 2 cuillères à soupe de jus de raisin. Ajoutez ensuite 1 cuillère à soupe d'huile de germe de blé. Appliquez ce masque en couche épaisse sur le visage et laissez poser 15 minutes. Rincez abondamment à l'eau claire.

Fabriquer sa fleur de douche

Pour une fleur de douche économique et qui laissera votre peau propre et douce, conservez les filets en maille synthétique qui enveloppent les citrons, les pommes de terre, etc. Lorsque vous en avez plusieurs, rincez-les et mettez-les tous en boule, sauf un dans lequel vous mettrez la boule ainsi formée.

Ramollir et hydrater les cuticules

Inutile de vous ruiner en produits spécifiques ! Pour assouplir et hydrater les cuticules avant une manucure, utilisez tout simplement de l'huile de cuisine, au choix tournesol, olive, noix… Massez vos mains et faites pénétrer au niveau des ongles. Facile, économique et naturel, que demander de plus ?

Une lotion pour les peaux grasses

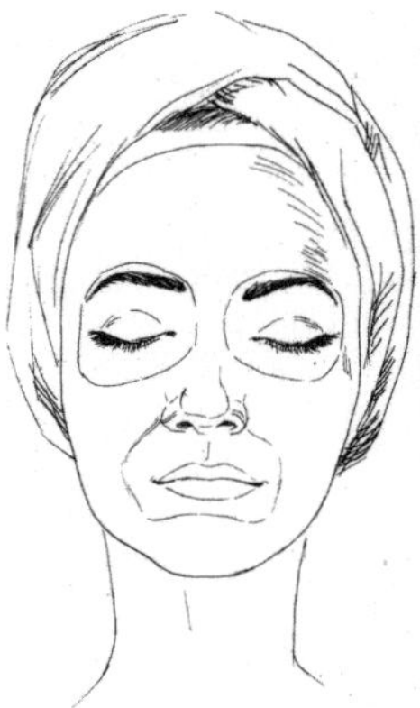

Contre les points noirs, faites bouillir 25 g de fleur de sureau dans 1 litre d'eau. Laissez infuser pendant une vingtaine de minutes. Placez ensuite l'infusion au réfrigérateur et laissez refroidir une petite heure. Passez enfin la lotion et appliquez matin et soir sur la peau à l'aide d'un coton.

Exit les talons rugueux

Pour adoucir les talons et leur donner un aspect moins rugueux, rien de tel qu'un bon massage gommant et hydratant à la fois. Pour cela, mélangez du sel de table fin avec de l'huile d'olive. Massez quelques minutes puis laissez agir durant une dizaine de minutes. Rincez abondamment à l'eau tiède.

Des cheveux châtains brillants

Pour donner de beaux reflets et faire briller les cheveux châtains ou auburn, il existe une solution économique et naturelle. En effet, il suffit de laisser infuser des écorces d'orange pendant vingt minutes et d'utiliser cette tisane en eau de rinçage. Vos cheveux n'auront jamais été aussi éclatants de santé.

Nettoyer les peaux grasses en profondeur

Préparez 2 cuillères de kaolin, 2 cuillères de sauge hachée et 2 cuillères de thym. Mélangez le kaolin et la moitié des autres ingrédients. Portez à ébullition le reste de sauge et de thym. Laissez infuser 5 minutes. Mélangez le tout et appliquez sur le visage en effectuant des cercles. Laissez agir 20 minutes, rincez à l'eau tiède.

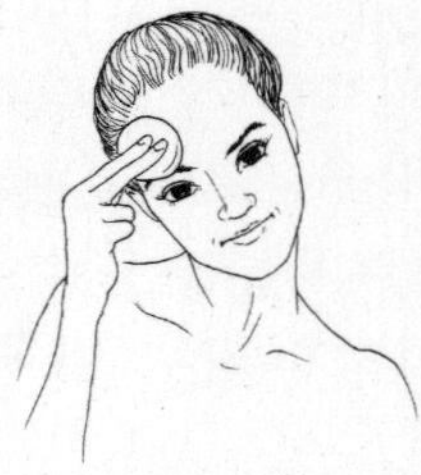

Une lotion après-rasage maison

Faites bouillir 50 cl d'eau minérale avec une poignée de cerfeuil frais. Ensuite, ajoutez 1 cuillère à soupe d'huile d'amande douce, 1 cuillère à soupe de fleurs de lavande séchées et 3 clous de girofle écrasés. Laissez macérer pendant 4 jours et filtrez. À conserver dans une bouteille une semaine au réfrigérateur.

Préparer la peau au bronzage

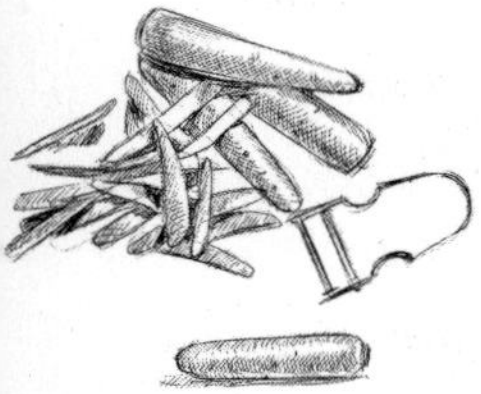

Rien de tel qu'un bon jus de carotte chaque jour avant une exposition au soleil. Pour cela, pelez une dizaine de carottes et passez-les à la centrifugeuse. Le goût ne vous inspire pas ? Qu'à cela ne tienne, ajoutez quelques oranges pressées. L'efficacité de votre jus n'en sera que renforcée !

Contre les taches brunes sur les mains

Le soleil, le vieillissement sont autant de facteurs qui favorisent l'apparition de taches brunes sur le dos des mains. Pour les décolorer un peu et les estomper, mélangez un peu de miel à du yaourt nature et appliquez une bonne dose chaque jour. Voilà quoi devrait redonner une seconde jeunesse à vos mains.

Du varech contre la cellulite

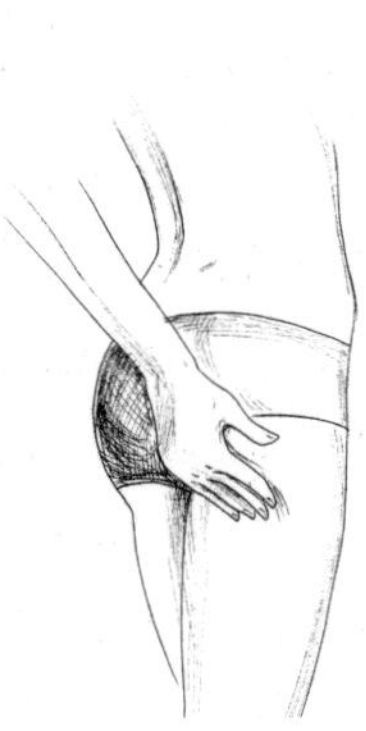

Mélangez un peu de varech séché avec 50 g de fromage blanc. Ajoutez deux cuillères à soupe d'huile d'olive et remuez soigneusement jusqu'à obtenir une préparation homogène. Étalez cette mixture sur les zones concernées par la cellulite et laissez agir une vingtaine de minutes avant de rincer.

Lutter contre la cellulite

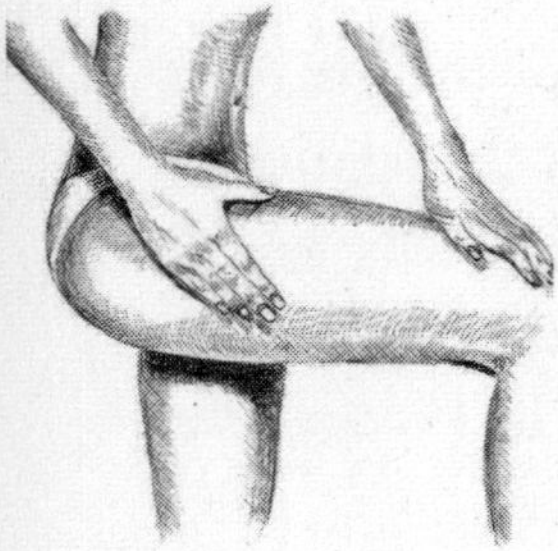

Une balade sur la plage ? Pensez à y ramasser des algues fraîches ! En effet, en vous frottant les cuisses ou les parties de votre corps concernées par la cellulite avec, vous réduirez nettement l'aspect peau d'orange. À renouveler tous les jours pendant vos semaines de vacances sur la côte atlantique !

Du tilleul pour avoir la peau douce

Chaque fois que vous avez un moment de libre, vous aimez vous délecter dans un bon bain chaud… Pour joindre l'utile à l'agréable, commencez par faire infuser une bonne demi-heure une poignée de feuilles de tilleul. Passez et versez ensuite dans l'eau du bain. Votre peau n'aura jamais été aussi douce !

Un démaquillant maison

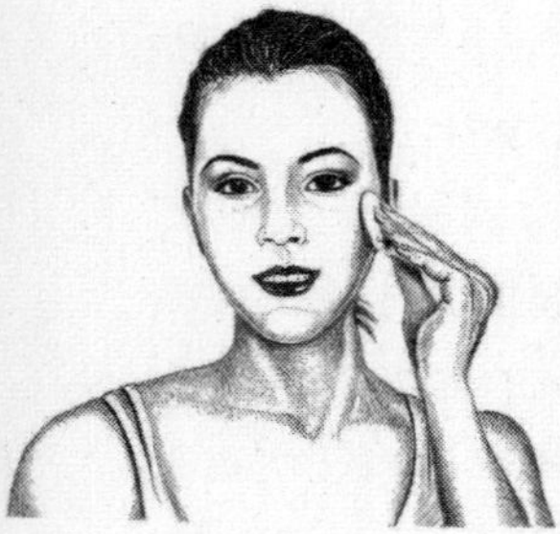

Mélangez un volume de jus d'orange frais avec un volume de vaseline et un volume d'huile d'amande douce. Mélangez jusqu'à obtenir une lotion homogène. Secouez avant utilisation et appliquez matin et soir en guise de démaquillant pour le visage. Évitez tout de même les yeux, cela risquerait de piquer un peu.

Pour des yeux de biche

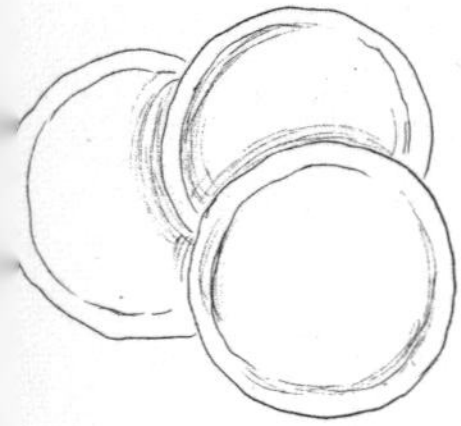

Pour un regard envoûtant, rien de mieux que des cils longs et soyeux. Facile avec l'huile de ricin ! Imbibez-en un coton et tamponnez délicatement vos cils. Cela favorisera leur croissance et leur redonnera tonus et vitalité. Pensez aussi à faire un détour par les ongles pour les nourrir et les protéger.

Estomper les cernes

Il est très tard, voire tôt le matin. Vous savez que vous n'aurez pas votre quota de sommeil pour cette nuit… Plutôt que de risquer d'avoir le regard d'un boxeur au tapis, anticipez ! Comment ? En appliquant de l'huile de ricin sur vos paupières et autour des yeux avant de vous coucher. Aucun cerne le lendemain !

Pour des cheveux plus forts

Vos cheveux sont secs, cassants et raplapla ? Pensez alors à les nourrir de l'intérieur. Notamment avec des oligoéléments. Grâce à leur teneur en sélénium, les noix du Brésil séchées peuvent devenir un véritable allié pour la bonne santé de vos cheveux. À consommer en cure de trois semaines par exemple.

Forme et santé

En matière de santé, les croyances et traditions populaires sont parfois loin de la vérité, la médecine moderne l'a démontré. Aucune astuce de grand-mère ne remplacera une visite chez le médecin ; prétendre le contraire serait dangereux. Mais alors, que faire pour les petits maux, les petits bobos, ceux qui nous paraissent tellement légers et anodins qu'ils ne justifient pas le recours à un professionnel ? Piqûre d'insecte, légère toux, petite plaie, énième cystite ou crise de colite… Dans ces cas précis, les vieux remèdes sont précieux, parce qu'ils apportent un peu de confort et aident à se sentir mieux. Bref, les petits trucs et astuces de grand-mère améliorent le quotidien et vous aident à retrouver la pêche en un clin d'œil. Et lorsque vous souffrez d'une réelle baisse de forme, ce sont encore ces vieilles astuces qui vous soulageront un peu et vous aideront à patienter jusqu'à votre rendez-vous avec le médecin.

Soulager une brûlure

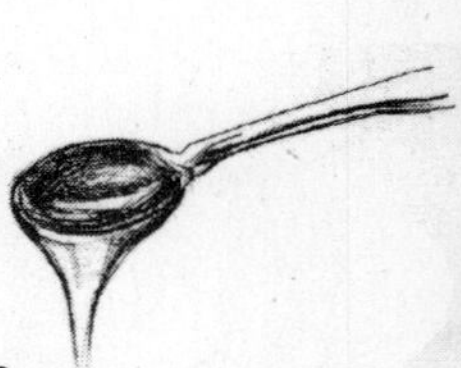

Vous vous êtes brûlé ? Rafraîchissez-vous ! Passez la partie concernée sous l'eau froide et désinfectez-la. Appliquez ensuite cette solution : 250 g de lait en poudre à délayer dans 75 cl d'eau ; ajoutez-y quelques glaçons pilés et 2 cuillères à soupe de miel. Mélangez bien et déposez sur la zone brûlée une gaze imbibée de cette préparation.

Guérir un bouton de fièvre

Les boutons de fièvre ne sont pas dangereux mais très contagieux. Pour les faire partir au plus vite, appliquez dessus un glaçon enveloppé dans de la gaze, dès l'apparition du bouton (lorsque vous commencez à ressentir une légère brûlure). Enduisez-le ensuite de miel. À renouveler plusieurs fois.

Remplacer l'aspirine

Il arrive que l'aspirine cause des maux de ventre. Si vous digérez mal ces comprimés effervescents, optez pour cette solution : mélangez 1 cuillère à soupe de vinaigre de cidre, 1 cuillère à café de bicarbonate de soude et 1 cuillère à café de sucre dans un demi-verre d'eau.

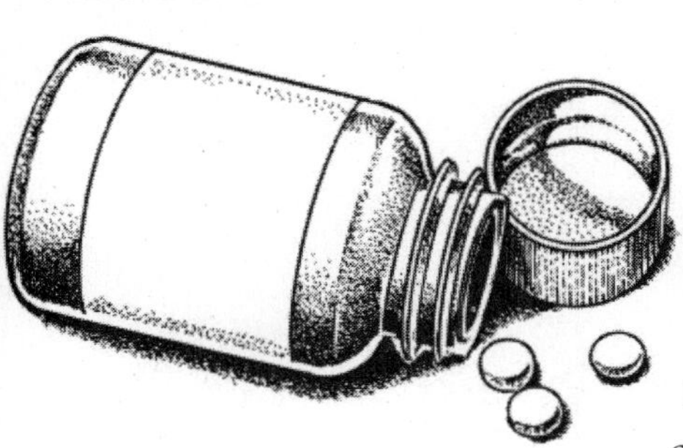

Problèmes digestifs

Maux de ventre ? Votre transit aime vous jouer des tours ? Si vous souhaitez vous apaiser de manière rapide et efficace, buvez cette potion de grand-mère : faites fondre dans un grand verre d'eau 2 cachets d'aspirine. Ajoutez une grosse pincée de sucre et quelques gouttes de vanille liquide.

Soulager les cystites

Les cystites sont des infections urinaires très douloureuses à prendre au sérieux. En attendant de consulter votre médecin, atténuez la douleur en buvant ce remède de grand-mère : 1 cuillère à café de bicarbonate de soude, 1 cuillère à café de jus de citron et 2 comprimés d'aspirine dans un verre d'eau. Et surtout, buvez de l'eau !

Soulager les maux de gorge

Votre gorge est irritée ? Même si cela est passager, la douleur est vite gênante dès que vous voulez boire, manger, bailler… Faites fondre une cuillère à café de bicarbonate de soude et un cachet d'aspirine dans 20 cl d'eau chaude. Utilisez ce mélange en gargarisme et vos maux de gorge seront apaisés.

Contre les courbatures

Il faut penser à bien s'étirer après une séance de sport, surtout si cela fait longtemps que vous n'en aviez pas fait. Sinon, gare aux courbatures ! Pour les soulager, prenez un bain bien chaud dans lequel vous ajouterez de l'aspirine, du bicarbonate de soude et de l'alka-seltzer. Vous n'avez plus qu'à vous prélasser une bonne demi-heure dans votre bain.

Bain de pieds

Vos petits petons sont fatigués ? Soulagez-les avec un bon bain. Remplissez une bassine d'eau chaude et ajoutez-y 4 comprimés d'aspirine, 2 cuillères à soupe de bicarbonate de soude et le jus d'un citron. Plongez-y vos pieds pendant 15 minutes, vous n'avez plus qu'à vous relaxer.

Soigner la gueule de bois

Eh oui, les lendemains de soirées arrosées sont souvent accompagnés de maux de crâne difficiles à supporter. Buvez cette potion magique : mélangez le jus d'un demi-citron, 1 cuillère à café de bicarbonate de soude, un demi-cachet d'aspirine et 1 cuillère à café de sucre. Le tout dans un grand verre d'eau fraîche.

Contre les aigreurs d'estomac

Si vous souffrez régulièrement d'aigreurs d'estomac, le clou de girofle sera votre allié. En tisane, versez-en 1 cuillère à café dans une tasse d'eau bien chaude et laissez infuser 10 à 15 minutes. Filtrez et buvez tout au long de la journée. Vous pouvez aussi tout simplement mâcher un clou de girofle, en le mordant le plus longtemps possible.

Contre la grippe

Aidez votre corps à combattre la grippe de manière naturelle. Portez à ébullition une casserole d'eau dans laquelle vous verserez quelques feuilles de basilic, du sel de mer et quelques clous de girofle. Laissez infuser 15 minutes puis filtrez. Une fois la décoction tiède, vous pouvez la boire. Cela vous soulagera en attendant de consulter votre médecin.

Guérir les petites lésions

Vous vous êtes légèrement brûlé ? Votre couteau a dérapé ? Les petites lésions peuvent être soignées facilement. Confectionnez une pâte en amalgamant des clous de girofle moulus à de l'eau tiède. Apposez-la sur votre blessure puis faites un pansement avec de la gaze. Elle cicatrisera ainsi plus rapidement.

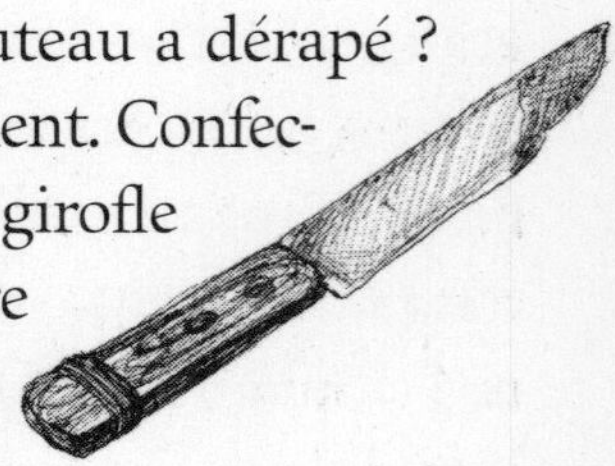

Contre la gastrite

Des douleurs abdominales, une sensation de malaise, des nausées… peut-être souffrez-vous d'une gastrite. Préparez-vous cette tisane : laissez infuser 1 cuillère à café de clous de girofle dans une tasse d'eau chaude, pendant 20 minutes. Filtrez. Avalez ce remède en en buvant un quart à 30 minutes d'intervalle pour vous soulager en attendant de consulter une médecin.

Soulager le mal de gorge

Grippe, angine, simple rhume… et vous voilà avec la gorge irritée. Pour soulager les maux de gorge, grand-mère se préparait une tisane à boire régulièrement dans la journée. 5 clous de girofle et le zeste d'un citron dans une tasse d'eau bouillante, à faire infuser 5 minutes. Elle ajoutait 1 cuillère à soupe de miel et le jus d'un citron. Et la tisane était prête.

Apaiser les allergies

Les allergies respiratoires, quelle plaie ! Les acariens, les moisissures et bien sûr le pollen en sont les principaux responsables. Il n'existe pas de remède miracle, mais certaines plantes, comme la sauge, peuvent vous aider à les calmer. Buvez régulièrement des infusions de sauge pour soulager vos voies respiratoires.

Contre les gaz intestinaux

Les gaz intestinaux, ce n'est pas vraiment rigolo ! Surtout lorsque votre ventre se tord, en plein repas, devant vos invités, et que vous devez faire mine de rien. Les légumes secs en sont souvent responsables. Ajoutez à l'eau de cuisson de ces derniers 3 feuilles de sauge. Cela limitera leur apparition.

Choisir son eau gazeuse

Il existe différentes sortes d'eau pétillante. L'eau gazeuse dite médicinale a une forte teneur en sodium, qui soulage certaines affections. L'eau gazeuse de table est moins concentrée en minéraux mais a une forte teneur en chlorure de sodium : elle facilite la digestion. L'eau gazeuse neutre est faible en minéraux et se consomme plus fréquemment.

Mieux digérer

Votre ventre fait des siennes ? Après un repas copieux, il arrive que la digestion soit compliquée. Boire de l'eau gazeuse permet de mieux digérer. Mais choisissez-la bien : elle doit être riche en bicarbonate de soude. En revanche, si elle est riche en sodium, cela produira l'effet inverse.

Contre le hoquet

N'avez-vous jamais eu une crise de hoquet, impossible à faire passer ? Il existe pourtant mille et un trucs pour y arriver, en voici un parmi tant d'autres : nos grands-mères buvaient de l'eau gazeuse, un verre cul sec, et le hoquet disparaissait.

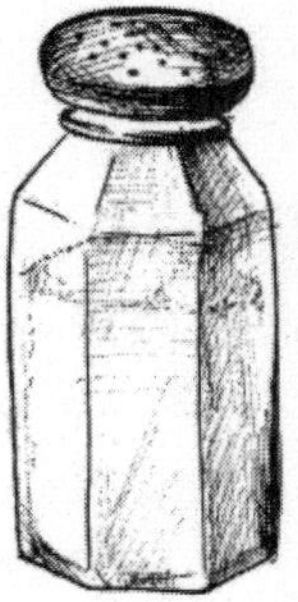

Contre les vomissements

Rien de plus désagréable que les nausées. Pour vous soulager et tenter de les stopper, en attendant de consulter un médecin, vous pouvez boire de l'eau salée. Versez 50 g de sel dans 1 litre d'eau. Prenez-en 3 cuillères à soupe, tel un sirop, puis buvez une gorgée d'eau bien fraîche.

Extraire une écharde

Une écharde coincée dans un doigt, c'est très douloureux ! Il est important de réussir à l'enlever pour éviter toute infection. Pour vous faciliter la tache, après avoir désinfecté votre doigt, faites-le tremper dans de l'eau tiède additionnée de gros sel pendant 10 minutes. Vous n'avez plus qu'à l'extraire avec une pince à épiler.

Extinction de voix

Vous souffrez d'une extinction de voix ? Pour vous aider à la retrouver, prenez ce sirop de grand-mère : battez 1 blanc d'œuf avec le jus de 1citron et 2 cuillères à soupe de sucre en poudre. Avalez 1 cuillère de cette potion sucrée toutes les heures, votre voix reviendra petit à petit.

Maux de tête dus au soleil

S'endormir au soleil, quelle bonne idée ! Vous aviez pensé à vous badigeonner de crème, mais pas au chapeau. Résultat : une bonne migraine ! Pour atténuer les maux de tête dus au soleil, buvez une infusion de camomille. Allongez-vous dans l'obscurité et fermez les yeux pour davantage d'efficacité.

Contre l'insomnie

Le stress peut entraîner des troubles de sommeil passagers. Si vous souffrez d'insomnies, massez-vous la plante des pieds avec ce mélange : 5 cl d'huile d'amande douce, 10 gouttes d'huile essentielle de lavande, 5 de camomille et 5 d'ylang-ylang. Vous pouvez aussi en déposer quelques gouttes sur votre oreiller, cela vous relaxera.

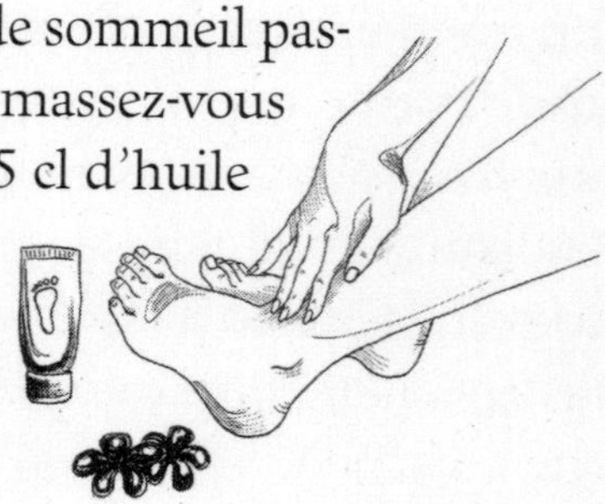

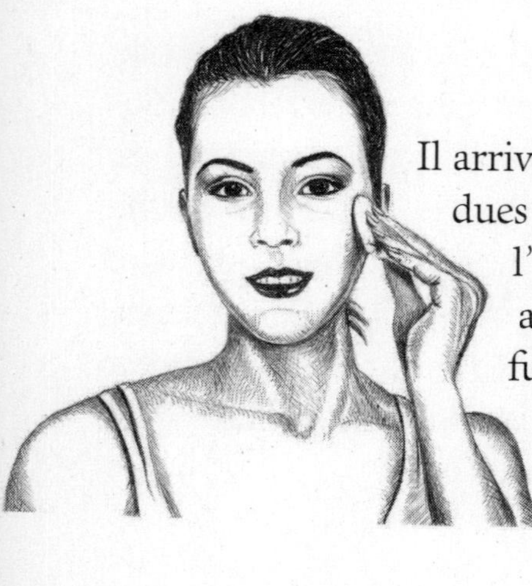

Bain oculaire

Il arrive que les yeux présentent des rougeurs, dues par exemple au chlore des piscines ou à l'eau salée de la mer. La camomille peut apaiser ces irritations. Préparez une infusion de camomille et, une fois tiède, utilisez-la en bain ou appliquez-la sur vos yeux à l'aide de compresses.

Contre les cors

Les cors aux pieds peuvent se montrer particulièrement douloureux, vos pieds confinés dans vos chaussures. Préparez une infusion de camomille dans une tasse d'eau chaude, ajoutez-lui une cuillère à café de jus de citron et une gousse d'ail que vous aurez pilée au préalable. Pour éliminer les cors, utilisez cette pâte en cataplasme.

Contre les courbatures

Vous avez encore oublié de vous étirer après votre footing ! Résultat : vous êtes tout courbaturé. Faites infuser 50 g de camomille romaine dans 1 litre d'eau bouillante pendant 15 minutes. Prenez un bon bain chaud pour apaiser les membres endoloris dans lequel vous verserez cette décoction.

Cicatriser de petites plaies

Votre bambin ne cesse de faire le casse-cou et de s'égratigner les genoux ! Heureusement, Mamie est là pour soigner les petits bobos. Elle mélange 2 cuillères à soupe d'huile d'avocat, 10 gouttes d'huile essentielle de camomille et 10 gouttes d'huile essentielle de géranium. Puis elle applique ce baume sur les plaies et les recouvre d'une compresse de gaz.

Extinction de voix

Le plus souvent bénigne, une extinction de voix n'en est pas moins gênante. Faites chauffer au bain-marie 50 g de fleurs de camomille avec 50 cl d'huile d'olive vierge, durant 2 heures. Laissez reposer et refroidir. Imbibez des compresses avec cette préparation et posez-les sur votre gorge, plusieurs fois par jour.

Calmer l'aérophagie

Si vous êtes sujet aux gaz intestinaux, soulagez-vous avec cette tisane : faites infuser dans 1 litre d'eau bouillante une grosse pincée de fleurs de camomille romaine, une de feuilles de basilic, une de semences d'angélique, une de fenouil et une d'anis vert, durant 5 minutes. Buvez une tasse chaque matin.

Une huile relaxante

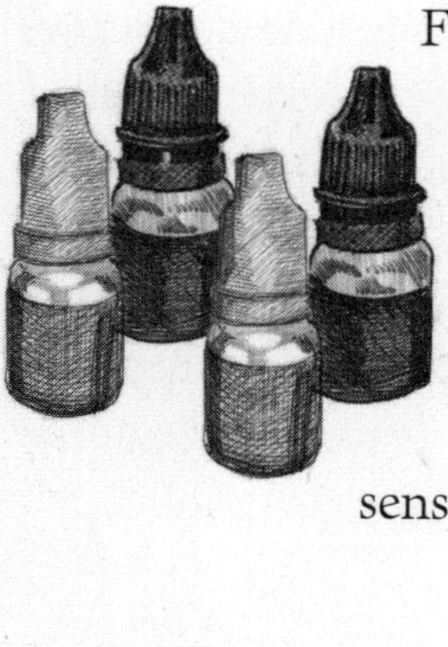

Fatigué de cette longue journée ? Relaxez-vous avec cette huile à la camomille. Versez dans une casserole 50 cl d'huile de germe de blé et ajoutez-y quelques fleurs de camomille. Faites chauffer 3 heures au bain-marie. Filtrez et laissez refroidir. L'huile se conserve en flacon hermétique. Utilisez-la après le bain : sensation immédiate !

Prévenir la gueule de bois

Ce soir, vous êtes d'anniversaire, et vous êtes certain de passer une soirée plus qu'arrosée. Pour atténuer l'effet gueule de bois, préparez votre estomac. Ingérez 1 cuillère à soupe d'huile d'olive avant d'aller faire la fête : elle imperméabilisera l'estomac et ralentira l'arrivée de l'alcool au foie.

Éliminer un bouchon d'oreille

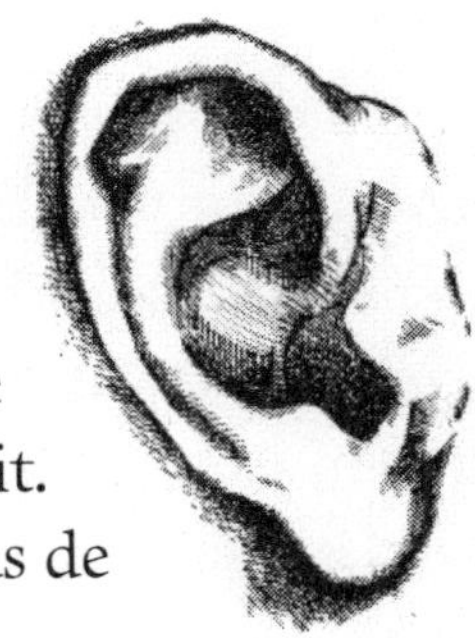

Il arrive parfois que la cire de l'oreille forme un bouchon. Pour en venir à bout, n'utilisez surtout pas de coton-tige, qui pousserait le bouchon plus profondément. Gardez dans votre oreille un coton imbibé d'huile d'olive toute une nuit. Au réveil, nettoyez avec un coton imbibé de jus de citron. Rincez à l'eau tiède.

Guérir de légères brûlures

Grand-mère faisait macérer 100 g de pétales de lis de la Madone qu'elle venait tout juste de cueillir dans 10 cl d'huile d'amande douce, et ce durant 15 jours. La lotion préparée, elle l'utilisait lorsqu'elle s'était fait de petites brûlures sur le visage : nettoyées, elles guérissaient également plus vite.

Apaiser les pieds exténués

Après une longue journée de marche, vos pieds sont fatigués et douloureux. Soulagez-les en leur faisant prendre un bain d'infusion de tilleul. Puis badigeonnez-les avec cette mixture : 2 gouttes d'huile essentielle de lavande diluées dans de l'huile d'amande douce. Un bon massage, et au lit !

Contre les courbatures

Des courbatures peuvent faire leur apparition après une séance de sport intense, ou encore en cas de grippe ou de règles chez les femmes. Pour les atténuer, rien de tel qu'un petit massage avec une huile maison. Diluez dans 30 ml d'huile d'amande douce 3 gouttes d'huile essentielle de lavande et 3 de romarin.

Détoxifier les reins

Voici une potion de grand-mère pour aider vos reins à se purifier. Portez à ébullition une casserole d'eau dans laquelle vous verserez

une poignée de persil frais, une cuillère à café de feuilles de solidago et une de prêle séchée. Laissez infuser 10 minutes. Ajoutez enfin une cuillère à café de miel. Buvez la préparation une fois par jour durant 2 semaines.

Soulager les nausées

Durant le premier trimestre de la grossesse, il arrive fréquemment que la femme enceinte soit victime de nausées. Préparez ce breuvage : de l'eau tiède dans laquelle vous verserez le jus de 1 demi-citron, 1 pincée de gingembre et 1 cuillère à soupe de miel. Buvez-le en prévention le matin, et tout au long de la journée pour vous soulager.

Soulager une brûlure

Vous vous êtes brûlé ? Passez aussitôt la partie touchée sous l'eau froide 10 minutes. Désinfectez puis apposez un chiffon humide dans lequel vous aurez mis de la pulpe de pomme de terre, comme un cataplasme. Gardez-le également 10 minutes et finissez en enduisant la brûlure de miel.

Soigner une crise de foie

Vous n'êtes jamais à l'abri d'une crise de foie : une soirée trop arrosée ou encore un repas bien trop copieux peuvent en être la cause. Pour vous soulager, préparez cette infusion : dans 1 litre d'eau bouillante, plongez 1 citron coupé en rondelles et ajoutez-y 1 cuillère à soupe de miel. Au bout de quelques minutes, l'infusion est prête : buvez sans modération.

Odeurs de parfum

Les odeurs de parfum dans le métro dès le matin, cela vous pique le nez ! Vous avez l'odorat sensible et il vous est difficile de supporter ces fortes odeurs. Confectionnez-vous un petit sachet en tissu dans lequel vous mettrez du marc de café. Dès que votre nez sera attaqué, respirez-le un bon coup, et adieu l'odeur persistante !

Règles douloureuses

Les douleurs provoquées par les menstruations peuvent être assez pénibles à supporter. Apaisez-les en buvant des infusions à l'ortie. Faites bouillir 3 litres d'eau et plongez-y 500 g de racines d'orties. Faites réduire le liquide à 50 l. Filtrez et laissez tiédir. Consommez régulièrement, tout au long de la journée.

Gencives douloureuses

Vous souffrez de douleurs aux gencives ? Rien de tel que les vertus de l'ortie alliées à celles de la menthe pour vous soulager. Préparez une infusion bien concentrée de menthe et d'ortie : dans 1 litre d'eau bouillante, versez 25 g de feuilles de menthe et 25 g d'orties séchées et laissez infuser 10 minutes. Laissez tiédir et utilisez en bains de bouche.

Lutter contre la sinusite

Vous viendrez à bout de votre sinusite en faisant des inhalations. Faites bouillir de l'eau dans laquelle vous verserez le jus de 2 citrons, quelques gouttes d'huile essentielle de lavande, une pincée de poivre et une de gros sel. Versez cette mixture dans un bol et placez votre tête au-dessus, recouverte d'une serviette.

Bain de pieds

Vous avez passé la journée à marcher, et vos pieds sont plus que fatigués. Avec la chaleur, ils ont tendance à enfler et chauffer, ainsi qu'à beaucoup transpirer. Offrez-leur un bon bain relaxant en ajoutant à votre eau tiède un peu de fleurs de lavande.

Contre les kystes

Pour faire disparaître les petits kystes, utilisez une demi-gousse d'ail. Frottez-la sur le kyste plusieurs fois par jour. Le kyste devrait s'en aller au bout de quelques jours.

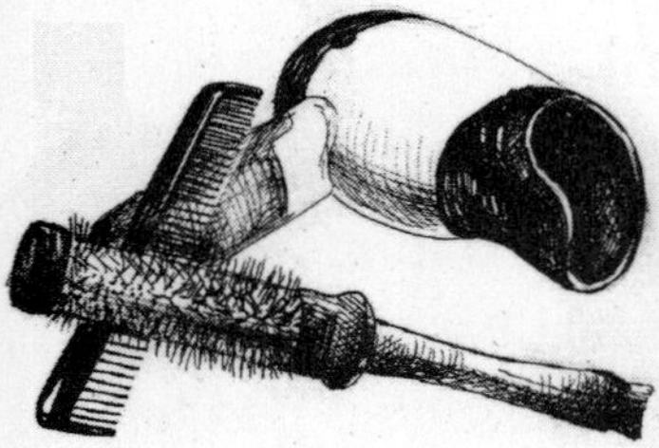

Soulager un torticolis

Votre cou est contracté suite à une mauvaise position lorsque vous dormiez ? C'est ce que l'on appelle avoir un torticolis. Réchauffez la partie douloureuse à l'aide d'un sèche-cheveux un court instant. Massez-vous ensuite le cou avec un mélange d'huile camphrée et d'ail broyé : cela devrait diminuer la douleur.

Soulager les douleurs musculaires

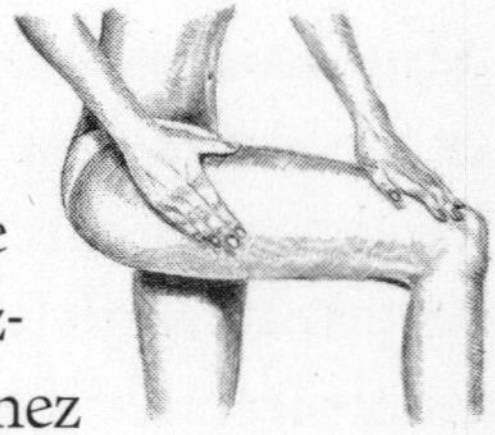

Une séance de sport trop intensive ? Vous n'y êtes pas habitué, et vous subissez le contrecoup de vos efforts. Pour apaiser les diverses douleurs musculaires, rien de tel que cette mixture de grand-mère : broyez une gousse d'ail et ajoutez-lui de l'huile d'olive. Mélangez bien et frictionnez les membres endoloris avec la préparation.

Soulager l'eczéma

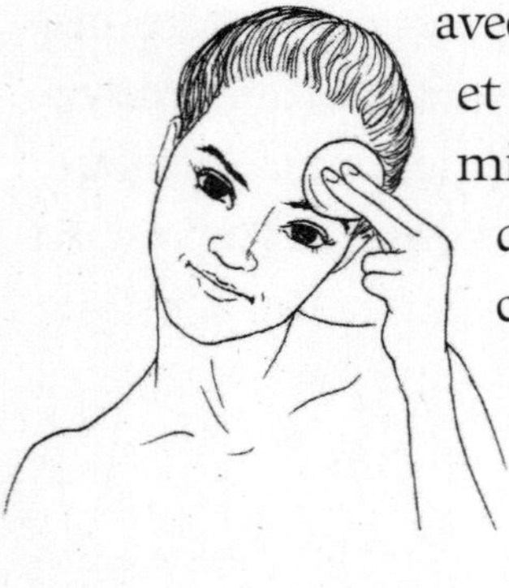

Vous souffrez régulièrement d'eczéma ? Atténuez-le avec une infusion à l'ail. Faites bouillir 50 cl d'eau et plongez-y 2 gousses d'ail. Après quelques minutes, retirez la casserole du feu. Trempez des compresses dans le liquide encore bien chaud et apposez-les sur les zones touchées. Laissez agir toute la nuit, les démangeaisons ne seront plus le lendemain matin.

De la vitamine !

Votre routine métro-boulot-dodo vous épuise à vue d'œil. Besoin d'un petit coup de boost ? Rien de tel que la banane ! Le matin, au réveil, écrasez une banane en purée et ajoutez-lui 2 cuillères à café de miel et 1 de crème fraîche. Avalez cette mixture en guise de petit déjeuner pour bien commencer la journée !

Panser les brûlures peu profondes

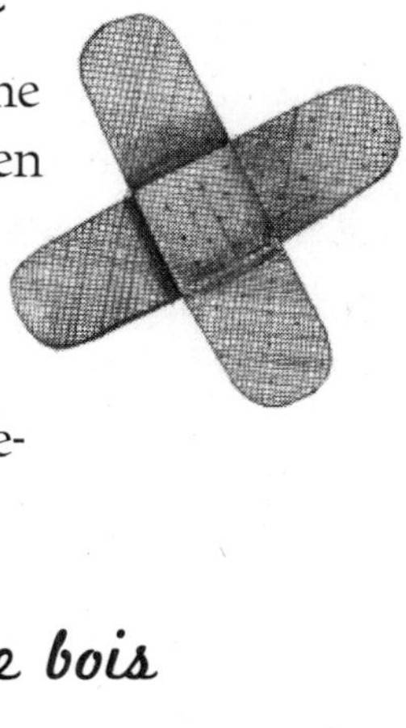

Les légères brûlures peuvent être soulagées avec une peau de banane. Fabriquez-vous un pansement en enroulant la peau de banane autour de la zone touchée, côté intérieur sur la peau. Attachez-le à l'aide de morceaux de sparadrap. Renouvelez toutes les 2 à 3 heures. La douleur devrait rapidement s'apaiser.

Contre la gueule de bois

Vous vous réveillez le lendemain d'une soirée bien trop arrosée. Faire la fête c'est bien, mais le lendemain, vous en faites les frais ! Pour apaiser la gueule de bois, mangez 1 à 2 bananes accompagnées de miel dès votre réveil, au petit déjeuner. La banane contenant un antiacide naturel calme votre estomac et, avec le miel, fait grimper le niveau de sucre dans le sang.

Soulager les engelures

L'hiver, vous êtes assez souvent sujet aux engelures : le bout du nez, des oreilles, des doigts… Mangez des bananes ! Pelez une banane et conservez sa peau. Servez-vous-en en appliquant la face interne de la peau sur vos plaies. Répétez l'opération aussi souvent que nécessaire dans la journée.

Combattre le stress

Le magnésium fait partie des ennemis numéro 1 du stress. Vous en trouverez dans la banane. Mangez régulièrement des bananes si vous faites l'objet de carences en magnésium : cela vous évitera de souffrir de crampes, de nervosité, de fatigue et de stress.

Soigner le rhume

Contre le rhume, du repos, et un bon remède de nos grands-mères ! Faites infuser une grosse pincée de feuilles de sauge dans du lait bouillant pendant 5 minutes. Filtrez et buvez bien chaud : cela vous apaisera et aidera à chasser les vilains microbes.

Faire passer le hoquet

Le hoquet, même s'il est banal et inoffensif, peut vite devenir pénible si on n'arrive pas à l'arrêter ! Il existe divers trucs et astuces pour le faire passer, qui fonctionnent plus ou moins bien. Mamie, elle, mangeait tout simplement un sucre imbibé de jus de citron. Et le hoquet partait quasi instantanément !

Contre les aphtes

Les aphtes, petites plaies dans la bouche, sont assez désagréables et gênants lors de l'ingestion de nourriture. Voici un remède pour les plus courageux, car il est également bien douloureux : des bains de bouche de jus de citron. Ça pique, certes, mais c'est efficace !

Chevilles gonflées

Suite à des problèmes de circulation sanguine, vos chevilles peuvent gonfler. Pour soigner ces œdèmes, réalisez ce cataplasme : faites infuser 2 cuillères à soupe de reines des prés dans 20 cl d'eau. Ajoutez un peu d'argile en poudre, 5 gouttes d'huile essentielle de genévrier, 5 de citron et 5 de cyprès. Laissez agir 20 minutes puis rincez.

En cas de coup de chaleur

Si vous êtes resté trop longtemps exposé au soleil, il se peut que votre corps surchauffe et que vous subissiez un coup de chaleur. Assez dangereux, il se traduit en général par une forte fièvre de plus de 40°. Pensez au cataplasme d'argile : posé sur votre nuque ou sur le bas-ventre, il absorbera la chaleur en trop.

En cas d'anémie

L'argile verte est réputée pour combler les carences en minéraux et favoriser la reconstitution des globules rouges. Si vous souffrez d'anémie, optez pour une cure d'argile : diluez 1 cuillère à café d'argile verte dans 1 demi-verre d'eau. Touillez avec une cuillère en bois (et non en métal) la veille au soir et avalez à jeun le lendemain matin.

Contre le rhume et les angines

Le rhume, bien que bénin, est souvent pénible à supporter... éternuements, maux de gorge et de tête, nez bouché, fièvre et fatigue, c'est assez ! Mélangez un peu d'argile verte avec de l'eau minérale tiède et 1 cuillère à café de jus de citron. Respirez 4 fois par jour cette mixture 10 minutes en plaçant votre tête sous une serviette.

Contre les ulcères d'estomac

L'argile constitue un excellent pansement contre les irritations et ulcérations des voies digestives. Par voie interne, buvez de l'argile blanche. Par voie externe, faites un cataplasme d'argile verte que vous garderez posé sur votre ventre. Attention, une cure d'argile ne doit pas être réalisée en même temps qu'un autre traitement.

Un vermifuge naturel

L'argile verte peut aider à l'évacuation des vers présents dans les intestins. Absorbez de l'argile en la diluant dans de l'eau ou en avalant de petits morceaux. Les parasites intestinaux seront expulsés mais la maladie ne sera pas guérie pour autant : vous devrez vous traiter de manière spécifique selon le parasite en cause.

Guérir une brûlure

Pour soulager et guérir rapidement une brûlure, rien de tel qu'un cataplasme d'argile. Faites-le assez épais et gardez-le humide. Changez-le régulièrement, surtout s'il devient sec. Il atténue l'effet de chaleur et empêche la peau de peler et de former des cloques. Il prévient toute infection et favorise la reconstitution de l'épiderme.

Pieds douloureux

Après une longue marche, la fatigue se fait sentir, et surtout au niveau des pieds ! Des chaussures neuves peuvent aussi provoquer des irritations. Soulagez-les avec un bain de pieds : 2 litres d'eau chaude dans lesquelles vous ajouterez 2 cuillères à soupe de bicarbonate de soude.

Soigner la gueule de bois

Les lendemains de soirée ou repas festif peuvent être difficiles si vous avez trop forcé sur l'alcool… Vous vous sentez vaseux, le mal de crâne en prime. Afin de soulager ces maux, préparez-vous cet antidote d'antan : le jus d'un demi-citron, 1 cuillère à café de bicarbonate de soude, 1 cuillère à café de sucre et 1 demi-cachet d'aspirine, le tout dans un grand verre d'eau bien fraîche.

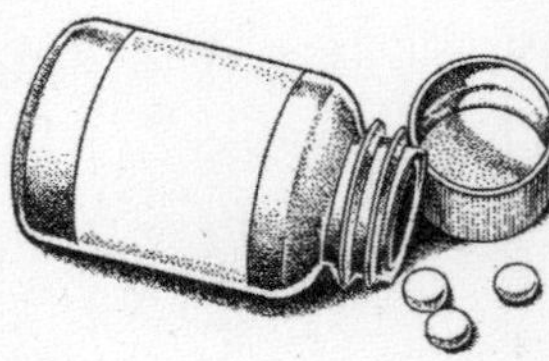

Apaiser un mal de dos

Vous souhaitez soulager un mal de dos occasionnel ? Optez pour un cataplasme au piment de Cayenne. Mélangez un piment pilé à de la farine de froment et un peu d'eau tiède. Posez cette pâte sur un linge propre et appliquez-le sur votre dos. Pour une efficacité optimum, il est conseillé de le garder au moins 1 heure.

Calmer les douleurs dentaires

Pour calmer une dent douloureuse, plaquez contre elle une tranche de gousse d'ail et conservez-la en bouche aussi longtemps que nécessaire. Bien sûr, il reste éminemment recommandé de consulter au plus vite son dentiste.

Contre le psoriasis

L'ail fait partie des plantes qui ont un effet bénéfique sur les peaux atteintes par le psoriasis. Il suffit de l'inscrire au menu aussi souvent que possible.

Vermifuge fait maison

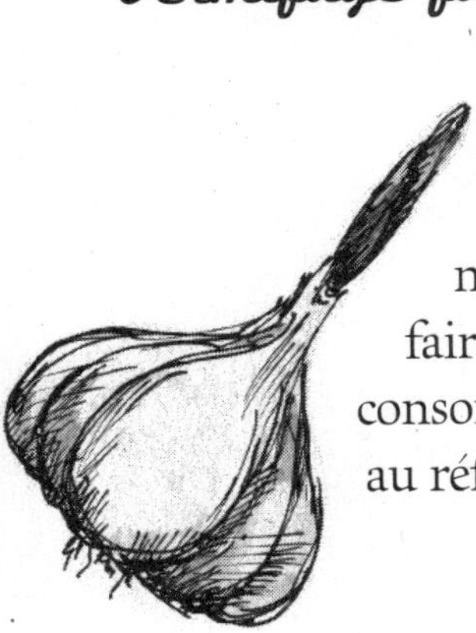

La consommation d'ail pendant plusieurs jours permet de lutter contre les parasites intestinaux. Vous pouvez écraser une demi-gousse d'ail fraîche sur tous vos plats, ou faire bouillir quelques gousses dans du lait et le consommer après l'avoir laissé reposer une journée au réfrigérateur.

Des maux de gorge

L'ail apaise les maux de gorge. Il suffit de sucer, pendant quelques minutes, une gousse d'ail ou d'avaler, petit à petit, 1 cuillère à café de miel rase à laquelle vous aurez ajouté 1 demi-gousse d'ail en purée. Pour fabriquer un sirop antitussif, faites chauffer pendant un bon quart d'heure, un grand verre d'eau, ou de vinaigre de cidre en y ajoutant 5 gousses d'ail hachées, quelques feuilles de thym et de sauge. Ôtez l'ail et les feuilles et versez dans le liquide, sur feu doux, un volume de miel équivalent ou supérieur (selon la consistance que vous souhaitez donner à votre sirop) en remuant bien. Conservez votre sirop dans un flacon dans la porte du réfrigérateur.

Des cors au pied

Écrasez une gousse d'ail et enveloppez-la dans une compresse. Appliquez-la sur la zone douloureuse pendant toute une nuit et renouvelez l'opération si nécessaire. Bien sûr, cette astuce de grand-mère ne prétend pas à la même efficacité que l'intervention d'un pédicure.

Bien récupérer après le sport

FIG. 2.—OVERHAND SERVICE.

Ceci est une astuce de grand-mère… sportive. Après un effort intense, ou une séance de sport, buvez à volonté de l'eau gazeuse. Non seulement celle-ci paraît très désaltérante, mais elle favorise aussi la décontraction des muscles. N'espérez tout de même pas éviter les courbatures !

Contre la constipation

L'eau gazeuse accélère l'élimination. En cas de constipation, agissez rapidement pour éviter que la situation ne devienne trop douloureuse. L'hydratation est essentielle. Jusqu'à ce que votre transit revienne à la normale, forcez-vous à boire un litre et demi d'eau par jour, dont au moins la moitié en eau gazeuse.

Dissiper les aigreurs d'estomac

Si vous souffrez de brûlures d'estomac ou de lourdeurs après un repas un peu trop copieux, buvez un grand verre d'eau gazeuse et éliminez de votre table, au prochain repas, tous les produits gras. Votre estomac redeviendra aussi léger que les bulles.

Soigner une brûlure

Sur une brûlure superficielle, appliquez, au pinceau, une fine couche de blanc d'œuf. Elle protégera la brûlure des frottements.

Apaiser un coup de soleil

Appliquez généreusement, sur la peau endolorie, du jaune d'œuf et laissez poser 1 ou 2 heures. Si vous n'avez pas d'œufs sous la main, vous pouvez tout aussi bien utiliser des rondelles de pomme de terre ou de tomate bien fraîche.

Soulager une dent

Si vous souffrez d'un fort mal de dent et que votre dentiste ne peut vous recevoir, laissez fondre contre elle un cachet d'aspirine. Cela vous soulagera quelque temps.

Des jambes légères

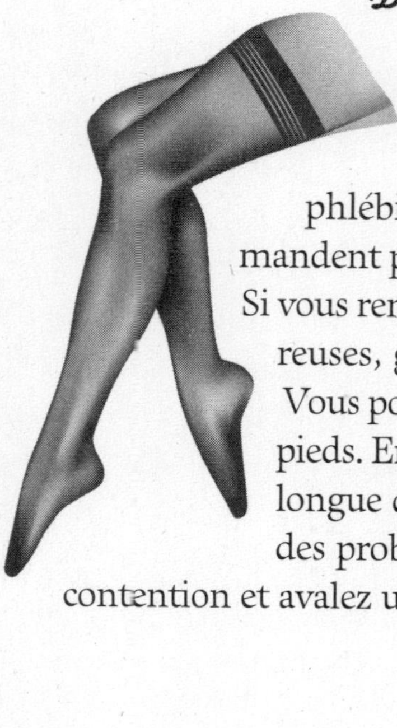

L'aspirine fluidifie le sang et améliore la circulation. Dans le traitement de longue durée de certains troubles, la phlébite par exemple, les médecins recommandent parfois la prise d'une aspirine par jour. Si vous rentrez chez vous avec les jambes douloureuses, gonflées, prenez un cachet d'aspirine. Vous pouvez aussi utiliser l'aspirine en bain de pieds. Enfin, avant de prendre l'avion pour une longue distance, et surtout si vous êtes sujet à des problèmes circulatoires, enfilez des bas de contention et avalez une aspirine.

Soigner les aphtes

Jetez une aspirine effervescente dans un verre d'eau et utilisez-la comme un bain de bouche tous les jours, jusqu'à disparition des douleurs.

Un bain relaxant

Vous vous sentez courbaturé, épuisé, énervé ou vous peinez à trouver le sommeil ? Ajoutez quelques cachets d'aspirine à votre grand bain chaud et relaxez-vous.

Faire disparaître les cors aux pieds

Écrasez un cachet d'aspirine non effervescente dans quelques gouttes de citron, ou d'huile végétale. Appliquez cette pommade sur le cor et maintenez-la en place avec une compresse et du sparadrap. Gardez en place plusieurs heures. Si vous en avez la possibilité, dormez avec ce pansement. Vous pouvez renouveler l'opération plusieurs soirs de suite.

Soigner la conjonctivite

Posez sur vos paupières 2 compresses mouillées d'eau florale de camomille et d'eau florale de bleuet.

Le rhume des foins

Contre la rhinite allergique, buvez chaque jour une infusion de camomille et faites une inhalation en ajoutant à un bol d'eau bouillante quelques gouttes d'huile essentielle de camomille.

Les poussées dentaires

Le pédiatre pourra vous recommander un gel d'application locale pour endormir les gencives douloureuses de bébé. Tout au long de la poussée dentaire, vous pourrez également utiliser la camomille sous sa forme homéopathique. Écrasez 5 granules dans 1 cuillère d'eau que vous ferez avaler à votre enfant à chaque fois qu'il paraît avoir mal.

Contre les rhumatismes

La camomille romaine est très efficace contre les douleurs rhumatismales et celles provoquées par les crises de goutte. Frictionnez la partie du corps douloureuse avec une huile (d'amande ou d'olive) à laquelle vous aurez ajouté quelques gouttes d'huile essentielle de camomille. Si vous êtes patient, laissez macérer pendant plusieurs semaines les fleurs de camomille dans une huile végétale bio.

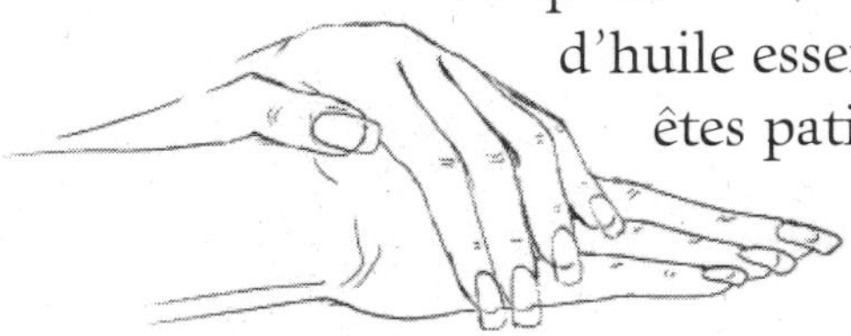

Une digestion difficile

Après un repas un peu trop copieux, buvez une infusion de camomille et étendez-vous. Vous vous sentirez rapidement plus léger.

Soulager les douleurs des règles

Voici un bon moyen de faire taire ces douleurs qui reviennent vous gâcher la vie mois après mois. Pendant les règles, buvez chaque jour une infusion de camomille. Complétez ce « traitement » par un massage circulaire du ventre, avec une huile d'amande douce, ou une huile d'olive, à laquelle vous aurez ajouté quelques gouttes d'huile essentielle de camomille.

Un bain relaxant

Prendre un bain de camomille est un excellent moyen de se détendre après une journée éprouvante. Jetez tout simplement quelques fleurs de camomille dans l'eau du bain bien chaude. Vous trouverez aussi dans le commerce une quantité de produits enrichis en camomille : boules effervescentes, huiles de bain…

Retrouver le sommeil

La camomille détend. Si vous avez, chaque soir, du mal à vous endormir, mangez légèrement et juste avant de vous coucher, buvez une infusion de camomille. Vous pouvez également utiliser la camomille en granules homéopathiques.

Un mal d'oreille ou de gorge

On peut calmer une otite en lavant, plusieurs fois par jour, l'oreille avec une infusion de camomille tiède utilisée directement ou sur une compresse. On recommande parfois de faire chauffer à feu doux un demi-verre d'huile végétale avec une poignée de fleurs de camomille pendant une demi-heure. L'huile ainsi obtenue se met sur des compresses que l'on peut déposer, une fois l'huile refroidie bien sûr, sur l'oreille. Attention : une otite peut

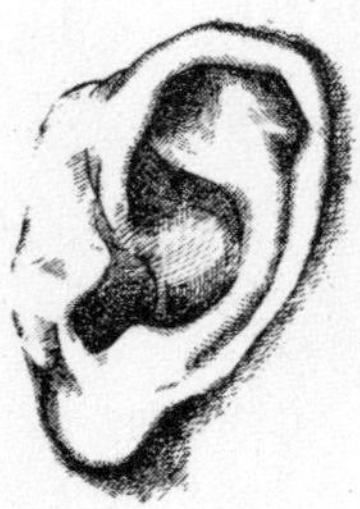

entraîner des complications, surtout chez les enfants. Il est impératif de consulter. Les compresses d'huile de camomille peuvent aussi être appliquées sur la gorge pour l'apaiser. Dans ce cas, pensez aussi à boire une infusion de camomille avec une cuillère à café de miel et de jus de citron.

Les bouffées de chaleur

La sauge, consommée en infusion ou en teinture mère (une vingtaine de gouttes dans un grand verre d'eau), élimine les bouffées de chaleur et est donc recommandée pour soulager les désagréments de la ménopause.

Stopper les montées de lait

Pour accompagner le sevrage ou si vous réagissez mal aux médicaments qui stoppent la montée de lait, buvez plusieurs fois par jour de l'infusion de sauge. Autre plante à adopter : le persil. Parsemez-en abondamment les tomates, pommes de terre, viandes… Bref, tout ce qui passe par votre assiette. Enfin, appliquez sur vos seins, toute la journée, des feuilles de chou vert, coincées entre votre peau et le soutien-gorge. Cela soulagera vos seins.

Contre les douleurs prémenstruelles

L'infusion de sauge prise chaque jour, la semaine avant les règles, diminue les douleurs et la sensation de ballonnement. À noter également que la sauge est connue pour normaliser les cycles. Même si vous ne souffrez pas, n'hésitez donc pas à boire de l'infusion de sauge fréquemment pour retrouver des cycles réguliers.

Mieux digérer

Une infusion de sauge vous aidera à oublier un repas un peu trop chargé. Pour faciliter la digestion, nos grands-mères fabriquaient du vin de sauge. Selon votre préférence (ou ce qu'il vous reste dans vos placards !), optez pour une bouteille de vin rouge ou blanc. Choisissez un vin agréable de préférence, mais pas trop onéreux tout de même, vu le traitement que vous allez lui faire subir. Faites-le chauffer dans une casserole, puis ajoutez-y 2 grosses poignées de feuilles de sauge. Si vous avez choisi du vin blanc, vous pouvez ajouter 1 grosse cuillère à soupe de miel. Laissez reposer votre vin pendant une semaine. Vous pourrez le boire en guise de digestif mais souvenez-vous : cela reste de l'alcool ! Même si c'est pour la bonne cause, ce vin de sauge est à consommer avec modération.

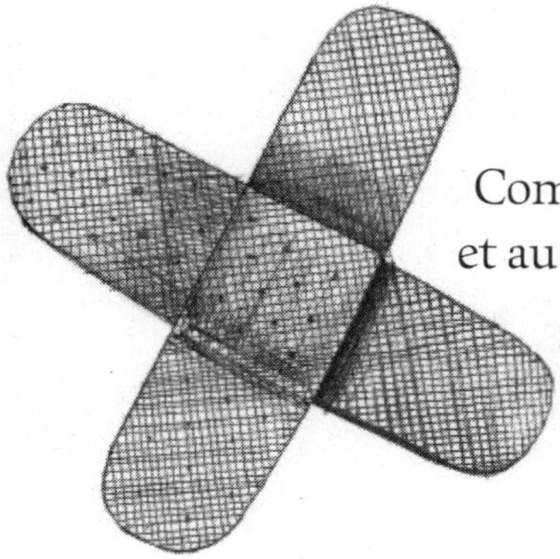

Panser une plaie

Commencez par bien nettoyer la plaie à l'eau et au savon de Marseille. Rincez, séchez bien, puis couchez des feuilles de sauge fraîches sur la plaie. Couvrez avec une compresse que vous retiendrez avec du sparadrap. Changez ce pansement tous les jours.

Soulager un aphte

Appliquez sur l'aphte une feuille de sauge et gardez-la aussi longtemps que vous le pouvez. En complément, faites un bain de bouche chaque jour avec de l'infusion de feuilles de sauge.

Contre les maux de gorge

Si vous souffrez de maux de gorge, préparez une infusion de feuilles de sauge bien corsée et gargarisez-vous avec, matin et soir, jusqu'à ce que vos maux de gorge ne soient plus qu'un mauvais souvenir.

Éviter les crampes

Les bananes constituent, grâce au potassium qu'elles contiennent, un très bon moyen de prévenir les crampes. Si vous en souffrez régulièrement, faites donc une cure de bananes et prenez par précaution rendez-vous avec un médecin.

Apaiser les brûlures d'estomac

Si vous êtes sujet aux maux d'estomac, consommez régulièrement des bananes qui masqueront dès leur absorption toute sensation d'aigreur ou d'acidité.

Soulager l'urticaire

Vous souffrez de poussées d'urticaire ? Ou votre petit a eu le malheur de tomber dans les orties ? Ça gratte, ça pique ! Apaisez les démangeaisons grâce à la banane. Placez la face interne d'une peau de banane bien mûre sur les parties irritées : cela aidera à calmer la douleur et l'envie de gratter.

Préparer un sirop laxatif

Mélangez une poignée de fleurs et une poignée de feuilles de chicorée et de rhubarbe hachées. Prenez 2 cuillères à soupe de ce mélange pour une tasse et portée à ébullition. Laissez infuser un bon quart d'heure. Filtrez et buvez trois tasses par jour en cas de constipation passagère.

Préparer une décoction drainante

À ses amies sujettes à la rétention d'eau, Grand-mère conseille cette recette drainante… Pour une tasse, mélangez 1 cuillère à soupe d'un mélange d'artichaut et d'ortie. Faites bouillir durant 3 minutes puis laissez infuser un bon quart d'heure. Filtrez, buvez, éliminez !

Pour une bonne nuit de sommeil

Si vous avez tendance à vous réveiller souvent la nuit et à tourner dans votre lit avant de trouver dans le sommeil, remplissez un petit sachet en tissu léger d'anis vert et ajoutez-y quelques gouttes d'huile essentielles d'anis. Déposez le sachet sous votre oreiller. Vos nuits en seront transformées !

Une tisane en cas de gros rhume

Prenez 2 cuillères à café d'origan, 2 cuillères à café de sarriette, 1 bâton de cannelle et 5 clous de girofle. Ajoutez 1 litre d'eau froide et portez le tout à ébullition. Laissez ensuite sur le feu à petits bouillons pendant un petit quart d'heure. Filtrez et buvez l'intégralité de la préparation dans la journée.

Du navet contre la toux

En cas de toux, grand-mère opte bien souvent pour un sirop de navet de son cru. Elle prend un navet suffisamment gros pour pouvoir creuser un trou dans lequel elle dépose quelques sucres candi. Elle laisse macérer toute la nuit et boit ensuite le jus obtenu à raison d'une cuillère à soupe 4 fois par jour.

Contre les problèmes digestifs

Essayez la tisane d'anis ! Faites bouillir 200 ml d'eau. Versez ensuite dans une tasse et ajoutez 1 cuillère à café de fruits séchés d'anis vert (récoltés dans la nature ou achetés en herboristerie) que vous aurez préalablement broyés. Laissez infuser une bonne dizaine de minutes. Buvez 1 à 3 tasses par jour.

Soulager la turista

À l'étranger, lorsque la turista vous joue des tours, faites chauffer un peu de lait et ajoutez-y une petite touche de cannelle en poudre une fois qu'il sera tiède. Buvez une tasse de cette préparation, peu enthousiasmante mais terriblement efficace, et renouvelez une fois si nécessaire.

De l'artichaut contre les rhumatismes !

Pour calmer la douleur, vous pouvez boire, de préférence à jeun, une grande tasse d'infusion d'artichaut. Pour cela, faites infuser une quinzaine de feuilles pendant une bonne dizaine de minutes dans de l'eau bouillante. Filtrez et buvez bien chaud. Voilà qui devrait vous soulager un peu.

Soulager une brûlure sur la langue

Une brûlure sur la langue se soulage rapidement en déposant dessus un peu de sucre en poudre et en la pressant ensuite sur le palais. De cette façon, en fondant, le sucre stimule la production d'endorphine, cette hormone qui atténue la douleur et procure une sensation de plaisir et de bien-être.

Réduire la sensation de faim pour garder la ligne

Pour garder la ligne, inutile de vous priver ou de vous ruer sur des compléments alimentaires hors de prix. Buvez plutôt un verre d'eau froide un quart d'heure avant chaque repas. Voilà qui devrait vous aider à accélérer la sensation de satiété et à vous couper, raisonnablement, l'appétit.

Bain tonifiant

Une petite baisse de forme ? Faites le plein de tonus dans votre baignoire ! Diluez dans un bol d'eau tiède 3 cuillères à soupe de lait entier en poudre additionnées de 6 gouttes d'huile essentielle de thym, de menthe, de romarin, ou de bergamote. C'est au choix. Versez dans l'eau à 34 °C de votre bain. Rincez-vous à l'eau froide !

Un bain antistress

Adoptez la zen attitude grâce à ce bain relaxant. Remplissez la baignoire d'eau à 37 °C. Ajoutez ensuite dans un bol d'eau tiède 6 à 10 gouttes d'huile essentielle de basilic. Versez dans la baignoire. Profitez des bienfaits de ce bain durant une dizaine de minutes, respirez à fond… Adieu stress, bonjour plénitude.

Un fortifiant maison

Lorsqu'elle se sent flagada, Grand-mère se sert un fond de verre de porto (du vin blanc ou du café peuvent aussi faire l'affaire selon ce qu'elle trouve dans ses placards) et y mélange un jaune d'œuf. Elle avale cette mixture le matin, après le petit déjeuner. Coup de fouet assuré !

Du cassis contre les rhumatismes

Pour soulager ses rhumatismes, grand-mère se prépare régulièrement de la tisane de cassis. Pour cela, elle porte à ébullition 1 litre d'eau qu'elle verse sur 2 bonnes poignées de feuilles de cassis. Elle laisse infuser un quart d'heure au moins puis passe le mélange et en boit plusieurs tasses par jour.

Cataplasme pour les jambes lourdes

Pour soulager les jambes lourdes, rien de tel qu'un cataplasme à la citrouille ! Passez au mixeur la chair d'une citrouille avec 5 cuillères à soupe de feuilles fraîches de lierre et un gros bouquet de cerfeuil. Étalez cette mixture sur un linge propre et appliquez sur les jambes. Laissez poser une demi-heure.

Du thym contre un orgelet

Hachez quelques branches de thym après les avoir soigneusement nettoyées. Placez ensuite le thym dans une compresse imbibée d'eau de rose. Laissez poser au moins une heure sur l'œil malade et renouvelez l'opération une à deux fois par jour. Voilà qui devrait faire disparaître l'orgelet en un jour, deux maximum.

Une tisane coup de fouet

Besoin d'un remède maison contre la fatigue ? Essayez cette tisane revigorante ! Mélangez 50 g de racine de gentiane jaune, 50 g de fruits d'églantier et 50 g de feuilles de romarin. Comptez 1 cuillère à café de ce mélange par tasse de 250 ml d'eau. Laissez infuser 10 minutes et buvez 2 tasses par jour.

Une tisane contre la diarrhée

Portez environ 200 ml d'eau à ébullition et versez deux cuillères à café de feuilles de ronce que vous aurez achetées en herboristerie ou récoltées au gré de vos promenades. Laissez ensuite infuser une bonne dizaine de minutes. Passez et buvez 3 à 4 tasses de cette tisane par jour.

Une tisane détoxifiante

Mélangez 20 g de feuilles de bouleau, 15 g d'écorces de bourdaine, 15 g de fleurs de sureau, 20 g de racines de pissenlit, 20 g de feuilles de menthe poivrée, 10 g de baies de genièvre. Déposez deux cuillères à café de ce mélange dans un bol et ajoutez de l'eau bouillante. Passez et buvez.

Retirer facilement une épine

Fabriquez un cataplasme pour retirer sans douleur une épine. Mélangez 2 branches de persil frais avec 1 jaune d'œuf et un peu de mie de pain. Malaxez et appliquez cette mixture sur la partie concernée le soir, avant d'aller au lit. Le lendemain, l'épine sera assez remontée pour être ôtée sans difficulté.

Soulager une dent douloureuse

En attendant la visite incontournable chez le dentiste, il existe un moyen naturel de calmer quelque peu la douleur. Imbibez simplement un coton-tige d'huile essentielle de noix de muscade et tapotez délicatement la dent douloureuse. À renouveler 4 à 5 fois dans la journée.

Soulager les peaux sèches, squameuses ou irritées

Pour calmer les démangeaisons et soulager la peau qui tiraille, Grand-mère pique un morceau de panne de lard avec des grains d'avoine noire. Elle place le tout au-dessus d'un bol et enflamme. Ainsi, la graisse se dépose directement dans le bol. Une fois refroidie et solidifiée, elle l'applique comme une pommade.

Un baume pour soulager les petites écorchures

Commencez par mélanger 1 cuillère à soupe de vin rouge avec 1 cuillère à soupe de sucre en poudre. Ajoutez ensuite 1 cuillère à soupe d'huile de table (olive, tournesol…). Faites bouillir à petit feu. Idéal pour les petites blessures, coupures, aphtes, gencives enflammées…

Soigner un zona

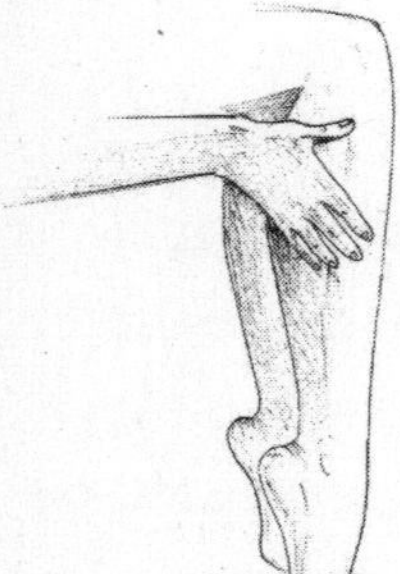

Pour qu'un zona guérisse plus rapidement, il faut commencer par sécher les plaies. Pour cela, portez à ébullition une dizaine de têtes de ronce dans un tiers de litre de vin blanc. Laissez tiédir quelques minutes et passez. Enfin, à l'aide d'un coton, appliquez délicatement sur la peau abîmée.

Exit le mal des transports

Vos enfants sont sujets au mal des transports ? Mélangez du gros sel avec une pincée de persil séché et fabriquez des petits sachets de tissu fin remplis de cette préparation. À accrocher autour du coup avec un lien avant de grimper en voiture ! Certains pêcheurs utilisent cette astuce contre le mal de mer !

Contre les courbatures

Dure cette séance de sport de la veille. En plus, vous ne vous êtes pas suffisamment étiré à la fin. Du coup, ce matin, votre corps a 80 ans tant il est courbaturé… Pour vous soulager rapidement, procédez à des frictions des muscles endoloris avec un mélange d'huile d'olive et de vin, à parts égales.

Contre la fièvre

Il est préférable de connaître l'origine de la fièvre et de s'assurer qu'elle n'est pas le symptôme de quelque chose de plus grave… Pour la faire diminuer, préparez une décoction de feuilles d'olivier. Faites-les bouillir durant 10 minutes dans 1 demi-litre d'eau. Passez et buvez quatre tasses dans la journée.

Booster la libido

Vous le savez, le gingembre est un aphrodisiaque reconnu. Mais saviez-vous qu'il n'est pas forcément utile de le manger… Râpez-en un peu et pressez-le dans votre main au-dessus d'un bol d'eau chaude pour en récupérer le suc. Appliquez au creux de vos reins à l'aide d'un gant de toilette.

Calmer une sinusite

Pour vous soulager rapidement, massez-vous fermement en partant de la base du nez, sur les côtés, et en remontant jusqu'à la base du front, entre les sourcils. Ensuite, remplissez un bol d'eau chaude et ajoutez quelques gouttes d'huile essentielle de romarin. Inspirez la vapeur, ça va déjà mieux…

Éviter les problèmes de prostate

Rien de mieux que la prévention en matière de santé. Et contre les problèmes de prostate, l'une de vos meilleures alliées est la tomate ! Consommée cuite (sauce, soupe, à la provençale…), une dizaine de fois par semaine, elle joue un rôle antioxydant, anti-inflammatoire et aiderait à limiter l'hypertrophie de la glande.

Contre les boutons de chaleur

Pour vous soulager rapidement, il faut commencer par diminuer la température de la peau. Ensuite, après avoir rincé et séché la zone concernée par les boutons de chaleur, appliquez dessus un peu de farine de maïs afin d'absorber la sueur. Renouvelez toutes les deux heures jusqu'à disparition de l'inflammation.

Du curcuma contre l'asthme

Le curcuma est connu pour ses vertus anti-inflammatoires. En cas de crise d'asthme, mélangez une cuillère à café de curcuma dans une tasse de lait bien chaud et buvez. À renouveler trois fois par jour mais à éviter si vous suivez un traitement anticoagulant, le curcuma risquant d'accentuer son action.

Pour les lendemains difficiles

Vous avez abusé hier soir. Cette gueule de bois carabinée en témoigne. Reprenez du poil de la bête rapidement en buvant un grand verre de jus de pamplemousse. Riche en fructose, le pamplemousse contribue à accélérer l'élimination d'alcool contenue dans le sang. Sinon, un jus de tomate fera aussi l'affaire.

Prévenir les varices

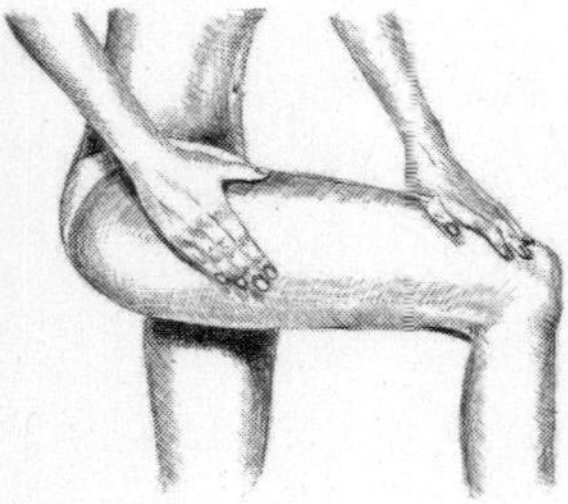

L'important ? Améliorer la circulation. Pour cela, rien de tel que la douche écossaise qui dilate et resserre les vaisseaux sanguins ! Placez vos jambes sous un jet d'eau chaude durant trois minutes puis passez à l'eau froide. Renouvelez l'opération trois fois de suite en terminant toujours par l'eau froide.

Stopper le hoquet

Lorsqu'un de ses petits-enfants a une crise de hoquet, Grand-mère perd vite patience. Heureusement, elle connaît une astuce qui marche quasiment à tous les coups. Elle lui tire en même temps et fermement, mais sans lui faire mal bien sûr, les deux lobes des oreilles vers le bas. Rapide et souvent efficace.

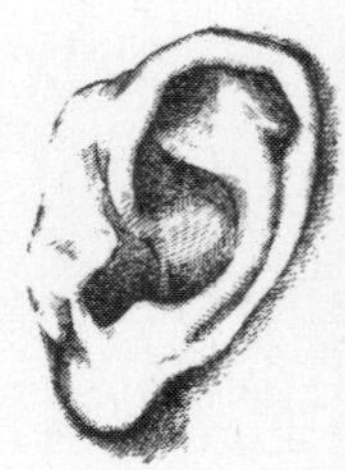

De la lavande contre le hoquet

Voilà une méthode facile, naturelle et indolore pour stopper le hoquet ! Il suffit de verser quelques gouttes d'huile de lavande dans un sac en papier. Ensuite, placez simplement l'ouverture du sac sur la bouche et le nez et respirez à fond ! L'huile va aider votre diaphragme à se détendre et stopper le hoquet.

Fini les grimaces à cause des médicaments

Souvent, les médicaments pour les enfants que l'on doit administrer sous forme de gouttes dans un verre d'eau ont un goût amer. Du coup, c'est chaque fois la soupe à la grimace et vous devez rivaliser d'ingéniosité pour arriver à vos fins. Eh bien, essayez le lait froid ! Il neutralisera le goût du médicament.

Contre les vomissements

Bien sûr, il s'agit là de calmer une crise bénigne de vomissements, sans fièvre, ne nécessitant pas d'avis médical… Pour soulager l'estomac et calmer les vomissements, faites fondre 2 ou 3 glaçons dans votre bouche avant d'appliquer au creux de votre estomac des compresses très froides.

Pour soigner un orgelet

L'orgelet, ce petit bouton enflammé, apparaît souvent sur le bord extérieur de la paupière. Pour en venir à bout et atténuer rapidement l'inflammation, appliquez des cataplasmes de fécule de maïs. La douleur devrait s'estomper dès le deuxième jour et l'orgelet disparaître dans les 5 jours maximum.

Exit la migraine !

Fini les maux de tête grâce à… la pomme de terre ! En cas de migraine, et ce dès le début de la « crise » si possible, coupez des rondelles de pomme de terre crue et posez-les sur votre front. Maintenez-les en place à l'aide d'un foulard et patientez quelques minutes. La douleur devrait rapidement diminuer.

Soulager une brûlure

Voici une astuce particulièrement efficace pour les brûlures en cuisine (huile chaude, casserole…). Pour calmer rapidement la douleur, mélangez un peu de farine avec de l'eau jusqu'à obtenir une sorte de pâte. Appliquez ensuite cette mixture sur la zone brûlée et laissez agir quelques instants.

Contre les crampes et les douleurs abdominales

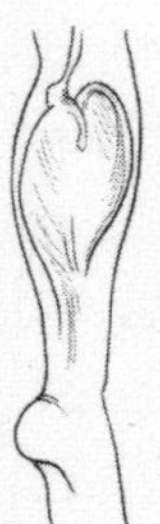

Grippe intestinale, indigestion… Pour soulager les douleurs qui en découlent, préparez ce cataplasme : versez de l'alcool à 90° sur une bande de coton et ajoutez-y du poivre. Appliquez sur le ventre et recouvrez d'une serviette chaude (passée au sèche-linge ou recouverte d'une bouillotte). Laissez poser toute la nuit.

Éviter l'œil au beurre noir

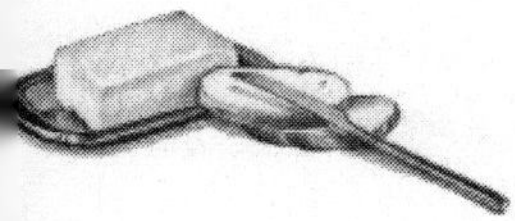

L'important ici est d'intervenir tout de suite après l'impact. Pour éviter que votre œil vire au noir après un coup, étalez une bonne quantité de beurre dessus. Laissez agir quelques minutes et rincez délicatement, sans frotter pour ne pas accentuer la douleur. Votre œil devrait ainsi garder couleur humaine.

Booster la concentration !

Et pour cela, écoutez de la musique ! Parmi ses nombreux bienfaits sur l'esprit, vous connaissez certainement ses vertus antistress. Eh bien ! Sachez qu'elle améliore également les capacités de concentration. Mieux, plus son rythme sera rapide, plus votre cerveau sera sollicité. À vous de choisir !

De l'avocat contre le cholestérol

Certes, l'avocat fait partie de ces fruits riches souvent déconseillés dans les régimes alimentaires. En revanche, il est recommandé pour lutter contre le cholestérol… En effet, manger un avocat par jour contribue à faire diminuer le taux de mauvais cholestérol d'environ 15 %. Du tout bon !

Contre la bouche sèche

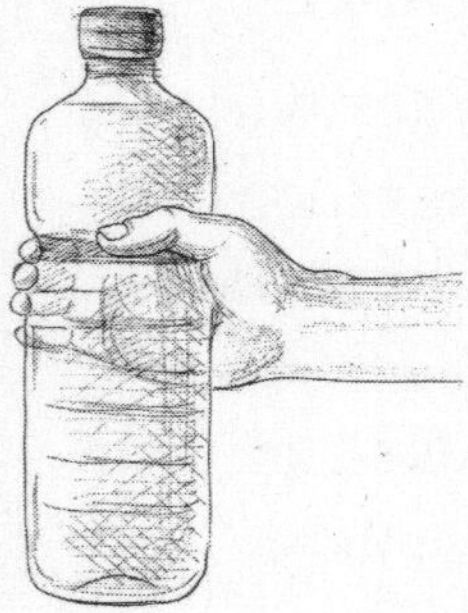

La bouche sèche est due à une salivation insuffisante. L'important est de commencer par réhydrater les muqueuses. Pour cela, il faut tout d'abord boire fréquemment. Pensez également à garder de temps en temps une gorgée d'eau sous la langue quelques instants et humectez ensuite toute la bouche avant d'avaler.

Stimuler la lactation pendant l'allaitement

Votre sein est sensible, chaud et très rouge ? Un canal lactifère est sans doute bouché. Pour y remédier et stimuler la lactation, commencez par vous savonner délicatement, en évitant le mamelon, avec du savon sous la douche. Massez ensuite votre sein avec un peigne aux dents écartées.

Contre l'allaitement douloureux

Sous tension, vos seins et vos mamelons sont douloureux en période d'allaitement. Pour vous soulager entre deux tétées, placez un gant de toilette humide bien froid, voire avec quelques glaçons à l'intérieur, sur chaque sein. Voilà qui devrait vous soulager jusqu'à la prochaine sollicitation.

Soulager une laryngite

L'essentiel ? Hydrater et soulager le larynx afin de calmer l'inflammation. Pour cela, buvez au moins 8 verres d'eau tiède, voire chaude, en alternance avec des bols de bouillon de poulet dans la journée. Et bien sûr, mettez vos cordes vocales au repos. Vous devriez vous sentir mieux dès le lendemain.

Contre les douleurs musculaires

Pour soulager courbatures et autres douleurs musculaires, mélangez des feuilles de lierre grimpant avec 4 ou 5 poignées de son. Ajoutez un peu d'eau et faites chauffer en remuant jusqu'à ce que l'eau s'évapore. Préparez un cataplasme et appliquez-le chaud sur le muscle douloureux.

Soulager une bronchite avec une toux grasse

Voilà un remède bien peu ragoûtant mais néanmoins efficace, du moins par temps de pluie : le bouillon de bave d'escargots. Ramassez-en quelques-uns et faites-les dégorger pour qu'ils rendent leur bave. Préparez un bouillon de légumes et ajoutez-y la bave qui diminuera l'inflammation. À boire matin et soir.

Des bananes contre la bronchite !

Une bronchite persistante doit évidemment faire l'objet d'une visite chez le médecin. Mais en attendant l'heure du rendez-vous, essayez ce remède maison. Écrasez 3 bananes bien mûres et passez-les au tamis. Placez-les dans de l'eau très chaude et ajoutez du sucre. Ne reste plus qu'à déguster.

Lutter contre la constipation

Pour mettre fin à une constipation passagère, commencez par faire macérer durant 3 jours quelques feuilles de basilic dans 1 litre de vin rouge. Ajoutez ensuite environ 1 litre d'huile d'olive et consommez une tasse de cette préparation avant chaque repas. À réserver aux adultes évidemment.

Un antipoux naturel

Faites bouillir environ 1 kg de graines de lupin dans une grande marmite. Laissez tiédir l'eau de cuisson et versez-la sur les cheveux. Une application devrait suffire à chasser les poux mais ne renouvelez qu'en cas de doute. Le truc en plus ? Épluchez les lupins et dégustez-les à l'apéritif.

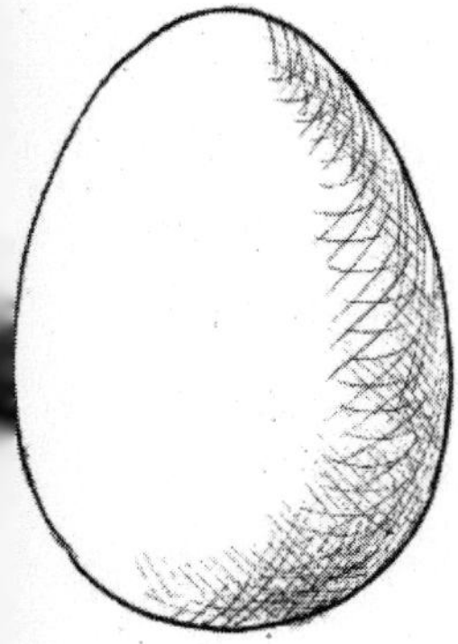

Adieu les poux !

Votre enfant est revenu de l'école avec la tête infestée de poux. Pas de problème ! Appliquez sur ces cheveux… de la mayonnaise ! Et une bonne couche ! Recouvrez avec du film étirable et laissez poser au moins 2 heures. Bizarre mais efficace : les poux seront asphyxiés !

Enrayer un coup de froid

Il faut agir vite si l'on veut éviter qu'un simple coup de froid ne se transforme en gros rhume. Et pour cela, il existe un truc tout simple. Portez à ébullition un grand verre de bière et ajoutez-y deux bonnes pincées de poivre. Laissez tiédir et buvez avant le coucher. Résultat assuré.

Soulager une brûlure

Avant toute chose, état des lieux. La brûlure vous semble bénigne ? Elle est située sur la main ou le pied ? Alors foncez chercher une bassine et remplissez-la de bière. Non, ne la buvez pas ! Trempez simplement la partie du corps endommagée durant un petit quart d'heure… Vous voyez, ça va déjà mieux.

Cuisine

Un bon cuisinier, c'est l'addition de tout un tas de qualités : un peu d'imagination, beaucoup de rigueur, un choix avisé pour les recettes comme pour les produits et une parfaite gestion du temps. Sur ce dernier chapitre, nos astuces vous aideront souvent. Elles vous permettront aussi de découvrir le petit je-ne-sais-quoi qui améliore quelques-unes des recettes les plus traditionnelles : comment faire un gâteau au yaourt plus léger, servir une purée moins banale ou un hachis parmentier aérien, présenter un soufflé vraiment gonflé ou encore donner un peu plus de saveur à une vinaigrette toute bête. Car, finalement, le cordon-bleu n'est pas nécessairement celui qui propose les plats les plus compliqués. Nous gardons tous la mémoire d'un dessert, d'une viande, en apparence tout simple, mais que notre grand-mère réussissait mieux que personne. Voilà bien la preuve que la perfection se cache dans les petites astuces et les menus détails.

Tisane apaisante

Votre petit a du mal à s'endormir le soir ? C'est un phénomène fréquent chez les enfants. Concoctez-lui une tisane apaisante : plongez 10 g de pétales de fleurs de coquelicots dans 50 cl d'eau chaude. Faites infuser 10 minutes puis filtrez. Ajoutez au breuvage une cuillère à café de miel pour adoucir le goût.

Des asperges bien vertes

Voilà comment procédait Grand-mère pour conserver le vert de ses asperges une fois cuites : en fin de cuisson, prenez les asperges et déposez-les aussitôt dans une casserole d'eau très froide, avec quelques glaçons. La cuisson ainsi soudainement stoppée, les asperges garderont leur belle couleur.

Dégraisser un bouillon

Mamie aimait préparer de bons bouillons. Mais elle pensait également à sa ligne. Pour dégraisser ses bouillons, elle les passait à travers une passoire dans laquelle elle avait déposé quelques glaçons. Les particules de graisse se figeant sur ces derniers, il ne lui restait plus qu'à faire réchauffer ses délicieuses préparations.

De gros glaçons

Vous désirez faire des glaçons géants ? Pour des saladiers de jus de fruits, de punch et autres cocktails divers ou tout simplement pour épater la galerie. Ne jetez plus vos pots de yaourt ! Et pour des glaçons moyens, une boîte à œufs en plastique sera idéale.

Sauver une sauce qui a tourné

Il arrive que la sauce au beurre faite maison tourne. Ne la jetez pas et écoutez plutôt les conseils de Grand-mère : pour la récupérer, elle mettait dans la casserole un glaçon et touillait. La sauce retrouvait petit à petit la consistance désirée.

Glaçons aromatisés

Pour obtenir des glaçons à la fois jolis et amusants, remplissez chaque compartiment du bac avec une demi-cerise, une rondelle de banane, un morceau de rondelle de citron ou encore d'orange, etc. Recouvrez d'eau et épatez vos invités avec ces glaçons originaux et au goût acidulé.

Des glaçons limpides

Vous aimez les choses bien faites, vous êtes pointilleux. Et même avec les glaçons ! Nos grands-mères savaient comment avoir de beaux glaçons, limpides, sans bulles ni traces blanches. Elles remplissaient leurs bacs à glaçons avec de l'eau qu'elles faisaient bouillir au préalable. D'une simplicité enfantine !

Conservation

Lorsque vous préparez un buffet, vous aimez que vos invités puissent tout avoir à portée de main. Et pour vos cocktails, les glaçons sont primordiaux ! Si vous les démoulez à l'avance et les laisser dans un bol, pensez à leur verser dessus un peu d'eau gazeuse. Cela évitera qu'ils ne se collent entre eux.

Un bouillon propre

Nos grands-mères avaient l'habitude de conserver les bouillons de légumes pour accompagner leurs petits plats. Et pour les garder en état, elles pensaient à leur ajouter un clou de girofle. Puissant antiseptique, il préserve le bouillon des bactéries.

Irrésistible poulet

Mamie faisait frétiller nos papilles avec son délicieux poulet. Elle s'est enfin décidée à nous livrer le secret de sa recette magique : quelques feuilles de sauge et une moitié de citron dans son ventre avant de le mettre au four. Qui aurait cru que ce serait si simple !

Faire son eau gazeuse

Il n'est pas si compliqué de confectionner sa propre eau gazeuse. Il vous suffit d'investir dans une machine à gaz, ne nécessitant ni piles ni électricité. Remplissez une bouteille d'eau du robinet et fixez-la sous l'appareil : vous pouvez donc créer une multitude de sodas et limonades naturelles chez vous !

Cuisson des légumes

Vous souhaitez conserver la belle couleur de vos légumes ? Utilisez de l'eau gazeuse pour les faire cuire. Choisissez une eau gazeuse riche en bicarbonate de sodium. C'est ce dernier qui fera garder à vos légumes leur bel aspect coloré.

Pâte à tempura

Mamie s'est adonnée à la cuisine japonaise : elle prépare sa pâte à tempura maison. Quel est son secret ? Elle y ajoute un peu d'eau gazeuse. La pâte, aérée par le gaz, a une meilleure consistance et devient plus légère. Elle n'en sera donc que plus digeste.

Conserver les citrons entamés

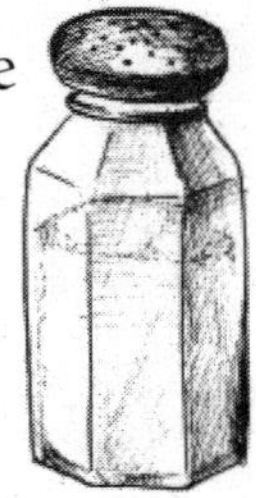

Il vous arrive fréquemment d'entamer un citron et de laisser traîner dans votre porte de réfrigérateur une moitié de citron entamée, que vous oubliez, et que vous finissez par jeter. Mamie n'aimait pas le gâchis : pour retarder le dessèchement du citron, saupoudrez la partie exposée avec un peu de sel fin.

Éviter les projections de graisse

Pour éviter les projections de graisse lorsque vous faites revenir des aliments dans une poêle, il suffit d'ajouter en son fond un peu de sel fin en début de cuisson. Que ce soit de l'huile ou du beurre, il n'éclaboussera pas votre plaque de cuisson, ni vos mains !

Rendre une omelette plus digeste

Nos grands-mères aiment préparer de bons petits plats, mais ils ne sont pas forcément des plus digestes ! Heureusement, elles savent comment les rendre plus légers. Quand elles cuisinaient une omelette, elles ajoutaient 1 cuillère à soupe d'eau ou de lait par œuf. Vous hésiterez moins à vous resservir !

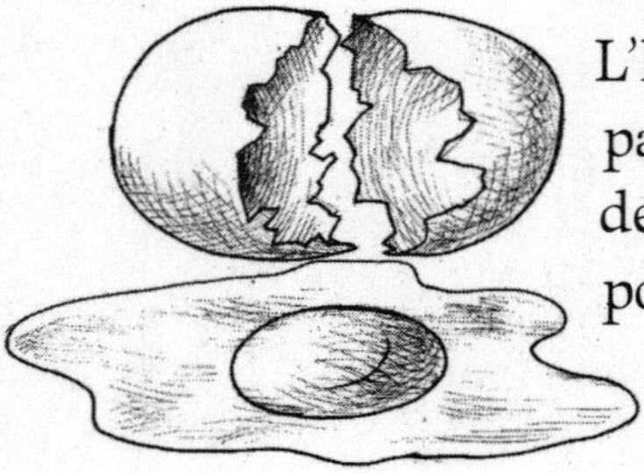

Entretenir l'huile de friture

L'huile de votre friteuse s'altère si elle n'est pas nettoyée régulièrement. Débarrassez-la de ses impuretés. Battez un blanc d'œuf pour le rendre mousseux. Versez-le dans le bac de votre friteuse lorsque l'huile est froide puis faites-la légèrement chauffer : les saletés s'agglutineront sur l'œuf, vous n'aurez plus qu'à l'enlever.

Faire dorer une brioche

Une belle brioche bien dorée, c'est tout de même plus alléchant ! Le secret de Grand-mère : du jaune d'œuf battu dans un peu d'eau tiède, qu'elle badigeonnait au pinceau sur tout le dessus. Vous obtiendrez une brioche en or !

Conserver les blancs

Tout comme les jaunes d'œufs, vous pouvez réserver les blancs au congélateur. Battez-les avec une pincée de sel, ils pourront être conservés pendant 6 mois. Au réfrigérateur, vous pouvez les garder jusqu'à 4 jours, dans un récipient hermétique.

Conserver les jaunes

Vous vous êtes lancé dans la confection d'un tiramisu maison. Seulement, la recette n'utilise que les blancs d'œufs, que faire des jaunes pour ne pas les jeter ? Vous pouvez les conserver dans un bol, si vous les recouvrez d'eau froide, pendant 2-3 jours. Vous pouvez aussi les congeler.

Faire du beurre d'huile d'olive

Vous êtes en panne d'idées pour épater vos invités ? Fabriquez un délicieux beurre d'huile d'olive : placez un petit récipient d'huile d'olive au congélateur. Une fois durci, sortez-le quelques instants avant de l'utiliser afin de pouvoir l'étaler. Idéal pour l'apéritif, il agrémentera vos toasts de façon originale !

Des pâtes réussies

Certains les aiment encore un peu dures, d'autres bien cuites… vous, vous essayez toujours de faire vos pâtes al dente ! En tout cas, si vous voulez éviter qu'elles ne sortent collées, ajoutez dans l'eau de cuisson une cuillère à café d'huile d'olive. De plus, cela empêchera l'eau de déborder.

Allumer un barbecue

Vous n'avez plus d'allume-feu pour votre barbecue ? Pas de panique, il est très facile d'en réaliser un soi-même. Roulez 3 feuilles de papier essuie-tout en un boudin et imbibez-le d'huile d'olive. Déposez-le verticalement dans votre barbecue, en le faisant tenir avec le charbon tout autour. Vous n'avez plus qu'à l'allumer !

Griller une viande blanche

Ce midi, c'est poulet rôti ! Afin que la viande soit bien grillée, badigeonnez-la avec un peu de miel, à l'aide d'un pinceau. Que ce soit au four ou au barbecue, votre poulet en ressortira avec un bel aspect doré. D'une pierre deux coups, vous rehausserez son goût d'une touche légèrement sucrée !

Crème fouettée améliorée

La crème fouettée, certes délicieuse, n'est pas des plus digeste : pour la rendre plus légère, remplacez le sucre par du miel, à raison d'une cuillère à soupe de pour 25 cl de crème fraîche. Non seulement la crème sera plus aérienne mais son goût sera également plus raffiné. Qui plus est, elle restera ferme plus longtemps.

Conserver les madeleines

Les madeleines sont exquises au goût. Mais, comme la plupart des gâteaux, elles se dessèchent bien trop rapidement et perdent de leur moelleux. Si, même en les conservant dans une boîte hermétique, vous les trouvez trop dures, badigeonnez-les avec un mélange de jus de citron, de miel et d'eau chaude pour les ramollir.

Une compote améliorée

Vous trouvez votre compote de pommes ou de poires un peu fade ? Nos grands-mères, après des années de savoir-faire, savaient comment l'améliorer : elles lui ajoutaient un peu de miel en fin cuisson. Il rehausse le goût des fruits et lui apporte une touche sucrée.

Un goût désagréable

Goûter le nouveau mets de votre belle-mère ? Vous vous lancez, perplexe… Mais, encore une fois, vous ne vous étiez pas trompé : qui a dit qu'il ne fallait pas se fier aux apparences ? C'est pour cela que vous avez toujours sur vous quelques grains de café ! En cas de mauvais goût qui persiste dans la bouche, il suffit d'en croquer un pour le faire disparaître.

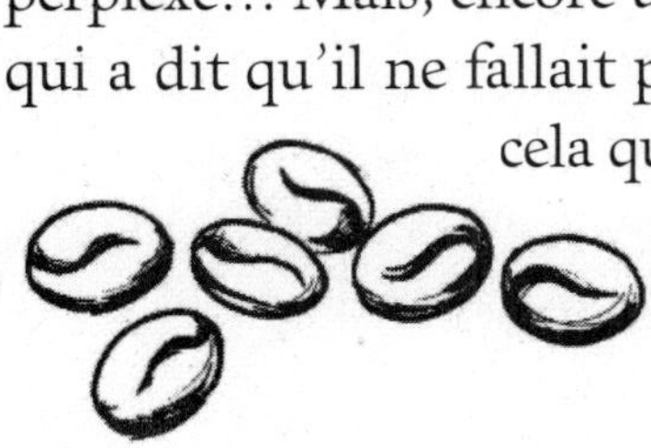

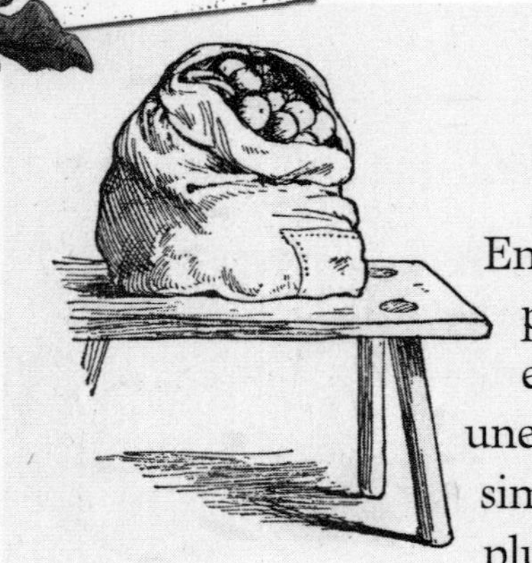

Une râpe propre

En ayant assez que son fromage, en le râpant, colle à la râpe, Grand-mère avait eu la bonne idée d'y râper au préalable une pomme de terre. La tache devenait plus simple et, par la même occasion, la râpe était plus facile à nettoyer ensuite.

Cuisson au four

Les pommes de terre cuites au four, quel délice ! Seulement, il faut être patient. Si vous désirez diminuer le temps de cuisson, coupez une tranche de chaque côté de la pomme de terre pour la rendre plus fine. Roulez les pommes de terre dans du papier aluminium, qui fera mieux circuler la chaleur.

Réussir sa purée

Voici comment procédait Grand-mère pour faire sa purée de pomme de terre : après avoir lavé les pommes de terre, elles les faisaient cuire dans une casserole d'eau bouillante, sans ôter leur peau, avec une gousse d'ail, durant 45 minutes. Puis elles écrasaient le tout, sans oublier l'ail ! Enfin, elles l'adoucissaient avec un peu de lait pour la rendre onctueuse.

Choisir ses pommes de terre

Il existe un bon nombre de variétés de pommes de terre. Pour vos purées, frites, potages et ragoûts, optez pour des pommes de terre à chair tendre, dites de consommation. Si vous souhaitez les cuisiner en salade, sautées ou cuites à la vapeur, choisissez plutôt des pommes de terre à chair ferme et à grain fin, qui ne s'écraseront pas.

Réussir sa béchamel

L'ayant déjà ratée à maintes reprises, nos grands-mères avaient fini par trouver le secret pour réussir à coup sûr leur béchamel. Elles plantaient un morceau de pomme de terre sur la fourchette qu'elles utilisaient pour touiller leur sauce. La béchamel est lisse, onctueuse, et sans aucun grumeau !

Traces de calcaire

Vos casseroles ne sont pourtant pas si vieilles, mais paraissent déjà bien sales et usées. Le coupable ? Un ennemi bien tenace : le calcaire. Pour venir à bout des traces qui persistent dans vos casseroles, faites-les tremper dans de l'eau que vous aurez fait bouillir avec des épluchures de pommes de terre.

Odeur de poisson

Vous n'arrivez pas à faire partir l'odeur de poisson de vos ustensiles de cuisine ? Alors que les produits de lavage industriels n'y font rien, voici une solution naturelle bien plus efficace : la pomme de terre. Frottez simplement votre vaisselle avec un morceau de pomme de terre et rincez à l'eau claire. L'odeur persistante ne sera plus !

Des frites exquises

Mamie savait réussir ses frites : elle les plongeait tout d'abord dans un bain d'huile chaude mais non bouillante, 10 à 15 minutes, afin qu'une croûte dorée se forme. Après un premier égouttage, elle les baignait à nouveau dans de l'huile à 180 °C quelques minutes. Les frites en sortent à la fois croustillantes et fondantes.

Délicieux escargots

Nos grands-mères aimaient concocter de bons petits plats avec les escargots. Pour les nettoyer, au lieu de procéder à de multiples lavages pour enlever la bave, elles les mettaient dans une casserole d'eau qu'elles portaient à ébullition. Elles y ajoutaient un bouquet d'ortie fraîche. Au bout de 15 minutes, les escargots en sortaient propres et prêts à être cuisinés.

Consommation d'orties

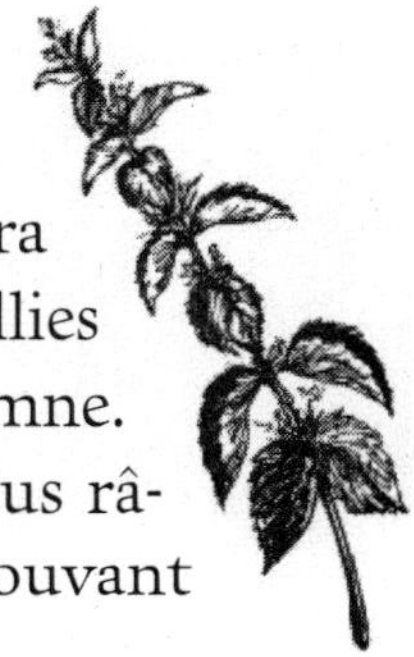

Les racines et les feuilles sont consommables. Faites-les sécher : leur pouvoir urticant sera éliminé. Préférez les racines, plus riches, cueillies au début du printemps ou à la fin de l'automne. Évitez les vieilles feuilles, plus dures et plus râpeuses : elles contiennent des minéraux pouvant abîmer les reins.

Beurre d'ail persillé

Agrémentez de manière originale vos plats avec la recette du beurre d'ail persillé de grand-mère ! Passez au mixer un bouquet de persil frais et 6 gousses d'ail de taille moyenne. Mélangez le tout avec une plaquette de beurre pommade. Vous pouvez conserver la préparation au congélateur, vous pourrez ainsi l'utiliser quand bon vous semble.

Réhydrater de l'ail

Pour une meilleure conservation, vous avez opté pour de l'ail séché, en poudre, en sel ou sous forme de flocons déshydratés. Si vous souhaitez réhydrater de l'ail séché, il suffit de lui faire prendre un bain de lait avant de l'utiliser. De cette manière, il gagnera en douceur.

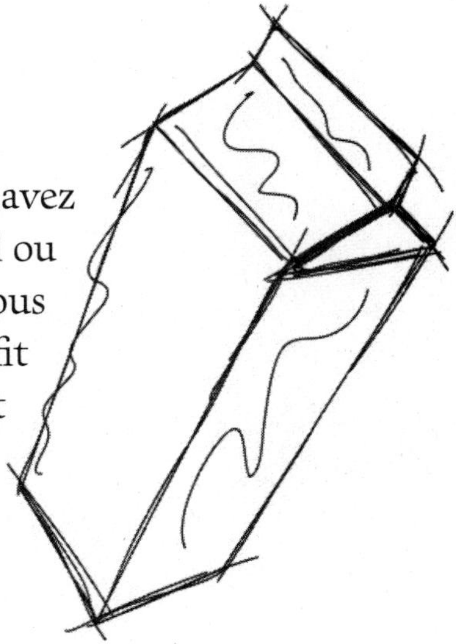

Doux, fort, léger ?

Nos aïeules savaient comment utiliser le caractère de l'ail dans leurs préparations. Selon les plats et les goûts de chacun, elles adaptaient leur façon de procéder : l'ail coupé en lamelles est plus doux que l'ail haché, l'ail écrasé a un goût davantage prononcé. Et inversement, l'ail écrasé est plus digeste que l'ail haché, lui-même plus facile à digérer que l'ail en lamelles.

En cuisine

L'ail est un condiment bien aimé de nos grands-mères : il n'a pas son pareil pour agrémenter les plats. Son odeur et son goût sont assez relevés. Si vous souhaitez le rendre plus digeste, préférez-le haché. À noter également : ne laissez pas l'ail brunir dans de l'huile. Il dénaturerait le goût des autres aliments.

Bien choisir l'ail

Vous faites votre petit tour le dimanche matin au marché. Tiens, un peu d'ail pour le gigot de ce midi, quelle bonne idée ! Oui mais, comment le choisir ? La tige se doit d'être épaisse, et les gousses bien fermes, sèches et brillantes. Surtout, ne mettez pas dans votre panier des gousses molles ou germées. Plus les gousses sont sèches, plus le goût de l'ail sera prononcé.

L'odeur de l'ail

L'ail possède une odeur assez forte et difficile à faire partir. Vous avez beau vous laver les mains mais rien n'y fait ! C'est en les frottant avec du persil que vous ferez disparaître son odeur persistante. Si c'est votre planche à découper qui est touchée, récurez-la avec du gros sel. Quant à vos couteaux, passez-les sous l'eau bien froide.

Utiliser des gousses d'ail germées

Les gousses d'ail germées ne doivent pas être consommées en cuisine. Mais nos grands-mères ne les jetaient pas pour autant : elles les plantaient dans une jardinière. Dans les semaines qui suivaient, de petites tiges poussaient. Elles les récoltaient et s'en servaient telles quelles pour agrémenter leurs divers mets : sauces, salades, etc.

Aider un avocat à mûrir plus vite

Les avocats peuvent mettre du temps à mûrir ; seulement vous recevez des invités demain et voulez leur faire goûter votre recette préférée à base… d'avocat ! Vous n'avez pas le temps d'attendre : pour accélérer le processus, il suffit de laisser ce dernier toute une nuit dans un sac en papier avec une banane.

Rattraper une mayonnaise

Vous vous y êtes pris à la dernière minute pour faire votre mayonnaise, seulement elle n'a pas pris ! Il est possible de la rattraper en mélangeant petit à petit la mayonnaise avec du lait froid : commencez par battre une cuillère à soupe de lait avec une cuillère à soupe de mayonnaise et incorporez le reste petit à petit.

Cuisson des carottes

Les carottes cuites à l'eau ressortent souvent croquantes. Pour les rendre plus onctueuses, faites-les cuire dans une casserole de lait bouillant 30 minutes, avec une pincée de sel. Vous arriverez peut-être ainsi à les faire aimer à vos petits !

Éplucher un oignon sans pleurer

Lorsque l'on épluche et découpe un oignon, impossible de ne pas verser quelques petites larmes. Ce dernier libère un enzyme, l'allinase, qui pique et fait pleurer les yeux. Pour atténuer cet effet voire l'empêcher, passez l'oignon sous l'eau puis découpez-le avec un couteau imbibé de jus de citron.

Des blancs bien fermes

Certaines recettes, comme la mousse au chocolat de grand-mère, nécessitent des blancs montés en neige bien fermes. Pour cela, nos aïeules n'avaient qu'un seul secret : elles utilisaient impérativement des œufs à température ambiante et leur ajoutaient une goutte de jus de citron. À vos fouets !

Bien réussir une sauce

Il est nécessaire, lorsque vous vous lancez dans la préparation d'une crème ou d'une sauce, d'utiliser une casserole avec un fond bien épais. Pour que celle-ci épaississe convenablement, nos grands-mères lui ajoutaient 1 noix de beurre malaxée avec 1 cuillère à soupe de farine.

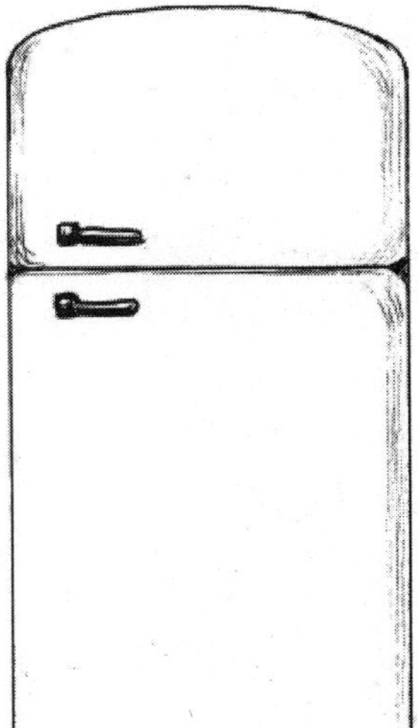

Stocker la farine

La farine peut se conserver 6 mois, placée dans un endroit frais et au sec. Dans le cas contraire, s'il y a trop d'humidité ou que la température est élevée, mettez-la dans un sac plastique, au réfrigérateur. Ainsi, pas de moisissures. La farine de blé complète se conserve 2 mois et celle contenant déjà de la levure 3 mois.

Citrons juteux

Vous avez besoin du jus de 2 citrons pour préparer un mets et il ne vous en reste qu'1 dans le frigo ? Pas de panique, pressez votre citron et récupérez son jus. Rajoutez lui un peu d'eau et 1 cuillère à café de bicarbonate de soude. Vous obtiendrez ainsi un jus moins acide, avec la quantité que spécifiait votre recette.

Faire mûrir un avocat

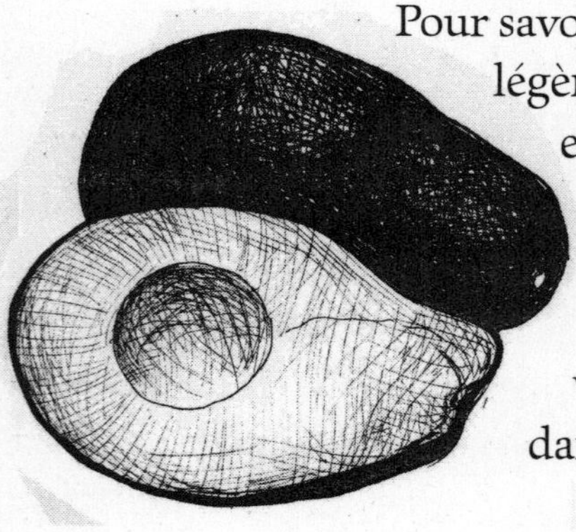

Pour savoir si votre avocat est mûr, pressez-le légèrement avec votre doigt. Si sa chair est souple, vous pouvez le consommer aussitôt ; si elle est dure, il faudra attendre encore quelques jours. Si elle est vraiment trop ferme, vous pouvez l'aider à mûrir en l'enfouissant dans un récipient rempli de farine.

Un poulet bien rôti

Le dimanche midi, c'est poulet rôti ! Les plus petits adorent la peau bien grillée du poulet. Et grand-mère savait comment leur faire plaisir : elle l'enduisait d'un peu de beurre et le roulait dans la farine avant de le mettre à rôtir. Ainsi, il ressortait croustillant à souhait !

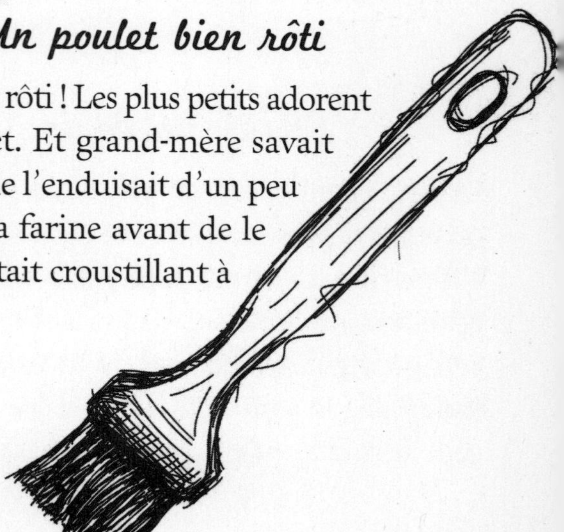

Réussir sa crème anglaise

Pas si facile de réussir sa crème anglaise. Il lui arrive de tourner si elle a trop bouilli. Mamie sait comment la rattraper : elle y verse 1 cuillère à café de farine. Ainsi la crème vit mieux l'ébullition. Puis, pour lui redonner un aspect lisse, elle lui donne un petit coup de mixer plongeant.

Cuisson des oignons

Les oignons, vous les préférez cuits, relevant et parfumant ainsi vos plats avec douceur. Et c'est encore meilleur, quand vous les faites revenir à la poêle un bon moment, et qu'ils commencent à confire et à caraméliser ! Et pour ne pas qu'ils noircissent, saupoudrez-les de farine avant de les faire frire.

Conserver l'ail

L'ail se conserve dans un bocal plein d'huile. Son goût ne sera pas dénaturé si vous utilisez une huile neutre, qui elle, en revanche, sera bien parfumée à l'ail. De quoi donner un peu d'intérêt à une vinaigrette toute simple.

Éplucher l'ail

Pour ne pas perdre la moitié de la gousse d'ail en l'épluchant maladroitement, couchez la gousse sur le côté et aplatissez-la en utilisant la lame d'un couteau : vous sentirez la peau se décoller, elle se détachera ensuite aussi facilement que celle d'une banane. Autre solution, un peu moins pratique : ébouillantez la gousse pendant quelques instants.

Rendre l'ail digeste

Beaucoup de personnes disent ne pas supporter l'ail. Si vos convives font partie de ces estomacs délicats, vous rendrez vos plats plus faciles à digérer en ôtant le germe des gousses d'ail. Il vous suffit de fendre la gousse en deux et de supprimer son cœur verdâtre. Ce procédé permettrait aussi de limiter l'effet dévastateur de l'ail sur nos haleines. Pour parfumer vos plats de façon plus légère, vous pouvez aussi utiliser l'ail « en chemise », c'est-à-dire plonger la gousse tout entière dans votre préparation, en conservant sa peau blanche. Lorsque le plat sera prêt, vous la retirerez avant de servir.

Une pâte à tarte croustillante

Certains fruits et légumes rendent beaucoup d'eau à la cuisson. Les amateurs de pâtes fines se retrouvent avec une pâte ramollie et gorgée d'eau. Vous préserverez la tenue de la pâte en la saupoudrant de farine après l'avoir fait précuire et avant d'y coucher les fruits. Pour rendre la pâte moins perméable, vous pouvez aussi y passer du jaune d'œuf.

Un gâteau impeccable

Pour chemiser un moule correctement, faites fondre le beurre au micro-ondes et étalez-le sur le fond avec un pinceau. Attendez que le beurre refroidisse et saupoudrez généreusement de la farine. Secouez le moule comme un tamis et retournez-le pour faire tomber l'excédent de farine. Après la cuisson, attendez que le gâteau soit bien froid et la pâte totalement rétractée pour démouler.

Des pâtes vraiment fraîches

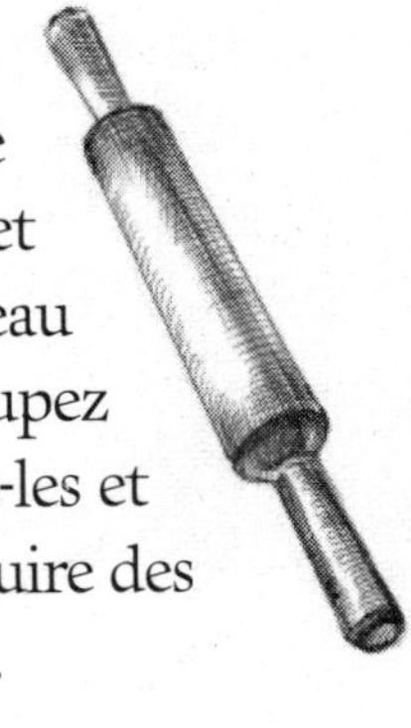

Les pâtes fraîches font presque figure de produit de luxe. Leur recette est pourtant aussi basique que celle du pain. Mélangez 150 g de farine blanche, 150 g de semoule de blé dur fine et une pincée de sel. Incorporez 3 œufs et malaxez pendant 10 minutes. Étendez la pâte au rouleau à pâtisserie plusieurs fois, afin de bien l'affiner et coupez des lanières au couteau. Séparez bien vos pâtes, farinez-les et laissez-les sécher. Bien sûr, vous ne parviendrez à produire des pâtes vraiment goûteuses qu'avec un peu d'expérience.

Antiprojections

Saupoudrez une petite pincée de farine au-dessus de la poêle. Ainsi, quand vous y déposerez votre pièce de viande, aucune éclaboussure d'huile ne viendra tacher vos vêtements.

Un cake bien équilibré

Qui n'a jamais eu la mauvaise surprise, à la découpe d'un cake maison, de constater que fruits confits, dés de jambon ou autres garnitures avaient tous filé au fond du plat ? Pour éviter ce désagrément, épaississez votre appareil et versez-le seul dans le moule à cake. Ajoutez la garniture au dernier moment et pour qu'elle tombe moins vite, farinez-la légèrement avant de l'incorporer au cake.

Une friture facile

Fariner de petits poissons, c'est long et désagréable. Vous vous faciliterez la vie en jetant quelques poignées de farine dans un sac plastique bien solide. Placez-y vos petits poissons, fermez le sac et secouez bien : vos fritures seront farinées uniformément.

Une farine torréfiée

L'astuce nous vient du chef Pierre Gagnaire. Pour donner un parfum plus savoureux à toutes vos recettes, aussi bien les gâteaux que les plats ayant pour ingrédient la farine, torréfiez celle-ci avant usage. Il suffit pour cela de la laisser griller quelques minutes au four.

Doser la farine

Lorsqu'on n'a pas de verre doseur sous la main, on peut évaluer de façon très simple la quantité de farine à utiliser. Une cuillère à soupe bien bombée représente environ 20 g de farine et une cuillère rase environ 10 g. Vous l'aurez compris, la méthode permet une précision toute relative…

Un cocktail sans alcool

Lorsque l'on organise une fête, satisfaire les futures mamans en leur proposant des cocktails sans alcool aussi savoureux et festifs que les cocktails classiques est loin d'être simple. Prenez pour base l'eau gazeuse et le sucre de canne liquide. Vous pouvez ensuite leur ajouter, au choix, un trait de jus de citron et de la menthe fraîche, ou encore un cocktail de sirop d'agrumes et d'ananas, éventuellement additionné d'une pointe de sirop de grenadine.

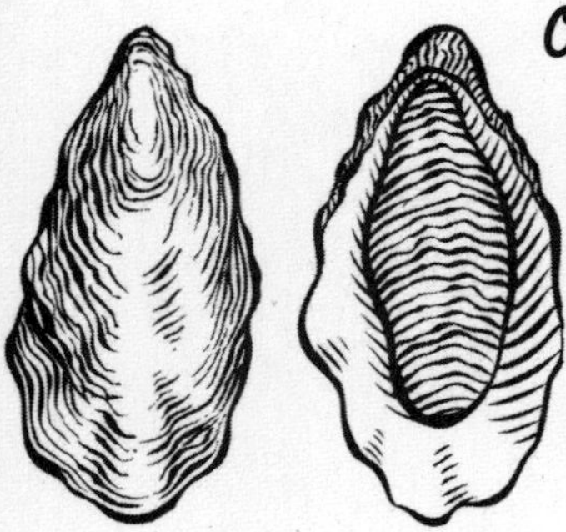

Ouvrir les huîtres plus facilement

Pour ouvrir les huîtres sans effort ou presque, préparez le terrain en les faisant tremper pendant quelques minutes soit dans de l'eau gazeuse, soit dans de l'eau plate additionnée de vinaigre.

Attendrir les calamars

Les calamars n'ont plus aucun intérêt lorsqu'on les sert caoutchouteux. Outre la cuisson, qui réclame un soin particulier, il faut aussi prendre le temps d'attendrir seiches, calamars et poulpes avant la cuisson. Pour cela, il existe deux méthodes : vous pouvez les frapper vigoureusement ou les laisser tremper pendant deux heures dans de l'eau gazeuse. Citons également cet autre truc de grand-mère qui mérite d'être essayé au moins par curiosité : un bouchon de liège dans l'eau de cuisson vous garantirait des calamars bien tendres.

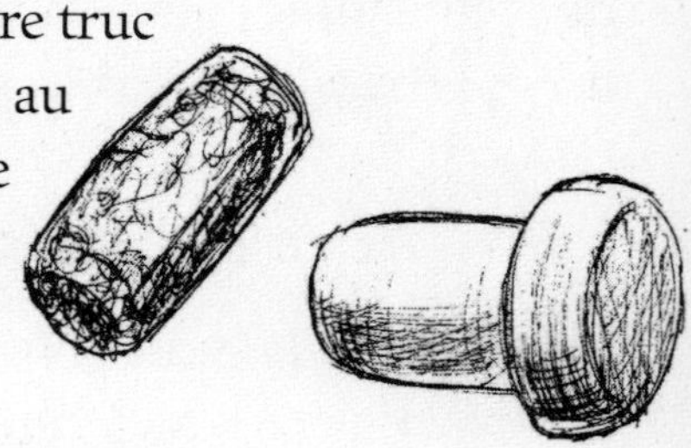

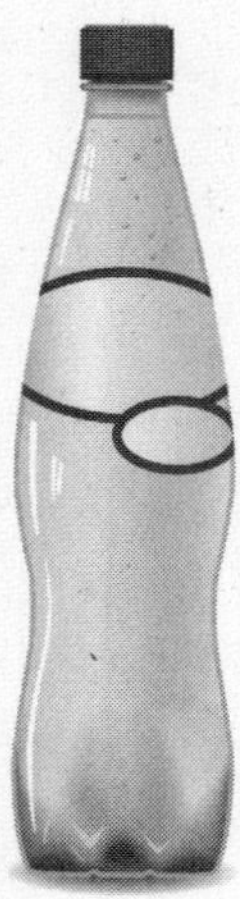

Des crêpes savoureuses

Celles qui aiment les crêpes légères et moelleuses ont souvent coutume d'ajouter à l'appareil un trait de bière, qui a toutefois l'inconvénient de laisser parfois un léger arrière-goût, ou une amertume. Vous éviterez cet inconvénient en remplaçant la bière par une eau gazeuse, qui produit exactement le même effet sur la texture de la pâte.

Conserver les bulles

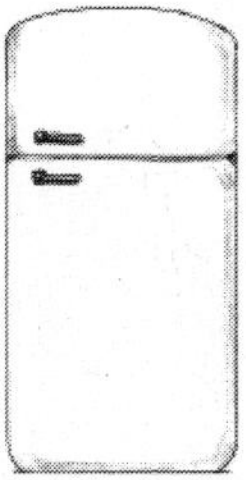

Pour conserver les bulles de toute boisson gazeuse, il suffit d'entreposer les bouteilles dans la porte du réfrigérateur, la tête en bas. Ainsi, les bulles ne pourront pas s'échapper par le goulot.

Des œufs bien cassés

Pour bien séparer le blanc du jaune, posez un entonnoir sur un verre et cassez l'œuf au dessus : le blanc s'écoulera et le jaune restera dans l'entonnoir. Autre avantage de cette astuce : les petits morceaux de coquille qui parfois se brisent devraient eux aussi rester dans le cône. Si tel n'est pas le cas, le blanc d'œuf étant très poisseux, essayez de récupérer les éclats non pas avec vos doigts, mais plutôt avec un gros morceau de coquille.

Une île flottante au micro-ondes

S'il ne vous reste que 3 œufs, un peu de lait et de sucre dans votre réfrigérateur, vous pouvez improviser un dessert en moins de 7 minutes. Montez 3 blancs en neige très ferme avec une pincée de sel, dans un récipient adapté à la cuisson au micro-ondes. Sucrez. Passez au micro-ondes 30 à 40 secondes. Pendant ce temps, battez les 3 jaunes avec 1 demi-litre de lait, 50 g de sucre et, éventuellement, 1 cuillère à soupe de Maïzena. Faites chauffer 5 minutes. Pour que la crème soit bien homogène, vous pouvez interrompre la cuisson pour la remuer un peu. C'est prêt !

Des œufs parfumés

Voici comment réaliser une omelette à la truffe sans abîmer le précieux champignon : il vous suffit d'enfermer vos œufs, pendant quelques jours, dans une boîte hermétique dans laquelle vous glisserez aussi la truffe. En suivant cette méthode, vous pouvez parfumer vos œufs à l'ail, à l'oignon…

Cru ou cuit ?

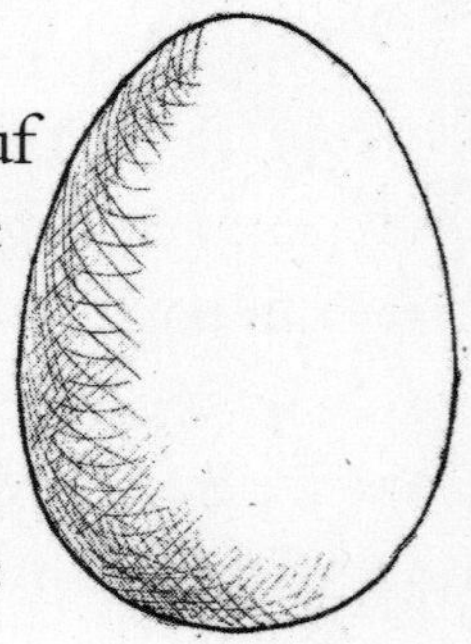

Pour distinguer un œuf cru d'un œuf dur, faites-le tourner sur lui-même comme une toupie. S'il tourne vite, il est dur. Dans le cas contraire, il est frais. Si vous interrompez sa course et qu'il s'arrête net, il est dur. S'il continue à bouger, mû par le blanc encore liquide, il est frais.

Faire coaguler le blanc

Si la coquille se fend faisant couler le blanc dans l'eau de cuisson, versez dans la casserole un trait de vinaigre : le blanc d'œuf coagulera et la fissure dans la coquille sera comme rebouchée.

Une coquille intacte

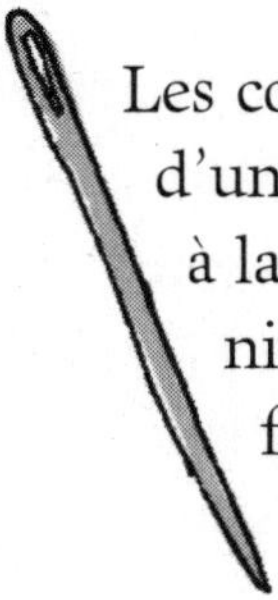

Les coquilles des œufs se craquellent à la cuisson à cause d'une petite poche d'air qu'ils contiennent et qui se dilate à la chaleur. Vous éviterez cela en perçant la coquille au niveau de cette poche d'air. Avec une aiguille à coudre, faites un minuscule trou à la base de l'œuf, c'est-à-dire sur le côté le moins pointu.

Frais ou périmé ?

Un test très simple vous permet de savoir si un œuf est encore bon à consommer. Plongez-le dans un saladier plein d'eau. S'il coule, il est encore frais. S'il remonte, vous pouvez le jeter.

Un sorbet express

En vous activant moins de 3 minutes, vous pouvez réussir votre sorbet à la banane. Coupez les bananes en rondelles et mettez-les au congélateur. Lorsqu'elles sont bien glacées, mixez : votre sorbet est prêt. Il sera plus goûteux si vous lui ajoutez un peu de jus de citron et l'équivalent de 100 g de sucre glace (et une pointe de sucre vanillé) pour quatre bananes.

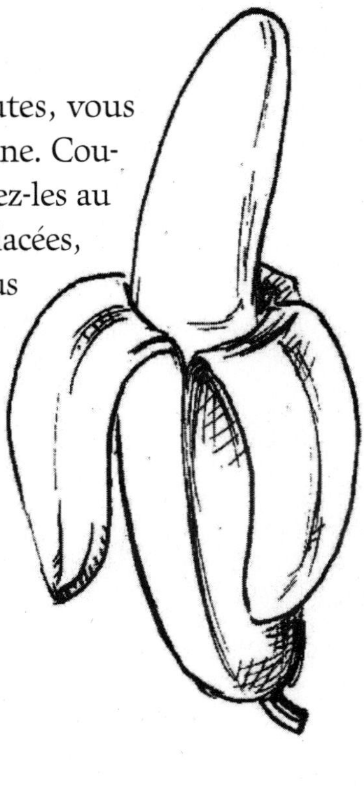

Conserver les bananes

Le froid ne réussit pas du tout aux bananes. Pour que vos bananes mûrissent sans noircir, ne les entreposez pas au réfrigérateur. Laissez-les à température ambiante, dans une pièce plutôt sombre. Autant que possible, suspendez-les à des crochets. Ainsi, les bananes du dessus n'écraseront pas les autres.

Faire mûrir les bananes

Pour que les bananes arrivent plus vite à maturité, enfermez-les dans un sac en papier. Il faut aussi savoir que la pomme accélère le processus de maturation de la banane et de tous les fruits en général.

Empêcher le miel de cristalliser

Votre miel restera liquide éternellement ou presque si vous le conservez au congélateur.

Un miel incollable

Si vous utilisez du miel en cuisine, vous remarquerez qu'il a une fâcheuse tendance à coller à la cuillère. Pour éviter cela, il vous suffit d'huiler la cuillère avant usage.

Remplacer le sucre

Au vu de toutes les vertus que l'on prête au miel, il est tentant de revenir à cette bonne vieille méthode oubliée : sucrer avec du miel. Bien sûr, il parfumera légèrement vos desserts, mais il améliorera aussi leur conservation : grâce au miel, vos gâteaux sécheront moins vite. Le miel a un pouvoir sucrant plus fort que le sucre en poudre, pensez donc à réduire la quantité d'un tiers. Par ailleurs, le miel étant liquide, vous devrez en tenir compte et diminuer en conséquence l'apport en lait, huile, etc.

Récupérer un miel cristallisé

Ne jetez pas à la poubelle un pot de miel qui a cristallisé. Vous pouvez, en effet, le rendre crémeux à nouveau de façon très simple : il suffit de le réchauffer quelques minutes au bain-marie, tout en remuant.

Des plats parfumés

Pour renforcer le parfum de tous vos plats en sauce qui comptent l'oignon au nombre de leurs ingrédients, piquez celui-ci avec 2 ou 3 clous de girofle.

Des glaçons sans eau

Pour le plaisir de toute la famille, préparez des glaçons à base d'un sirop (pour une menthe à l'eau bien fraîche) ou à base d'un jus de fruits (qui se mariera bien avec vos cocktails apéritifs). Vous pouvez aussi ajouter des petits morceaux de feuilles de menthe ou des zestes de fruits.

Une chantilly inratable

Vous ne raterez plus jamais votre chantilly si, avant de battre la crème liquide, vous procédez comme suit. Prenez un grand saladier et déposez-y une bonne quantité de glaçons. Mettez votre crème liquide dans un saladier plus petit que vous déposerez sur le lit de glaçons. Le froid aidera la crème à monter.

Un bac à glaçons antiadhésif

Il n'est pas toujours aisé d'extraire les glaçons de leur bac ni leur bac du congélateur. La manœuvre sera plus facile, si avant de remplir le bac, vous frottez le dessous de votre bac à glaçons avec un morceau de bougie. Il ne restera plus collé au fond du tiroir de votre congélateur.

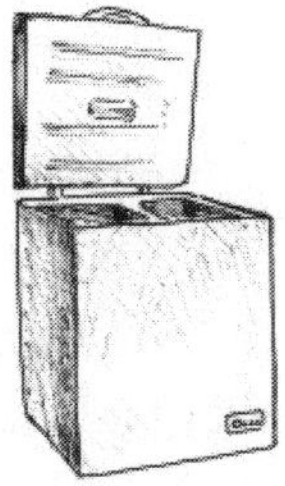

Contrôler la qualité des produits congelés

On le sait : congeler, dégeler, puis recongeler un produit peut avoir de très fâcheuses conséquences sur la santé. Mais comment savoir que votre fidèle congélateur ne vous a pas joué un vilain tour ? Pour vous assurer qu'il a bien fonctionné en continu et que la chaîne du froid n'a pas été rompue, mettez un glaçon dans une coupelle et logez-la dans un compartiment du congélateur. Aussi longtemps qu'il reste intact, vous n'avez pas à douter de votre appareil.

Du vin en cubes

C'est toujours dommage de vider dans l'évier une bouteille de bon vin que l'on n'a pas pu finir. Si le vin était agréable en bouche, il fera des merveilles dans vos sauces. Versez le reste de vin dans un bac à glaçons et congelez-le. Vous pouvez procéder de même avec tous vos restes de sauces, de coulis, de jus de citron…

Accélérer le mûrissement des fruits

Pour faire mûrir vos fruits (avocats, kiwis), enfermez-les dans une boîte avec une pomme. Celle-ci libère, en petite quantité, de l'éthylène qui amènera rapidement les autres fruits à maturité. Pour faire mûrir plus rapidement des bananes, enfermez-les dans un sac en papier que vous entreposerez dans une pièce à température ambiante (voire chaude, si possible). Ne mettez jamais vos bananes au réfrigérateur : elles se couvriraient de taches brunes.

La bonne soupe !

Qu'est-ce qui cale l'estomac, fait le plein de bons nutriments, et permet de liquider les légumes qui traînent dans le frigo ? La soupe évidemment. Mixée ou pas, elle est l'élément indispensable du repas, hier comme aujourd'hui. Et pas seulement l'hiver. Veloutés glacés et gaspachos sont aussi de la partie.

Sur le coin du feu...

Vous voulez retrouver le bon goût de l'enfance dans vos menus ? Alors faites mijoter vos plats. Grand-mère laissait toujours sa cocotte sur un coin de son poêle à bois. Elle pouvait rester là des heures à frissonner tranquillement. Même si vous n'avez pas de poêle à bois, ni de temps, faites mijoter en plusieurs fois, quitte à préparer la veille.

Des ragoûts qui marinent

La cuisine de grand-mère, ce sont de bons petits plats en sauce comme on les aime, des plats réconfortants. Mais pour des ragoûts qui ont du goût, il y a une étape indispensable dans la préparation qu'elle n'oublie jamais : la marinade, avec de l'huile, du citron ou du vin, des légumes ou des épices.

Déglacer, c'est gagner !

Pas de cuisson à la poêle sans déglaçage ! Que vous ayez fait revenir du bœuf ou du poulet, avec ou sans oignons… même combat ! L'idée est de récupérer les sucs de cuisson en frottant avec la cuillère en bois une fois le liquide (vin, alcool fort, vinaigre…) versé dans la poêle chaude. Un jus savoureux.

Une viande bien tendre

La viande, tout le monde l'adore… bien tendre ! Pour la semelle, il n'y a généralement pas d'amateurs. Pour donner toutes les chances à votre steak d'être bien tendre, pensez à le sortir du réfrigérateur 15 minutes avant de le faire cuire. Vous éviterez ainsi les chocs thermiques qui rendent la viande dure.

Des coquilles toutes propres

Ne pas laver les coquilles d'œufs, impossible pour Grand-mère qui ne lésine pas avec la propreté et ne supporte pas de risquer l'invasion de germes à cause de coquilles souillées. Mais attention, elle les lave juste avant de les utiliser car cette opération rend la coquille perméable.

Cuisson du veau

S'il y a une viande difficile à cuire, c'est celle-ci, car le veau doit être cuit mais rosé à cœur. Si la cuisson n'est pas maîtrisée, la pièce de veau sera sèche et désagréable en bouche. Choisissez des morceaux suffisamment épais (mais pas trop non plus) pour une cuisson à la poêle, et couvrez en fin de cuisson, feu éteint.

Cuire un magret de canard

En principe, le magret de canard se mange saignant. Dans tous les cas, le magret se cuit toujours entier, en commençant par le côté peau que vous aurez incisée avec un couteau, pour le dégraisser au maximum. Si vos convives le préfèrent plus cuit, repassez-le à la poêle une fois émincé.

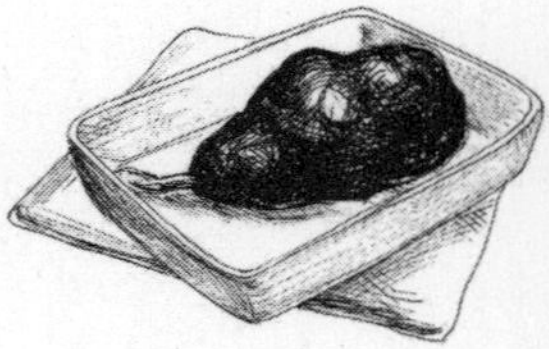

Bien cuire un gros poisson

Vous maîtrisez plutôt bien la cuisson des filets de poisson, mais les poissons entiers, c'est une autre affaire. Pour une grosse pièce, l'astuce de Mamie pour ne pas se rater est de couvrir complètement la bête avec du gros sel. Ainsi le sel formera une croûte et garantira une cuisson homogène.

Rattraper un chocolat pâteux

Pour faire un fondant au chocolat, une mousse ou un simple gâteau, il faut faire fondre du chocolat. Jusque-là, rien de très compliqué. Sauf quand le chocolat reste pâteux, grumeleux, inutilisable. Ne recommencez pas, incorporez simplement quelques dés de beurre au chocolat et faites doucement chauffer en remuant.

Bien choisir les cèpes

Si vous achetez vos champignons plutôt que de les ramasser, apprenez à reconnaître les meilleurs, notamment parmi les cèpes. Pour cela, observez-les et choisissez-les sans tache, et bien fermes du dessus à la base. Le chapeau doit être soudé au pied et une mousse jaune ou verte en dessous garantira leur fraîcheur.

Comment congeler du fromage ?

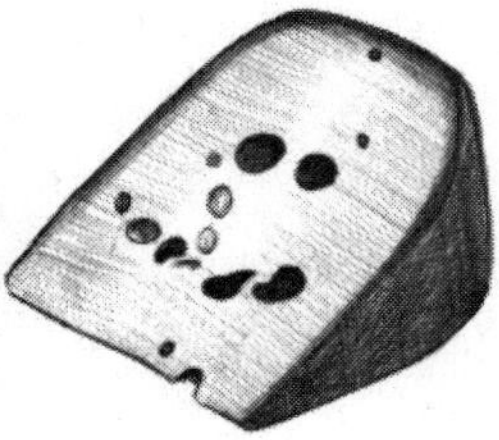

Les puristes crieront au scandale, mais pourtant, il est tout à fait possible de congeler du fromage sans en dénaturer le goût. En revanche, sachez qu'il est préférable de l'envelopper dans du papier d'aluminium. Pensez également à le sortir 24 heures avant de le déguster. Essayez !

Des beignets savoureux et bien dodus

Pour des beignets encore plus savoureux, essayez d'ajouter quelques gouttes de bière à la pâte avant de la laisser reposer pendant au moins trois heures. Attention toutefois, n'en abusez pas. Cela risque de donner un goût trop amer à votre préparation et de ne plus satisfaire les gourmands les plus jeunes.

Œufs cocotte

Les œufs cocotte étaient un plat de gastronomes sur les tables de nos grands-parents. Mais leur réalisation est délicate car le blanc doit être juste pris et le jaune rester très coulant. Pour les réaliser correctement et maîtriser la cuisson au mieux, il faut impérativement placer les ramequins dans la lèchefrite du four remplie d'eau.

Levure chimique utilisée à bon escient

Pour un gâteau bien levé, impossible de faire l'impasse sur la levure chimique. Sans elle, vous n'obtiendrez qu'une galette. Mais veillez à mettre la levure comme cela est indiqué dans la recette, c'est-à-dire en fin de préparation. La levure chimique a en effet la particularité d'agir dès qu'elle est au contact des autres ingrédients.

Éviter que l'avocat ne s'oxyde

Dès qu'il est à l'air libre, l'avocat prend une couleur noirâtre peu avenante. Vous pouvez l'arroser de citron, mais trop d'acidité nuit parfois à la recette. Si vous avez réalisé un guacamole, essayez cette autre astuce : laissez le noyau au beau milieu de la préparation. Retirez le quand même avant de servir !

Tomates séchées maison

Simplissime à réaliser, ce serait dommage de s'en priver, surtout quand le potager a une production que l'on n'arrive pas à écouler. Il suffit de faire cuire les tomates coupées en rondelles 3 heures dans un four à 50 °C. Une fois refroidies, placez-les dans un bocal stérilisé et couvrez d'huile.

Œufs cuits à la perfection

« Va te faire cuire un œuf ! », dit le dicton populaire. D'accord, mais correctement alors. Grand-mère connaît un truc infaillible pour ne jamais mélanger les temps de cuisson : la règle des trois-six-neuf. Trois minutes pour un œuf à la coque, six pour un œuf mollet et neuf pour un œuf dur. Il suffit de le savoir !

Œuf poché à la perfection

L'œuf poché n'est pas facile à réaliser, on vous l'accorde. L'eau vinaigrée doit rester à à petits bouillons et il faut ramener le blanc autour du jaune. Néanmoins, vous augmenterez vos chances de réussite en ne cassant pas l'œuf directement dans la casserole mais dans une tasse, de façon à le faire glisser dans l'eau.

Beurre mou rapide

Mazette, la recette indique qu'il vous faut du beurre mou pour la réaliser, et vous avez oublié de sortir la tablette ! Inutile d'attendre des heures devant votre beurre, passez-le plutôt au micro-ondes par tranches de 10 secondes, bouton décongélation. Et surveillez : mou, ce n'est pas fondu !

Éplucher les amandes facilement

Les amandes sont délicieuses, mais coriaces ! Déjà, il faut casser la coque, ce qui n'est pas facile. Ensuite, il faut encore enlever la peau, une affaire qui est loin d'être mince. Heureusement, comme toujours, Mamie a une astuce pour faciliter la tâche : ébouillanter les amandes quelques minutes !

Amandes effilées croustillantes

Pour agrémenter des desserts, des amandes chaudes et grillées, voilà une bonne idée. À condition de les préparer comme il faut, c'est-à-dire torréfiées dans une poêle chaude sans matière grasse, et en remuant sans cesse. Un résultat nickel que vous n'obtiendrez pas au four.

Poids sans balance

Vous avez un repas à préparer et votre balance vient de rendre l'âme. Vous avez une cuillère à soupe ? Vous êtes sauvée ! Misez sur les équivalences : 1 cuillère à soupe de sucre, c'est 20 g, 1 morceau de sucre, 5 g ; 100 g de farine, c'est 4 cuillères à soupe bombées et 10 cl de lait correspondent à 7 cuillères à soupe.

Éplucher facilement une betterave

Hum ! Des betteraves cuites maison, rien à voir avec celles que l'on achète sous vide. Et si vous avez une cheminée, vous pouvez même leur donner un goût incomparable en les terminant sur la braise. Reste le problème de l'épluchage ! Il sera plus facile si vous les plongez dans l'eau glacée juste après la cuisson.

Réussir une poêlée

Mixer des légumes, il n'y a rien de plus simple. En apparence tout du moins. Parce qu'une poêlée, mine de rien, demande un peu de travail. Tous les légumes doivent ainsi être taillés de façon équivalente (en julienne par exemple) car ils doivent cuire en même temps. Il faut également surveiller la cuisson et remuer très régulièrement.

Une semoule qui ne colle pas

Couscous, tajine, ou même une viande blanche, la semoule peut accompagner bien des plats. Mais attention à la cuire convenablement, car si vous la jetez dans de l'eau bouillante, vous n'obtiendrez que de la bouillie. La règle ? La huiler avant cuisson, et la faire cuire à la vapeur. Ainsi les grains se détacheront bien.

Beurre sans calcul

Vous vous lancez dans la confection d'un gâteau et il faut 125 g de beurre pour réaliser la préparation. Voilà qui tombe bien ! Vous avez une plaquette de beurre entière. Mais malheur, rien pour peser. Pas de panique ! En coupant en diagonale une plaquette de beurre entière, vous obtiendrez exactement 125 g.

Une glace qui reste impeccable

Même en refermant soigneusement le couvercle du bac de glace, des cristaux risquent de se former à la surface, rendant la glace moins onctueuse. Pour éliminer ce problème et conserver une crème glacée impeccable jusqu'au fond du bac, posez un morceau de papier sulfurisé directement sur la glace.

Des plats à bonne température

Quand vous avez des invités, vous voulez que tout soit parfait et veillez aux moindres détails. C'est tout à votre honneur. Alors, pensez également à prévoir des assiettes chaudes (à glisser dans le four chaud et éteint) pour le plat chaud, et froides (dans le congélateur pendant 5 minutes) pour le dessert.

Une tarte qui brille

Les pâtissiers n'ont pas leur pareil pour proposer de belles tartes aux fruits qui brillent et donnent envie. À la maison aussi, vous pouvez faire briller vos tartes aux fruits. Il suffit, après cuisson, d'appliquer au pinceau de la gelée de fruits sur toute la surface (gelée de fruits ou de pommes selon la tarte).

Une farce bien en place

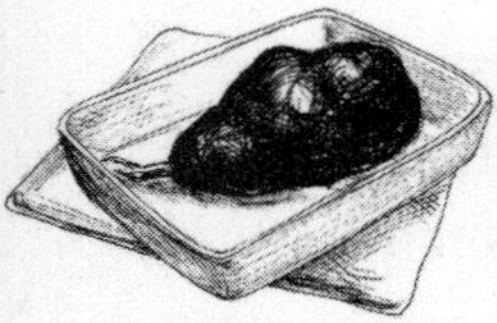

Une volaille farcie ? C'est le gage d'une viande tendre, goûteuse et moelleuse. Et les recettes de farces sont multiples, de quoi réveiller les papilles. Mais si vous ne voulez pas que la farce file pendant la cuisson, n'oubliez pas de « fermer » la volaille en la cousant avec une aiguille et un morceau de ficelle alimentaire.

Des lardons vite faits bien faits

Pas envie de sortir la poêle pour réchauffer les lardons ? D'autant que vous le savez, cela va éclabousser tout ce qui se trouve à portée de votre cuisinière. Eh bien, optez pour le micro-ondes ! Déposez les lardons sur de l'essuie-tout et chauffez à 700 watts durant deux minutes. Facile !

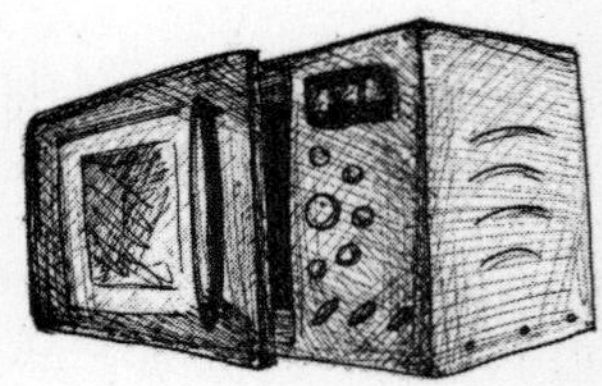

Décongeler du pain sans l'assécher

Lorsque vous décongelez du pain, au four ou au micro-ondes, vous trouvez qu'il a tendance à sécher. Pas de problème ! Pour un pain toujours moelleux, déposer simplement un récipient d'eau dans votre four lors de la décongélation. Le pain absorbera ainsi l'humidité et gardera néanmoins tout son croustillant.

Adoucir le maïs

Pour du maïs doux et succulent à souhait, pensez à ajouter une ou deux cuillères à soupe de sucre en poudre à l'eau de cuisson. Celui-ci ne pénétrera pas dans les graines mais retiendra le sucre qu'elles contiennent, l'empêchant de s'échapper en cuisant. Et gardant ainsi toute la saveur du maïs.

Un crumble choco-pommes

Une recette facile pour tous les gourmands ! Coupez quatre pommes en cubes et placez-les au fond d'un moule. Cassez dessus une demi-tablette de chocolat au riz soufflé. Mélangez ensuite dans un saladier 100 g de farine, 60 g de sucre et 60 g de beurre. Émiettez la pâte sur le chocolat. Enfournez une demi-heure dans un four à 150 °C.

Récupérer un morceau de coquille d'œuf

Chaque fois que vous cassez des œufs, c'est la même chose, vous perdez patience à essayer de rattraper avec les doigts un petit morceau de coquille qui s'est insidieusement glissé dans la préparation. Dorénavant, préservez vos nerfs en le récupérant à l'aide d'un morceau… de coquille !

Conserver une sauce tomate plus longtemps

Vous n'avez pas vidé tout le bocal de sauce tomate ? Pour le conserver plus longtemps, rangez-le simplement tête en bas dans le réfrigérateur. Après vous être assuré bien sûr que le couvercle est bien serré au risque de créer une vraie catastrophe lors de la prochaine utilisation.

Des légumes vapeur parfumés

Vous surveillez votre ligne, limitez les produits gras et privilégiez les légumes vapeur, mais pas à n'importe quel prix ! Vous refusez de sacrifier vos papilles gustatives sur l'autel de la diététique. Pas de problème ! Ajoutez juste une cuillère à soupe d'herbes de Provence dans l'eau du cuiseur vapeur.

Pour des tomates farcies qui tiennent

Fini les tomates rabougries qui ne ressemblent plus à rien au moment de les servir ! Pour absorber le jus qu'elles rendent au cours de la cuisson et éviter ainsi qu'elles ne s'affaissent, déposez au fond du plat une ou deux poignées de riz. Votre préparation aura bien meilleure allure.

Éplucher une orange

Les oranges sont excellentes pour la santé, notamment en hiver où l'on manque de vitamine. La plaie, c'est qu'il faut les éplucher, ce qui n'est pas toujours facile. Pour rendre l'opération beaucoup plus aisée, passez-les 10 secondes au micro-ondes. La peau s'enlève toute seule, ou presque.

Faire des makis

Les makis, ces petits rouleaux japonais, sont aussi bons qu'ils sont sains et diététiques. Pour les réaliser à la maison, c'est facile après un petit entraînement et en suivant les règles des anciens maîtres du Japon. Humidifier notamment les algues (nori), sans les détremper, pour une tenue parfaite.

Bien choisir un artichaut

Préférez un artichaut lourd, avec une queue d'environ dix centimètres. Pour être sûr qu'il est frais, attrapez une de ses feuilles et courbez-la. Si elle se plie, passez votre chemin. En revanche, si elle se casse en faisant un petit bruit sec, il sera parfait dans votre assiette.

Maison

Une assiette éraflée, un pull bouloché ou dont la couleur s'est affadie avec le temps et les lessives… On finit tout simplement par jeter ces vieux objets, avec un peu de tristesse, tout de même, parce qu'on les aimait bien. Mais grâce à nos trucs de grand-mère, vous découvrirez qu'il est souvent possible de remettre simplement un objet ou un vêtement en état. Et quand la réparation n'est plus possible, de nombreuses choses peuvent encore trouver une deuxième vie dans un intérieur. Nous vous proposons quelques astuces pour remédier aux tracasseries de la vie, comme cette porte du couloir qui frotte depuis des années, ces vilaines taches de doigts gras qui gâchent les photos de famille ou ce tube de dentifrice qu'on n'arrive jamais à vider totalement. Toutes ces astuces, à utiliser jour après jour, sont autant de victoires sur les petits désagréments qui polluent le quotidien. Et comme toujours, ce qui ne gâche rien, elles permettent souvent de réaliser de petites économies.

Éliminer des marques de meubles sur la moquette

Changer des meubles de place, ce n'est pas une mince affaire, et sans patin, c'est encore plus compliqué ! D'autant plus que vous pouvez rayer et abîmer votre sol. Si vous possédez de la moquette, il arrive que les meubles y laissent des traces. Pour les faire disparaître, faites-y fondre un glaçon puis brossez.

Moquette tachée

Quelle est cette tache qui ne veut partir sur votre moquette ? De la sauce sucrée ? Ou bien grasse. Ou plutôt un produit cosmétique. Dans ces cas-là, vous arriverez à l'éliminer en lui appliquant une pâte faite d'eau chaude et de cristaux de soude dilués. Laissez agir 15 minutes et rincez avec de l'eau bien chaude. Et la tache aura disparu.

Nettoyer les tomettes

La vielle demeure de votre grand-mère possédait du carrelage en tomettes. Et pour le nettoyer, elle le brossait tout d'abord avec des cristaux de soude, puis avec du savon noir. La soude décrasse et décolle la graisse, tandis que le savon noir laisse une couche protectrice. Elle laissait sécher son carrelage sans le rincer et le faisait briller avec de l'huile de lin.

Nettoyer ses fenêtres en PVC

Pour bien nettoyer vos fenêtres en PVC, confectionnez vous-même votre produit miracle. Diluez 2 cuillères à soupe de cristaux de soude dans une petite bassine d'eau tiède et ajoutez-y 1 cuillère à soupe d'eau de Javel. Mélangez bien le tout et frottez les surfaces avec cette mixture. Rincez abondamment.

Solution détergente pour WC

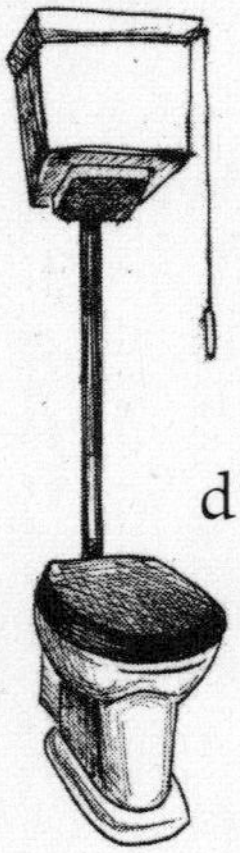

Vous n'avez plus de produit pour nettoyer vos toilettes sous la main ? Confectionnez-le vous-même : diluez 40 g de cristaux de soude dans un litre d'eau. Mélangez bien, et mettez ce mélange dans un vaporisateur, plus simple d'utilisation. Faites attention, c'est un produit certes efficace, mais corrosif.

Désinfectant toutes surfaces

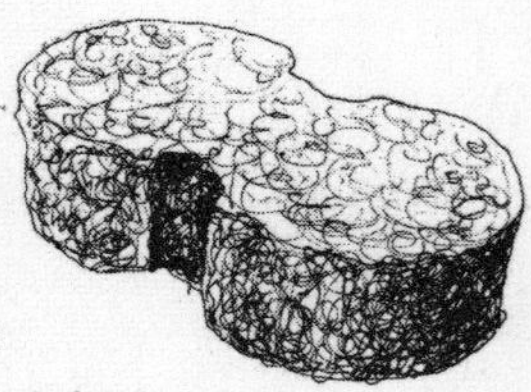

Voici un nettoyant hors pair qui désinfectera toutes vos surfaces. Qui plus est, il est très facile de le préparer : il suffit de dissoudre 1 cuillère à café de cristaux de soude dans 1 litre d'eau bien chaude. Une éponge imbibée de ce mélange éliminera toutes bactéries. Attention toutefois, l'aluminium et les sols cirés n'aiment pas les cristaux de soude.

Nettoyer le linoléum

La moquette ? Un nid à poussières et acariens. Le parquet ? Trop difficile d'entretien. Votre truc, c'est le linoléum. C'est plus facile à nettoyer ! Et s'il est bien encrassé, pas de panique : frottez-le avec une éponge imbibée d'un mélange d'eau chaude, de savon noir et de cristaux de soude.

Taches de graisse

Les taches de graisses séchées ou brûlées font partie des plus coriaces à faire disparaître. Faites bouillir de l'eau, ajoutez-y un peu de vinaigre et faites-y fondre 6 cachets d'aspirine effervescents. Plongez vos plats et casseroles concernées dans ce mélange. Il ne vous reste plus qu'à frotter.

Une théière tachée

Avis aux amateurs de thé. Les traces de tanin sur votre théière sont plutôt inévitables. Si vous souhaitez les faire disparaître, faites fondre dans votre théière un comprimé d'aspirine effervescent. Laissez agir puis rincez à l'eau claire : votre théière aura fait peau neuve.

Nettoyer la faïence

Votre beau vase en faïence que votre grand-mère vous a offert a triste mine. Ravivez-le grâce au blanc de Meudon. Il suffit de le mélanger à de l'eau pour en faire un nettoyant hors pair : frottez votre vase avec cette poudre magique et il retrouvera tout son éclat !

Nettoyer le plastique

Le blanc de Meudon est un nettoyant efficace contre les traces qui ne veulent disparaître sur vos surfaces en plastique. Diluez-en dans de l'eau afin de confectionner une pâte poudreuse. Frottez les zones concernées avec à l'aide d'un chiffon doux. Non abrasif, le blanc de Meudon ne laisse pas de rayures.

Nettoyer le laiton

Vous avez des objets de décoration ou des bijoux en laiton ? Pour les nettoyer et raviver leur éclat, rien de plus simple : le blanc de Meudon. Fabriquez une pâte en diluant du blanc de Meudon dans de l'eau, et frottez vos objets avec. Laissez agir puis essuyez-les soigneusement pour ôter les restes de poudre.

Taches persistantes sur du marbre

Même après nettoyage, il reste toujours quelques traces sur votre marbre. Pour faire disparaître ces marques tenaces, diluez un volume de blanc de Meudon dans un litre d'eau et ajoutez 25 g de sel. Mélangez bien et appliquez sur les zones concernées, laissez agir. Rincez ensuite à l'eau claire.

Taches d'huile sur du marbre

Les taches de graisse ou d'huile sur du marbre sont difficiles à faire partir. Frottez-les d'abord avec une lamelle d'oignon. Essuyez. Mélangez du blanc de Meudon à de l'essence pure. Tamponnez la tache avec ce mélange. Rincez ensuite abondamment à l'eau claire.

Des miroirs bien propres

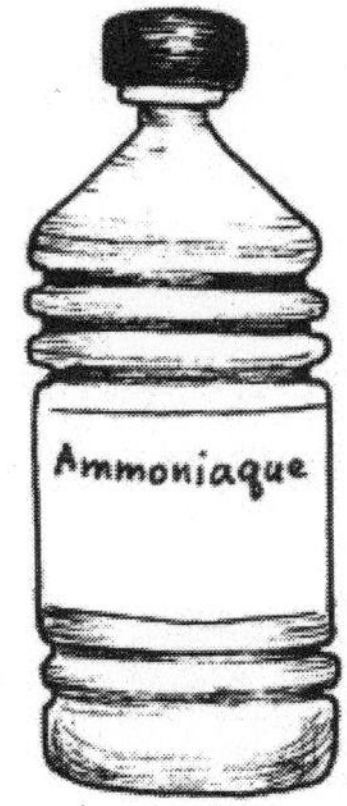

Assez de vous regarder dans des miroirs sales… À vos chiffons ! Mélangez 250 g de blanc de Meudon, 1 cuillère à café d'ammoniaque et 1 cuillère à café de flocons de savon de Marseille. Trempez un linge dans la préparation et frottez votre miroir avec. Essuyez les résidus de poudre avec un chiffon sec et non pelucheux.

Fabriquer son blanc de Meudon

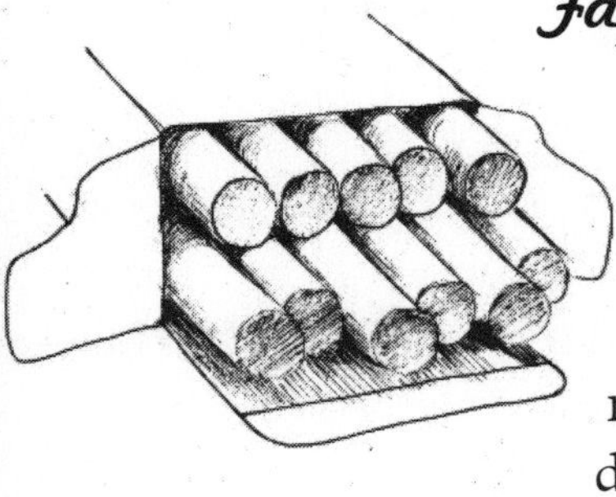

Vous n'avez pas de blanc de Meudon sous la main ? Il est issu des carrières de craie de Meudon. Il est donc très simple d'en réaliser soi-même : broyez des morceaux de craie jusqu'à l'obtention d'une poudre bien fine. Tamisez-la pour la rendre homogène. Votre blanc de Meudon est prêt !

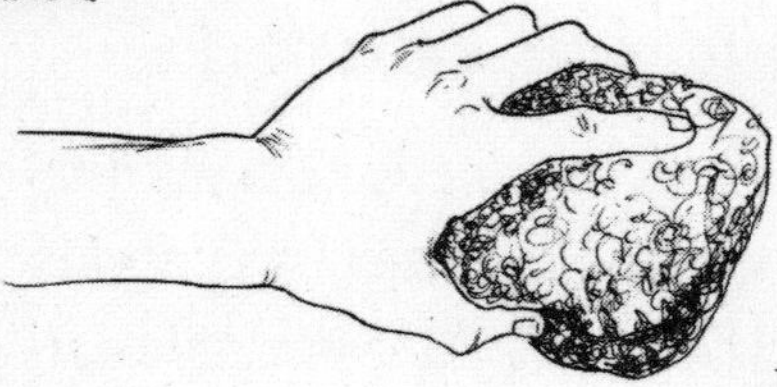

Entretien des surfaces métalliques

Le blanc de Meudon est l'allié de toutes les surfaces métalliques. Pour les décrasser, diluez 1 volume de blanc de Meudon dans 1 demi-volume d'eau. Imbibez un linge de cette préparation et frottez les surfaces avec. Laissez sécher puis enlever les restes de poudre avec un chiffon propre.

Nettoyer une table en verre

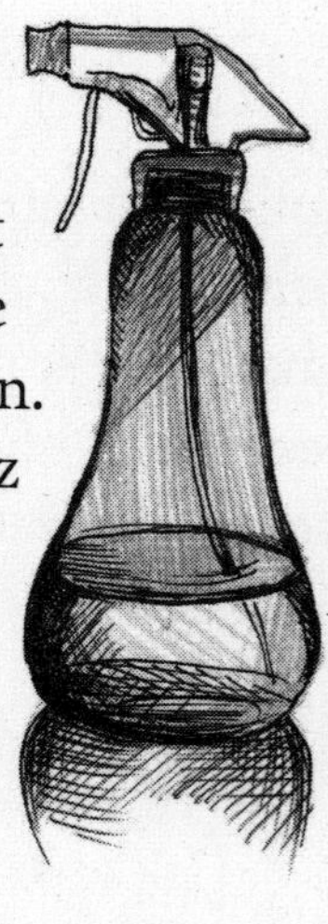

Entretenir une table en verre n'est pas une mince affaire : les traces de doigts et la poussière reviennent aussi vite qu'elles ne partent ! Pour garder votre table bien brillante, optez pour le blanc de Meudon. Diluez-en un volume pour 3 litres d'eau et nettoyez votre table avec ce mélange puis laissez sécher.

Raviver le bronze

Mélangez du blanc de Meudon dilué dans un peu d'eau et 1 cuillère à soupe d'ammoniaque. Badigeonnez-en vos objets en bronze et laissez sécher le produit. Essuyez ensuite avec un chiffon doux pour enlever les traces de poudre. Le bronze aura retrouvé son éclat d'antan.

Nettoyer le cuivre

Votre grand-mère vous a fait don de son bel ensemble de casseroles en cuivre, mais vous ne savez pas comment l'entretenir. Suivez donc ses conseils : mélangez 10 cl d'eau à 20 cl de blanc de Meudon et ajoutez quelques gouttes de vinaigre blanc. Utilisez ce nettoyant avec un chiffon sec et laissez sécher.

Nettoyer l'albâtre

L'albâtre est un matériau blanc très délicat dont il faut prendre soin. Avec le temps, il s'use et jaunit. Pour le nettoyer et lui rendre son aspect d'antan, pensez d'abord à le dépoussiérer puis frottez-le délicatement avec un chiffon imbibé d'essence de térébenthine. Polissez-le enfin avec du blanc de Meudon.

Nettoyer l'étain

Si vous n'avez pas de nettoyant pour étain sous la main, inventez-le : essayez tout d'abord de laver vos objets en étain avec de l'eau savonneuse ou bien frottez-les avec des feuilles de chou cru. Si le résultat n'est toujours pas convaincant, récurez-les avec un mélange d'alcool à brûler et de blanc de Meudon.

Nettoyer l'ivoire

Les étagères de Grand-mère étaient remplies de bibelots en tout genre dont elle prenait le plus grand soin. Elle arrivait même à raviver ses petits objets en ivoire, vieux et tachés de traces jaunes. Pour cela, elle imbibait un coton d'alcool à brûler et de blanc de Meudon, puis les nettoyait avec. Une fois rincés, ils avaient retrouvé leur belle apparence.

Nettoyer l'inox

Diluez 4 cuillères à soupe de savon de Marseille en paillettes, 2 cuillères à soupe d'ammoniaque et 15 g de blanc de Meudon dans 2 cuillères à soupe d'eau. Utilisez ce mélange pour nettoyer vos inox : frottez avec un chiffon doux, rincez à l'eau claire et laissez sécher. Ce produit se conserve dans un bocal bien fermé.

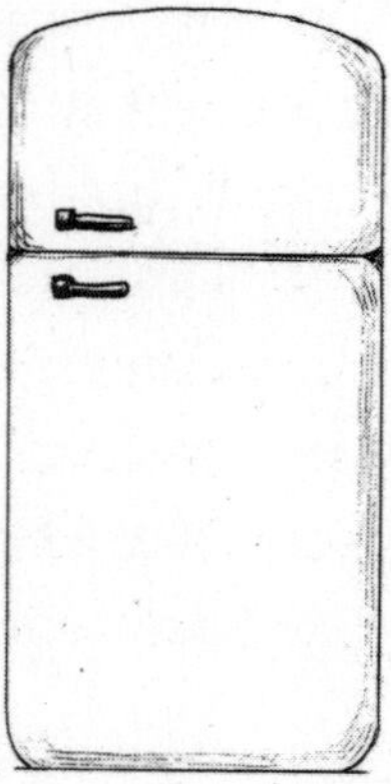

Odeurs de réfrigérateur

Certains aliments laissent des odeurs tenaces dans votre réfrigérateur. Pour les atténuer et enfin les voir disparaître, nos aïeules y plaçaient un demi-citron posé dans une petite coupelle, dans lequel elles avaient planté 4 clous de girofle. Rapidement, le réfrigérateur sentait de nouveau bon.

Tache de pétrole sur de la pierre

Pour nettoyer une tache de pétrole sur de la pierre, il faut agir aussitôt. Si la tache est fraîche, épongez-la d'abord avec du tissu ou de la ouate hydrophile. Recouvrez-la avec de la chaux grasse en poudre, qui va absorber le pétrole. Laissez sécher puis brossez.

Conserver l'eau de chaux

Si vous n'utilisez que peu fréquemment votre flacon d'eau de chaux et qu'il traîne dans un de vos placards, il se peut qu'un dépôt se soit formé en son fond. Il s'agit de carbonate en suspension : filtrez l'eau avec un filtre de cafetière puis secouez-la énergiquement. Une fois bien dissoute, votre eau sera réutilisable.

Nettoyer une cheminée

Vous vous lancez dans le nettoyage de votre cheminée : après en avoir retiré les cendres, il vous faut la décaper. Diluez 50 cl de savon noir liquide dans 3 litres d'eau chaude puis, une fois le mélange refroidi, ajoutez 650 g de pierre ponce en poudre et 40 cl d'ammoniaque. Laissez agir 1 heure avant de retirer le savon avec une brosse, puis rincez.

Nettoyer une hotte aspirante

Les hottes aspirantes se salissent bien vite, et c'est fort logique, puisqu'elles aspirent la graisse des petits plats que vous préparez. Il est pourtant facile de la dégraisser : il vous suffit d'avoir du savon noir sous la main. Frottez la hotte avec une éponge imbibée de savon noir, rincez à l'eau chaude : le tour est joué !

Décapant maison

Confectionnez un décapant maison, bon à tout récurer ! Dans un bol, versez 100 g de savon noir, 20 g de silicate de potasse et 70 g de potasse caustique. Mélangez bien le tout. Ajoutez un peu d'eau si la pâte est trop épaisse. Étalez la préparation sur les meubles à décaper puis grattez-la avec une raclette. N'oubliez pas de rincer !

Décaper son four

Dans votre four, ce ne sont pas des taches de graisse que vous voyez, mais des alvéoles de propreté perdues dans une pellicule de graisse. L'heure est venue de lui faire prendre un bon bain. Aspergez son intérieur de savon noir, il dissout les graisses. Au bout de 10 minutes, frottez avec une brosse puis rincez. Place à la propreté !

Entretenir le bois blanc

Les meubles en bois blanc marquent facilement. Faites une pâte en faisant fondre dans de l'eau bouillante du savon noir. Appliquez-la une fois refroidie et laissez agir 1 heure tout en frottant énergiquement avec une brosse en chiendent, puis rincez à l'eau claire. Vos meubles retrouveront leur blancheur d'antan.

Entretenir l'ardoise

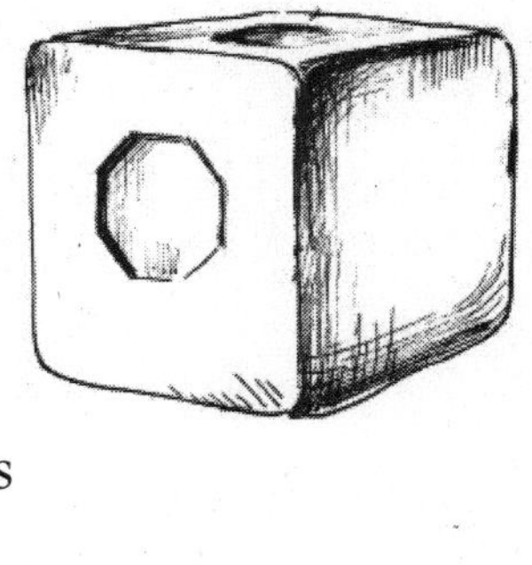

La maison de ma grand-mère était pourvue d'un joli carrelage de dalles d'ardoise. Pour l'entretenir, elle utilisait du savon noir, produit non abrasif. Elle le faisait dissoudre dans de l'eau chaude puis complétait avec de l'eau froide, à raison de 2 cuillères à soupe de savon pour 5 litres d'eau. Son carrelage était toujours flamboyant !

Éviter les taches de teinture dans la baignoire

Les taches de teintures à cheveux sont difficiles à faire partir. Soyez préventif : avant de procéder à votre teinture, enduisez votre baignoire de savon noir. Vous n'avez plus rien à craindre, même si vous en mettez partout, les traces ne tiendront pas et vous n'aurez aucune difficulté à garder votre baignoire blanche.

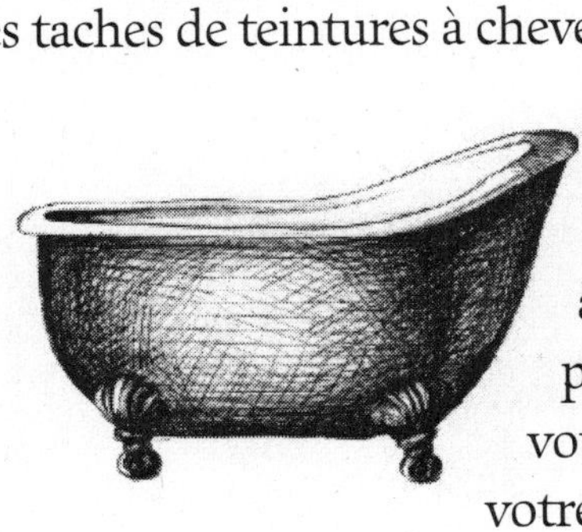

Panier en osier neuf

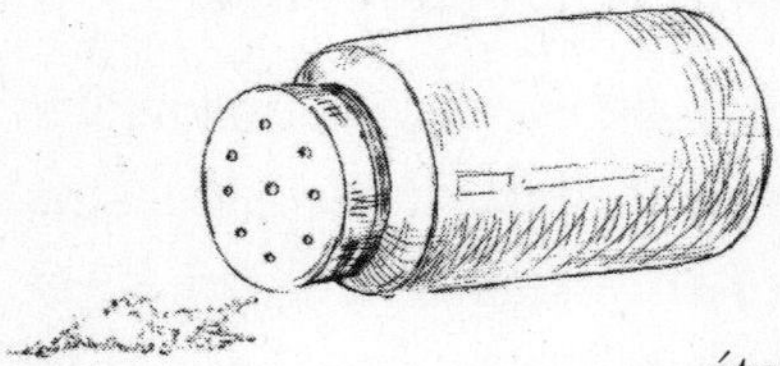

Avec le temps, l'osier a tendance à s'effilocher et s'abîmer facilement. Votre beau panier n'est plus ce qu'il était. Nettoyez-le avec du savon noir dilué dans de l'eau. Laissez sécher. Puis frottez-le avec du gros sel, plusieurs fois de suite. Rincez et laissez sécher naturellement : votre panier aura retrouvé son éclat.

Nettoyer la nacre

Vous souhaitez raviver les beaux reflets irisés de vos objets en nacre ? Nettoyez-les avec du savon noir liquide dilué dans de l'eau. Rincez à l'eau claire et laissez sécher naturellement. Et pour encore plus de brillance, frottez-les avec un chiffon doux imbibé d'huile végétale.

Récurer le four

Pour nettoyer l'intérieur de votre four, déposez-y un linge humide et faites chauffer le four pendant 3 minutes. La vapeur ainsi dégagée va

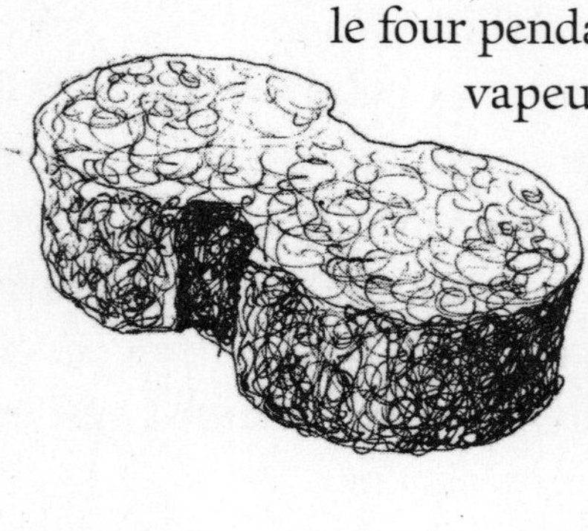

permettre aux traces de se décoller des parois. Frottez-les ensuite avec de l'eau gazeuse puis rincez à l'eau claire : les taches ont disparu, votre four est prêt !

Raviver un évier en pierre

Comment entretenir votre bel évier en pierre ? Nettoyez-le d'abord avec du savon noir. Préparez ensuite un mélange d'eau gazeuse et de bicarbonate de soude : versez 2 cuillères à soupe de bicarbonate dans une bouteille d'eau pétillante et secouez bien. Rincez l'évier avec cette eau et laissez agir 10 minutes, puis rincez de nouveau.

Nettoyer sa moquette

Pour nettoyer de fond en comble sa moquette, rien de tel que l'eau gazeuse. Shampoinez-la avec un mélange d'un quart de vinaigre blanc et de trois quarts d'eau gazeuse. Rincez ensuite à l'eau claire : votre moquette sera comme neuve.

Taches de graisse

Vos vitres et miroirs se salissent bien vite : les traces de doigts y laissent de belles marques de gras. Rien de tel que l'eau gazeuse pour en venir à bout. Frottez les marques avec une éponge imbibée d'eau gazeuse. Rincez et sécher aussitôt avec un chiffon doux et non pelucheux.

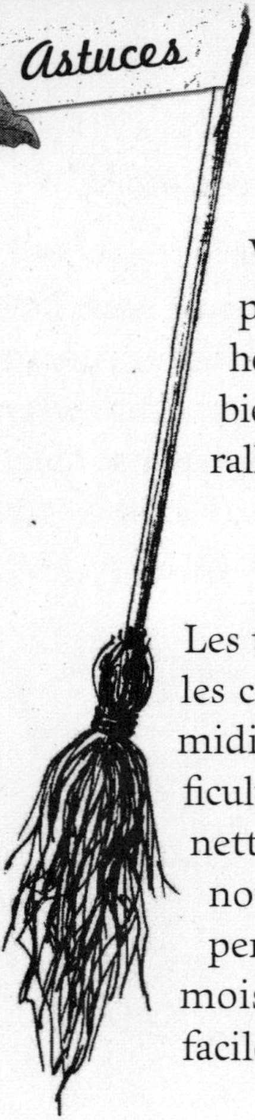

Préparer un balai en paille

Vous venez d'acheter un balai en paille ? Avant sa première utilisation, pensez à le plonger plusieurs heures dans de l'eau froide très salée. Laissez ensuite bien sécher. Ce bain de sel fortifiera ses branches et rallongera ainsi son espérance de vie.

Rideau de douche propre

Les taches de moisissure, votre rideau de douche, il les connaît bien. Avec l'eau et l'humidité, elles s'incrustent sans difficulté. Après l'avoir correctement nettoyé, ou si vous optez pour un nouveau rideau, faites-le tremper dans de l'eau très salée. La moisissure s'y installera moins facilement.

Nettoyer l'ivoire

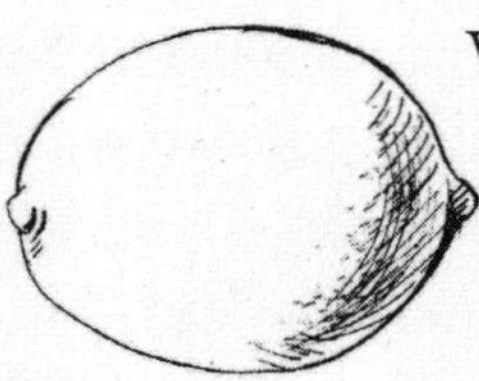

Vos objets en ivoire ont tendance à jaunir avec le temps. Pour leur redonner leur blancheur d'antan, il suffit de les frotter avec un demi-citron que vous aurez trempé dans du sel fin. Rincez avec de l'eau claire et essuyez avec un chiffon doux. L'ivoire sera de nouveau éclatant.

Raviver un tapis

Un tapis, ça se salit vite, puisque vous marchez tous les jours dessus. Et avec le temps, ses couleurs finissent par ternir. Pour le raviver sans avoir recours à des nettoyants chimiques, il existe une solution plus que simple : saupoudrez-le de gros sel. Laissez agir une bonne heure puis passez l'aspirateur.

Raviver un feu

Brrr ! Quel est ce coup de froid, alors que votre cheminée est allumée ? Le feu de cheminée ne veut plus décoller, les flammes se font de plus en plus petites. Pour le raviver, il suffit d'y jeter une poignée de gros sel. Et vous aurez de nouveau chaud au coin du feu !

Nettoyer les cuivres

Confectionnez un nettoyant maison pour nettoyer vos objets en cuivre. Amalgamez de la farine, du vinaigre blanc et un blanc d'œuf. Mélangez jusqu'à obtenir une pâte ayant la consistance du dentifrice. Étalez la préparation sur l'objet et frottez doucement. Rincez à l'eau claire.

Éliminer les traces d'un meuble en cire

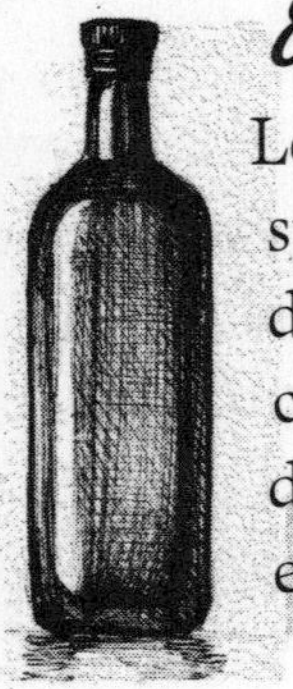

Les verres et tasses peuvent laisser de vilaines auréoles sur un meuble en cire difficiles à nettoyer. À défaut d'avoir des sous-verre, vous ferez disparaître les taches en y apposant un mélange de gros sel et d'huile d'olive. Laissez la mixture pénétrer 5 minutes puis enlevez le surplus.

Entretien de l'aluminium

Vos récipients en aluminium sont devenus ternes et tachés. Vous ne savez pas comment les récupérer ? Rendez-leur leur éclat d'antan en les frottant avec quelques gouttes d'huile d'olive additionnées d'un peu d'alcool à brûler. Aussitôt dit, aussitôt fait : les traces ont disparu et vos plats sont comme neufs.

Entretien de l'ambre

Vous possédez des bijoux et divers objets de décoration en ambre ? Prenez-en soin et nettoyez-les en les frottant avec un chiffon de soie préalablement enduit d'huile d'amande douce. Essuyez avec un chiffon sec puis lustrez avec une peau de chamois.

Nettoyer l'inox

Contre les diverses traces dans votre évier et vos éléments en inox, que ce soit dans votre cuisine et votre salle de bains, un seul allié : le vinaigre blanc. Séchez avec un chiffon doux. Frottez ensuite avec un linge imbibé d'huile d'amande douce : les traces ont disparu et l'inox brille à nouveau !

Du stylo-bille sur de la toile cirée

Plein d'inspiration, vous êtes concentré sur ce que vous écrivez, mais votre bic dérape sur la toile cirée ! Les traces de stylo-bille, c'est bien connu, ça part difficilement… Pas de panique, un coton imprégné d'alcool à 90° et de vinaigre blanc gommera la vilaine trace !

Raviver un meuble sale

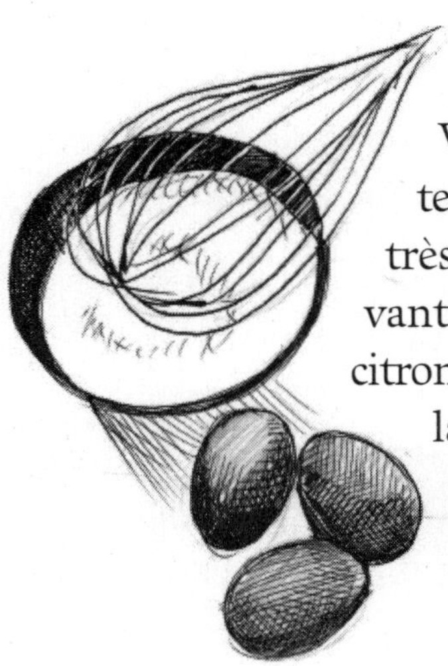

Vos meubles sont poussiéreux, sales et ternis… ce qui ne rend pas votre intérieur très chaleureux ! Préparez la mixture suivante : 2 blancs d'œufs battus, le jus d'un citron et un peu de vinaigre blanc. Appliquez-la sur un chiffon doux. Il ne vous reste plus qu'à les nettoyer avec pour leur rendre leur éclat !

Éliminer le calcaire sur l'inox

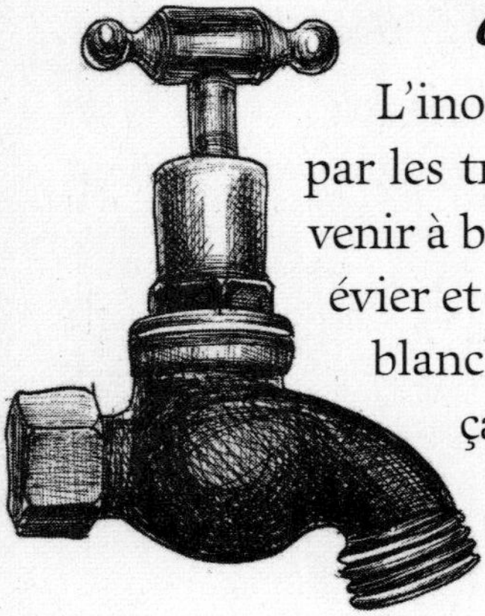

L'inox de votre robinetterie est très souvent sali par les traces de calcaire, impossibles à éviter. Pour venir à bout de ces vilaines marques blanches, frottez évier et lavabo avec une éponge imbibée de vinaigre blanc. Rincez et séchez aussitôt. C'est efficace, et ça brille !

Lutter contre le tartre dans votre baignoire

Le tartre, dans la salle de bains, est plus qu'inévitable. Si vous prenez l'habitude de nettoyer votre baignoire avec un mélange d'eau chaude et de vinaigre blanc, ceci une fois par semaine, vous ralentirez l'apparition du tartre. Si celle-ci est déjà entartrée, nettoyez-la avec un chiffon imbibé de vinaigre blanc, et astiquez !

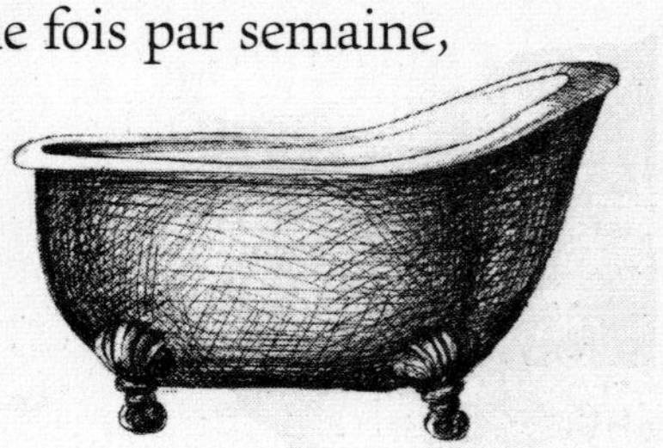

Raviver le bronze

Vos objets en bronze, chandeliers ou garnitures de meubles anciens souffrent de l'apparition de traces de vert-de-gris avec le temps. Vous en viendrez à bout en les frottant à l'aide d'une brosse trempée dans du vinaigre blanc additionnée de sel et chauffé. Essuyez-les ensuite avec un chiffon doux.

Effacer les traces de thé ou café sur la porcelaine

Vos tasses de porcelaine sont tachées à cause du café et du thé, laissant de vilaines traces brunes. Vous avez beau les laver, celles-ci s'atténuent mais ne disparaissent pas complètement. En les frottant à l'aide d'une éponge imbibée de vinaigre blanc et de sel, vous leur rendrez leur blancheur d'antan !

Nettoyer les cuivres

Ravivez vos cuivres avec un nettoyant maison : il suffit de mélanger 1 blanc d'œuf avec un peu de farine, puis d'ajouter du vinaigre blanc jusqu'à l'obtention d'une pâte un peu molle. Frottez vos cuivres avec cette préparation, avec la plus grande douceur, et rincez-les à l'eau claire.

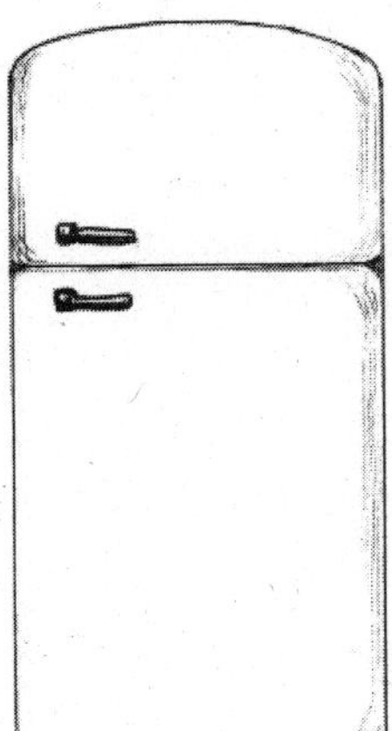

Désodoriser le réfrigérateur

Mais quelle est cette odeur ? Avec toute la nourriture qui passe par votre réfrigérateur, celui-ci peut s'imprégner et dégager de bien mauvaises émanations. Chassez-les en y déposant simplement un verre rempli de vinaigre blanc, qui les absorbera. Pensez à le changer régulièrement.

Désinfecter une éponge

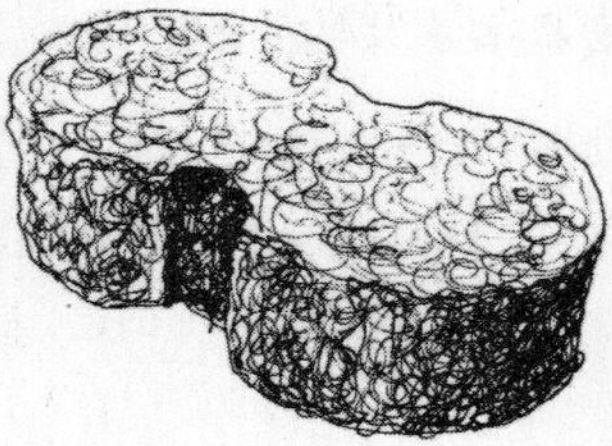

Votre éponge, utilisée quotidiennement, devient vite un vrai nid à bactéries. Pour les éradiquer et désinfecter de manière radicale votre outil à tout nettoyer, trempez-la dans un bol rempli d'eau et de vinaigre blanc. Mettez-le 1 minute au micro-ondes, et le tour est joué !

Entretien du bois blanc

Le bois blanc non traité devient vite sale. En raison sa couleur, mais aussi parce qu'il n'est ni verni ni ciré donc moins bien protégé. Pour le nettoyer et lui redonner son éclat, rien de tel que le savon de Marseille. Frottez-le avec une brosse imprégnée d'eau chaude et de savon, puis essuyez avec un chiffon doux.

Traiter couette et oreillers

Votre couette et vos oreillers emplis de plumes sont si moelleux et confortables… sauf lorsque les plumes décident de prendre la poudre d'escampette, transpercent l'oreiller et vous piquent l'oreille ! Passez du savon de Marseille sec sur l'enveloppe de vos coussins et de votre couette : vous ne perdrez plus vos plumes.

Nettoyer du marbre

Pour détacher et redonner de l'éclat à vos objets en marbre, le savon de Marseille n'a pas son pareil. Nettoyez-les avec un tampon de fine laine d'acier sur lequel vous aurez frotté un peu de savon. Rincez immédiatement et essuyez avec un linge doux.

Meubles égratignés

Les coups et égratignures sur vos meubles en bois, vous ne les comptez plus ! Si, par chance, ces dernières sont assez fines, vous pouvez les polir avec un peu de marc de café humide. En formant de petits cercles tout en douceur, vous arriverez à lisser le bois et à éliminer les petites éraflures.

Récurer les casseroles

Il est parfois difficile de faire disparaître les odeurs imprégnées dans vos casseroles ainsi que les taches de graisse incrustées. Récurez-les avec du marc de café puis procédez ensuite au lavage habituel. Non seulement les traces de gras auront disparu, et vos casseroles ne piqueront plus votre nez !

Entretien de l'étain

L'étain a tendance à s'oxyder avec le temps. Le marc de café sera votre allié : il a la particularité de pouvoir raviver la patine de l'étain. Frottez vos objets en étain avec un peu de marc de café puis rincez aussitôt et essuyez avec un chiffon doux.

Raviver les couleurs d'un tapis

Avec le temps et l'usure, votre tapis est devenu terne et a perdu de son charme d'antan. Pour lui redonner un coup de neuf, répandez sur toute sa surface du marc de café humide. Laissez agir une bonne heure puis passe un coup de balai en paille de riz.

Entretien du paillasson

Le paillasson se salit plus vite qu'on ne le croit ! Véritable nid à poussière, recevant les saletés emmagasinées sous vos pieds de façon quotidienne, il doit être nettoyé assez régulièrement. Pour ce faire, saupoudrez-le de marc de café humide et brossez-le énergiquement.

Nettoyer un mur non lessivable

Un mur non lessivable, ce n'est vraiment pas pratique à nettoyer ! Si on ne peut utiliser de l'eau, la meilleure solution reste d'utiliser une pomme de terre coupée en deux. En le frottant avec ce précieux féculent, vous ferez disparaître les diverses taches et raviverez son éclat d'antan. Il ne vous reste plus qu'à rincer avec un chiffon humide.

Nettoyer un tableau

Comment nettoyer ses peintures abîmées et ternies par le temps ? Vrais nids à poussière, vous décrasserez vos peintures en leur passant dessus, d'un geste circulaire et rapide, une pomme de terre coupée en deux. Épongez aussitôt avec du papier absorbant. Attention : la peinture ne doit pas être vernie pour que cela fonctionne.

Nettoyer une porte blanche

C'est bien connu : le blanc est synonyme de salissant. Et vos portes à l'origine bien blanches ne cessent de vous le faire remarquer. Taches et traces de doigts sont monnaie courante sur les portes : pour les éliminer et raviver la blancheur de vos portes, frottez-les avec des rondelles de pomme de terre.

Miroir, mon beau miroir

Les miroirs se salissent si vite ! Traces de doigts, éclaboussures et autre saletés qui viennent s'y coller. Pour les faire briller, frottez-les avec une demi-pomme de terre. Passez ensuite un chiffon imbibé d'alcool à brûler et d'eau (15 cl d'alcool pour 1 l d'eau) puis essuyez-les avec un chiffon doux et non pelucheux : ils auront retrouvé leur éclat.

Produit d'entretien pour WC

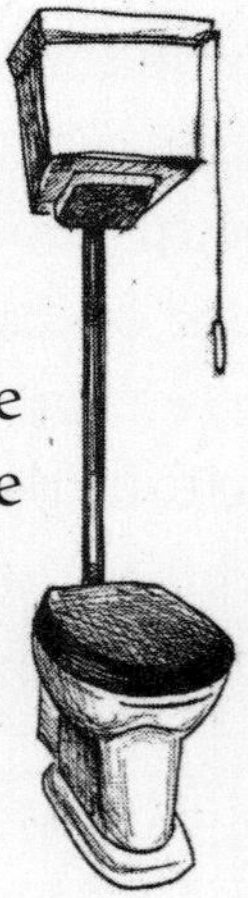

Confectionnez un produit pour nettoyer vos toilettes à base d'huiles essentielles. Mélangez 20 gouttes d'huile essentielle de lavande, autant de citron, de pin et de tea-tree. Mettez dans un vaporisateur 50 cl de vinaigre blanc, puis ajoutez-y le mélange d'huiles essentielles. Secouez bien et à l'utilisation, laissez agir le produit 15 minutes.

Lutter contre les acariens

L'huile essentielle de lavande a des propriétés parasiticides et antibactériennes. Associez-la à de l'huile essentielle de tea tree et de citron, à raison de 20 gouttes chacune, et mettez ce mélange dans un vaporisateur avec 75 cl d'eau. Utilisez-le dans toute la maison pour prévenir des maladies causées par les acariens.

Chasser les odeurs de tabac

Vous avez pris l'habitude de fumer dans votre demeure et ne vous rendez pas forcément compte de l'odeur du tabac froid qui y règne. Elle est pourtant très odorante et désagréable ! Pour assainir votre pièce, faites bouillir un bon moment une casserole d'eau en y ajoutant quelques gouttes d'essence de lavande.

Anti-mouches

Les fenêtres ouvertes quand il fait chaud, et voilà une ribambelle de mouches qui se mettent a virevolter dans votre demeure. Pour les faire fuir, entreposez des petits sachets remplis de lavande séchée un peu partout dans votre maison. Plus esthétique, faites pousser de la lavande sur vos balcons mais, attention, elle a l'inconvénient d'attirer abeilles et guêpes !

Nettoyer un cendrier

Les cendriers pleins et sales ne dégagent pas une odeur des plus agréables : celle du tabac froid. Pour le nettoyer et le désinfecter de manière radicale, lavez-le à l'eau savonneuse, puis passez un demi-citron à l'intérieur. Finissez en le frottant avec du sel fin puis rincez. Bien propre, il est prêt à recevoir de nouvelles cendres !

Crème récurrente

Pourquoi vous encombrer de plusieurs produits au lieu d'un ? Composez un nettoyant à tout faire pour votre maison : mélangez à de l'eau de la cendre de cheminée afin de constituer une pâte épaisse. Cette crème au pouvoir récurent sera utile pour l'ensemble de votre demeure !

Traces de chaleur sur meuble ciré

Vous avez oublié le dessous-de-plat, et avez posé malencontreusement la casserole encore chaude sur votre meuble en bois ciré… Et c'est une belle trace qui apparaît ! Agissez avant que le bois ne cloque : étalez de la cendre de cigarette sur la marque puis frottez avec un chiffon doux imbibé de vinaigre.

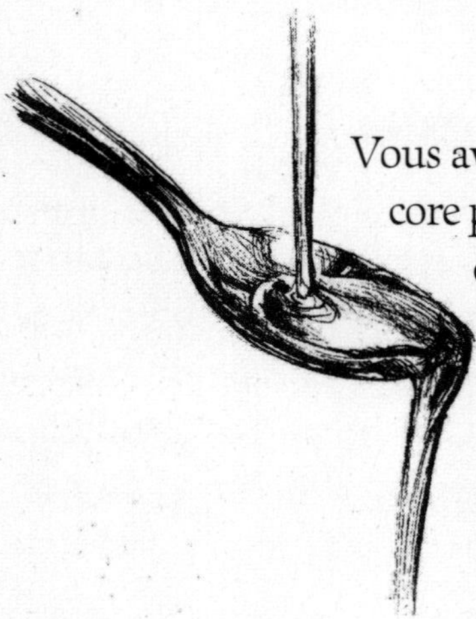

Huile renversée

Vous avez fait tomber votre bouteille d'huile encore pleine sur votre carrelage ? Pas de panique, courez vers votre cheminée ! Prenez une bonne quantité de cendres et déposez-les sur la flaque. Les cendres vont absorber l'huile. Le tas constitué sera ainsi plus facile à ramasser !

Nettoyer la vitre de l'insert de cheminée

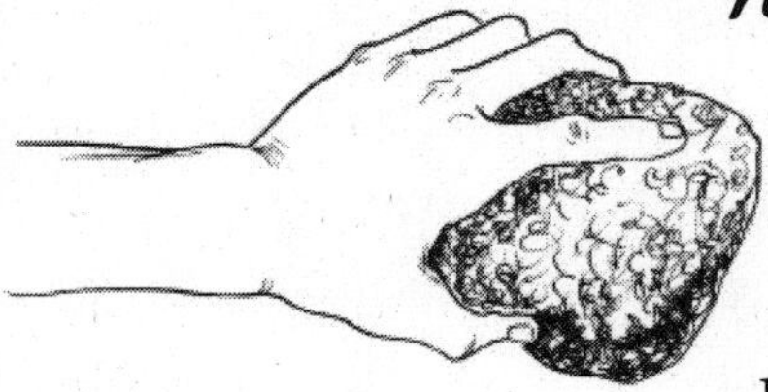

Il n'est pas forcément aisé de nettoyer la vitre de l'insert de sa cheminée. La solution est pourtant sous vos yeux ! Conservez un peu de cendres : elles sont un excellent nettoyant. Servez-vous d'une éponge humide et trempez-la dans la cendre puis nettoyez la vitre avec. Rincez et essuyez.

Nettoyer l'étain

À quoi bon acheter un nettoyant industriel alors que l'on en possède un naturel sous la main ? Pour nettoyer vos plats et objets en étain, il suffit de les frotter avec des cendres de bois imbibées d'eau. Rincez et essuyez avec un chiffon doux. L'étain brille de nouveau !

Nettoyer sa cheminée

Vous aimeriez réussir à enlever les cendres présentes dans votre cheminée sans en renverser partout autour ? Pensez à étaler des journaux autour du foyer, que vous humidifierez. Vaporisez de l'eau sur les cendres pour qu'elles ne s'envolent pas. Vous pouvez ramasser les cendres, puis les journaux qui auront servi de protection.

Conserver les cendres de cheminée

Si vous souhaitez conserver les cendres qu'il reste après vos feux de cheminée, vous devez les collecter en hiver puis les stocker à l'abri de l'humidité. Elles doivent être issues de bois non peint et non traité. Vous pourrez ensuite les réutiliser tout au long de l'année.

Nettoyer un CD rayé

Votre CD préféré saute toujours au même moment… Assez ! Si la rayure est superficielle, elle peut être réparée. Passez donc un coton imbibé de lait de toilette sur la surface de votre CD, insistez jusqu'à épuisement du liquide. Essuyez-le et c'est reparti !

Amidonner des napperons

Des napperons mous, ce n'est pas du plus bel effet sur votre jolie table ! Vous souhaitez les amidonner, mais n'avez pas d'amidon sous la main ? Grand-mère avait la bonne idée de les faire tremper dans du lait plusieurs heures. Elle les essorait puis les repassait avant de les faire sécher.

Entretien des meubles en laque

Vous n'aimez pas les produits industriels, et ne savez comment prendre soin de vos meubles laqués ? Voici un nettoyant maison et écolo : le lait tiède. Imbibez-en une peau de chamois et nettoyez vos meubles en laque avec douceur. Finissez en les lustrant avec un autre chiffon doux.

Des cartes à jouer comme neuves

À force de jouer aux cartes, votre jeu est sale et abîmé. Maculé de traces de doigts, il est même devenu tout poisseux. Pas très agréable ! Frottez donc les cartes avec un coton imbibé de lait froid. Essuyez-les et saupoudrez-les de talc. Votre jeu est propre, et la partie peut enfin commencer !

Entretien de l'argenterie

Envie d'un verre de lait ? Mince, la bouteille est périmée… Vous entendez soudain crier votre grand-mère, de ne pas la jeter ! Le lait tourné est un excellent nettoyant pour votre argenterie. Ainsi, si celle-ci devient trop mate, plongez-la dans un récipient rempli de lait passé.

Porcelaine fêlée

Une des assiettes de votre beau service en porcelaine est fêlée ? Cela n'est pas du plus bel effet une fois votre table dressée. Pas de panique, vous avez bien une bouteille de lait dans votre frigo ! Plongez pendant 45 minutes l'assiette dans un récipient assez grand, rempli de lait bouillant. La fêlure se fera davantage discrète.

Contre le plastique jauni

Les objets en plastique blancs ont tendance à jaunir avec le temps. Ils deviennent ternes et paraissent sales. Pour leur redonner leur éclat d'antan, faites-les tremper dans de l'eau additionnée de jus de citron toute une nuit. Rincez à l'eau claire le lendemain : les traces jaunes auront disparu.

Entretien des objets en nacre

Bibelots, boutons, perles et autres bijoux : pour conserver vos objets en nacre bien propres, il faut les nettoyer régulièrement. Frottez-les avec un mélange d'eau déminéralisée et de jus de citron. Rincez et laissez sécher. Appliquez ensuite un peu d'huile végétale afin de les faire briller.

Un miroir éclatant

Entre les éclaboussures d'eau, la buée, les traces de dentifrice... le miroir de la salle de bains se salit inévitablement ! Pour le faire briller de mille feux, passez sur l'ensemble de sa surface un demi-citron ou un linge imbibé de jus de citron. Essuyez aussitôt avec un chiffon doux et non pelucheux.

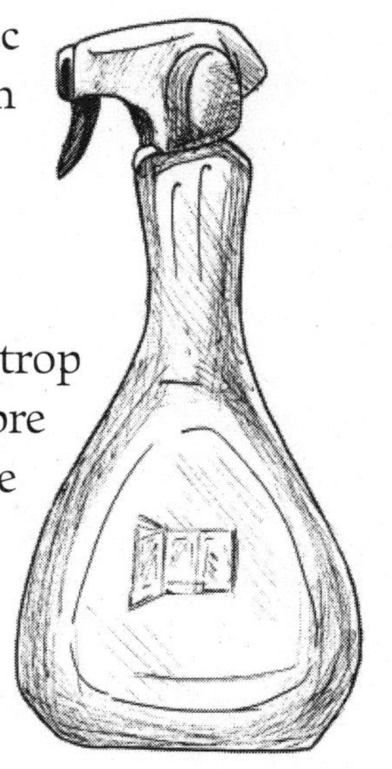

Liquide lave-glaces maison

Pourquoi acheter des produits industriels trop onéreux, alors qu'on peut fabriquer son propre liquide lave-glaces ! Il suffit de mélanger à 1 litre d'eau 5 cl de jus de citron et 10 cl de vinaigre blanc. Attention toutefois, car le citron peut fragiliser les balais essuie-glaces déjà usés.

Nettoyer les meubles en paille

Vos chaises paillées sont devenues ternes et de véritables nids à poussière ? Rendez-leur leur éclat d'antan en les nettoyant avec une brosse souple imbibée de jus de citron. Frottez dans le sens de la paille puis laissez sécher à l'abri de la lumière.

Tache d'œuf sur l'argenterie

Les couverts en argent n'aiment pas le jaune d'œuf ! Ce dernier a tendance à laisser de vilaines traces difficiles à faire partir. De plus, il laisse également une odeur nauséabonde. Faites d'une pierre deux coups : frottez donc les couverts tachés avec la pulpe d'un citron pour les rendre comme neufs !

Désodoriser un réfrigérateur

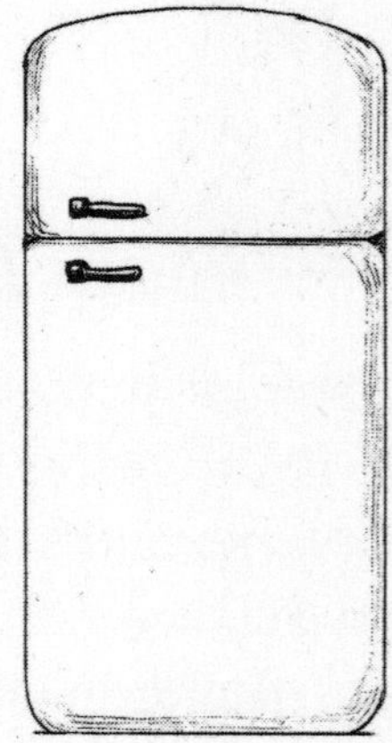

Il arrive fréquemment que votre réfrigérateur dégage des odeurs nauséabondes. Placez-y un bol d'eau additionné de 3 cuillères à soupe d'argile : grâce à son pouvoir désodorisant et assainissant, elle absorbe les impuretés et les substances malodorantes.

Entretien du caoutchouc

Vous souhaitez redonner un coup de neuf à vos objets en caoutchouc ? Vous viendrez à bout des taches en les frictionnant avec de l'eau savonneuse. Astiquez-les ensuite avec de la glycérine diluée dans un peu d'eau ou avec des blancs d'œuf battus en neige. Rincez et laissez sécher : le caoutchouc sera propre et aura retrouvé sa souplesse.

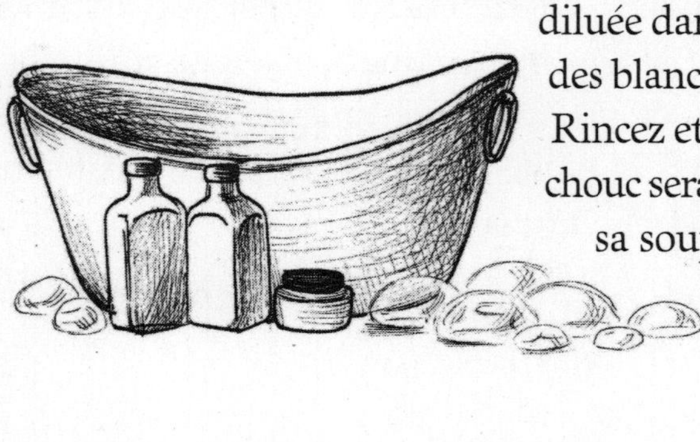

Entretien du jade

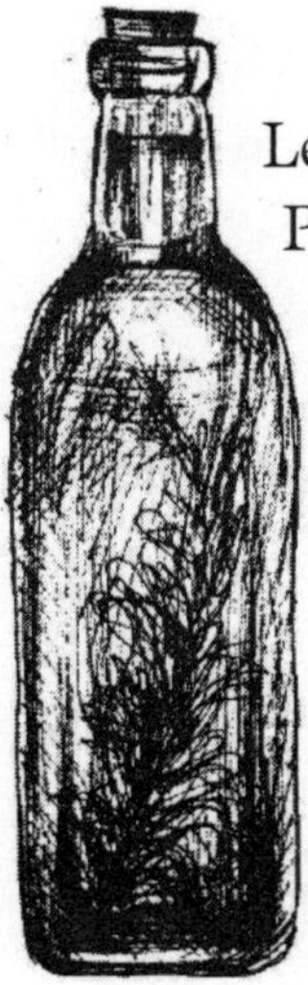

Le jade est une pierre de couleur verte très délicate. Pour le nettoyer, astiquez-le à l'aide d'un chiffon imbibé de vinaigre blanc. Passez-y ensuite un peu de glycérine puis terminez en polissant avec un chiffon de soie. Vos objets en jade retrouveront ainsi leur éclat d'antan.

Un cendrier inodore

Vous ne pensez pas toujours à vider votre cendrier, et votre demeure sent le tabac froid. Rien de pire pour vous donner la nausée ! Afin de limiter les odeurs, déposez dans votre cendrier 1 cuillère à café de bicarbonate de soude, une fois celui-ci vidé et bien lavé.

Odeurs de vieux papiers

Vous n'aimez pas jeter ! Et encore moins vos précieux manuscrits ou lettres. Les vieux papiers peuvent dégager une forte odeur, due aux moisissures. Pensez à les ranger dans un endroit bien sec, et déposez à côté un petit récipient rempli de bicarbonate de soude. L'odeur s'atténuera d'ici une dizaine de jours.

Affûter une lame

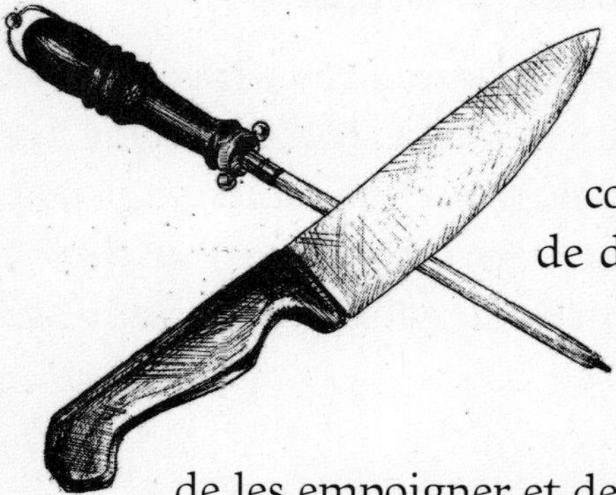

Si vous n'avez pas de pierre à aiguiser, vous pouvez affûter vos couteaux de cuisine non pourvus de dents sur un pot en terre cuite ou sur le goulot d'une bouteille en verre. Cette astuce marche aussi pour les ciseaux ; il suffit de les empoigner et de faire comme si vous tentiez de couper le goulot de la bouteille.

Anti-bouloches

Pour que vos pulls en laine boulochent moins, lavez-les sur l'envers et ne les passez jamais au sèche-linge. Une autre astuce de grand-mère consiste à ajouter, au choix, un trait de vinaigre blanc ou quelques gouttes de glycérine à votre lessive liquide. Utilisez toujours le cycle « laine » de votre machine à laver et évitez tout essorage trop vigoureux. Si vous prenez la précaution de laver vos pulls à la main, chassez-en l'eau en compactant la laine plusieurs fois, mais ne tordez pas les manches ou le pull pour aller plus vite. Enfin, les bouloches étant générées par les frottements répétés, vous pouvez « fixer » la laine en vaporisant sur votre pull, avant de l'enfiler, un peu de laque.

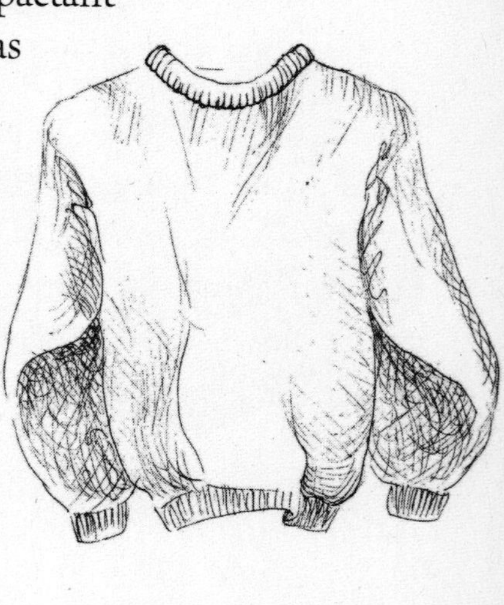

Anti-mauvaises odeurs en cuisine

Le café est un véritable piège à mauvaises odeurs. C'est donc un allié précieux en cuisine : déposez une coupelle contenant quelques cuillères de café dans le réfrigérateur pour le désodoriser et laissez ce même type de coupelle sur votre plan de travail. Après avoir travaillé un ingrédient odorant (ail, poisson), vous masserez vos doigts avec un peu de café moulu pour en chasser ce parfum indésirable qui résiste souvent au savon.

Bibelots stables

Si vous n'êtes pas adepte des bibliothèques et autres vitrines fermées, vos bibelots restent à la merci des coups de vent, animaux de compagnie ou proches maladroits. Donnez-leur toutes les chances de traverser les décennies en les fixant à leur support avec un morceau de scotch double face efficace et discret.

Bijoux propres et brillants

Les bijoux en argent ou en or ont tendance à noircir ou à perdre de leur éclat. Pour leur rendre leur brillance, frottez-les avec une brosse à dents couverte de dentifrice, et rincez. Renouvelez l'opération si les taches peinent à disparaître. Cette façon de faire est très douce.

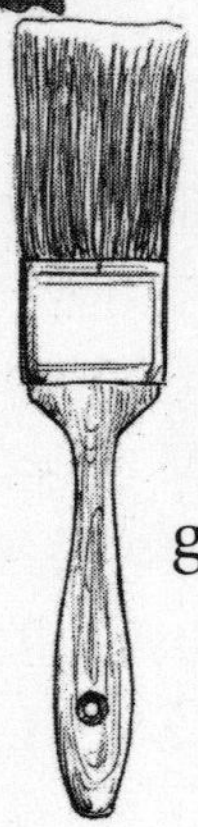

Bois qui grince

Pour empêcher un escalier ou un parquet naturel de grincer, il faut faire bouillir de l'huile de lin et la passer avec un pinceau dans les jointures de la marche ou de la lame bruyante. Une fois l'huile absorbée par le bois, celui-ci va gonfler et les planches se feront plus discrètes.

Boucher des trous dans une cloison en plâtre

Dans une heure vous rendez les clés de l'appartement. Vous décrochez les affiches du mur et là, horreur : les petits trous laissés par les punaises sont très visibles sur le mur blanc. Pour un rebouchage express, introduisez dans les trous un peu de dentifrice. Naturellement, pour que cette solution fonctionne, il faut que deux conditions soient réunies : les trous doivent être petits et la pâte de dentifrice, blanche !

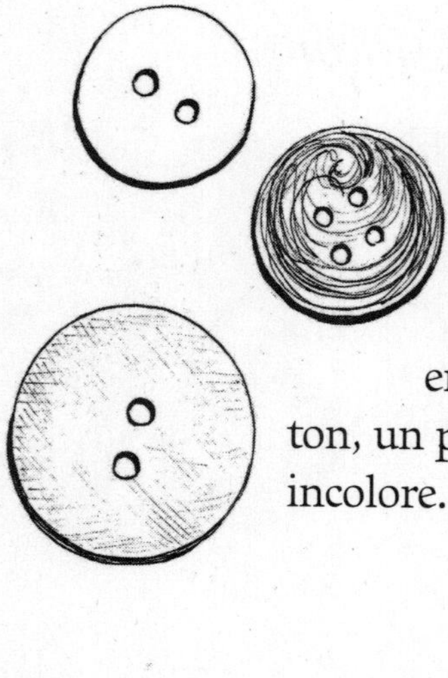

Boutons fixés

Les boutons des vêtements neufs ne sont pas toujours bien fixés. Pour ne pas risquer de les perdre, si vous ne souhaitez pas les recoudre un à un, consolidez-les en déposant sur le fil, au-dessus du bouton, un point de colle transparente ou de vernis incolore.

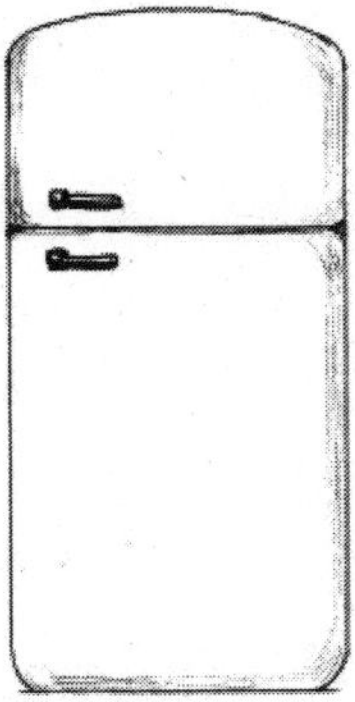

Chasser les mauvaises odeurs du réfrigérateur

Le meilleur moyen d'éviter que votre réfrigérateur ne prenne de mauvaises odeurs est de conserver dans des boîtes hermétiques ou sous film plastique tous vos plats. En complément, vous pouvez placer sur une étagère du réfrigérateur une coupelle contenant un morceau de pain et un peu de lait. Les odeurs seront absorbées. Pour parfumer le réfrigérateur, vous pouvez mettre dans la porte un sachet de sucre vanillé ouvert.

Chaussures glissantes

Rentrée rime souvent avec nouveaux souliers. Ceux-ci sont donc étrennés alors que les premiers jours de pluie s'annoncent : gare à la glissade ! Vos chaussures neuves glisseront si vous les abîmez un peu avec un papier de verre.

Cirer sans cirage

Vous n'avez plus de cirage à la maison, mais peut-être vous reste-il une banane ? La texture grasse et nourrissante de la banane lui permet de remplacer ponctuellement le cirage. Inutile de gâcher un fruit, c'est de la peau dont il faut se servir. Frotter uniformément la chaussure avec l'intérieur de celle-ci, puis, avec un chiffon, débarrassez vos chaussures des dépôts blanchâtres et finissez en frottant plus vigoureusement pour faire briller vos souliers.

Conserver la forme d'un pull

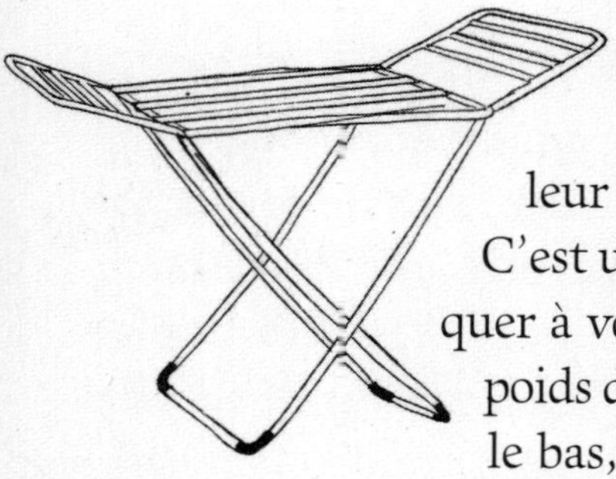

On conseille parfois de sécher les chemises sur un cintre pour qu'elles gardent leur tenue et que leur repassage soit facilité. C'est un conseil qu'il ne faut surtout pas appliquer à vos pulls en laine : au fil des séchages, le poids de l'eau entraînant toujours votre pull vers le bas, celui-ci se déformerait. Il est préférable de coucher, sur le dessus de votre étendoir à linge, une serviette de bain bien épaisse que vous doublerez. Laissez vos pulls sécher à plat sur ce support.

Conserver un pot de peinture

Une seule nuit suffit à former, à la surface d'un pot de peinture entamé, une épaisse pellicule de peinture caoutchouteuse et inutilisable. Ouvrez toujours vos pots en veillant bien à ne pas abîmer leur couvercle et nettoyez régulièrement les bords du pot pendant la journée, pour que la peinture n'y sèche pas.

De cette façon, vous pourrez parfaitement refermer le pot le soir venu et, pour éviter qu'une pellicule ne s'y forme, vous n'aurez qu'à le stocker la tête en bas. Autre possibilité : découpez un morceau de papier sulfurisé plus large que le diamètre du pot. Quand vous avez fini de peindre, déposez le papier à la surface de la peinture et faites adhérer son pourtour aux bords du pot : la peinture ne séchera pas.

Couper un carreau sans instrument

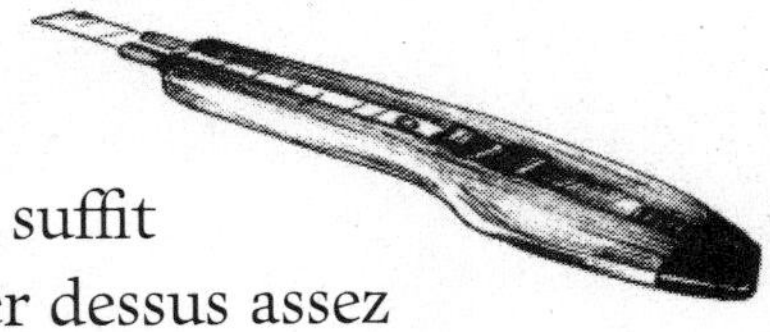

Les carreaux de faible épaisseur se coupent bien plus facilement qu'on ne le croit. Pour réaliser une coupe droite, il suffit de tracer la ligne de coupe et d'appuyer dessus assez fermement avec un objet pointu (stylo, cutter…) en se guidant avec une règle ou en suivant le bord d'un autre carreau. Le carreau est désormais fragilisé. Alignez le trait de coupe sur le bord de la table. D'une main, maintenez fermement la partie que vous souhaitez conserver sur la table. L'autre main va appuyer sur la partie à couper pour que le carreau cède. Si vous manquez de force, vous pouvez vous aider d'une pince.

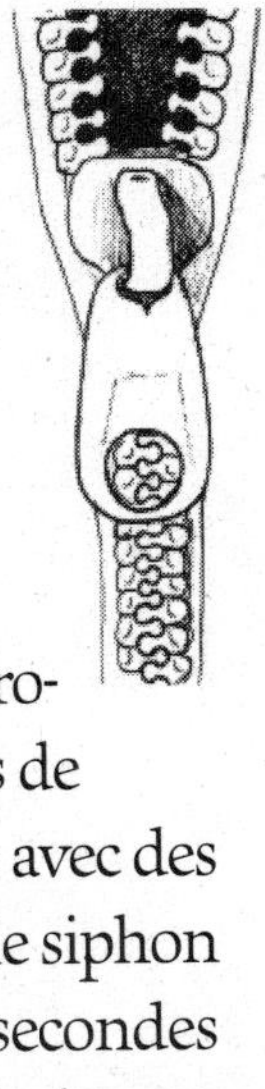

Débloquer une fermeture éclair

Pour débloquer une fermeture éclair récalcitrante, plutôt que de forcer, frottez dessus des deux côtés une bougie.

Déboucher les canalisations

Les déboucheurs de canalisations sont sans aucun doute les produits les plus corrosifs que nous conservons dans nos placards de cuisine. Il est pourtant possible de débloquer ses canalisations avec des produits tout simples. Première solution, versez dans le siphon un demi-verre de bicarbonate de soude. Quelques secondes plus tard, versez un verre de vinaigre blanc qui va réagir avec le bicarbonate pour dissoudre la saleté. Autre option : versez dans le tuyau un mélange à parts égales de vinaigre blanc, de sel et de soda. Ces produits étant moins corrosifs que ceux du commerce, il faut parfois renouveler l'opération.

Décoincer un tiroir

C'est l'un des gros inconvénients des vieux buffets : les années passant, les tiroirs se mettent à se coincer. Pour pouvoir les tirer et les ranger sans problème, frottez généreusement leurs arrêtes avec du savon de Marseille. Si le problème persiste, frottez également l'intérieur du meuble, à l'emplacement du tiroir.

Démêler une chaîne

C'est un grand mystère de la vie : dans un tiroir de votre coffret à bijoux, vos chaînes parviennent à s'emmêler toutes seules ! Pour défaire ces nœuds, évitez surtout de tirer sur la chaîne. Mettez sur le nœud une bonne dose d'huile et massez doucement.

Déshumidificateur maison

Vous pouvez fabriquer simplement un déshumidificateur maison en déposant dans le coin de la pièce un récipient (un pot de glace vide fera parfaitement l'affaire) dans lequel vous logerez quelques morceaux de charbon.

Détartrer un fer à repasser

Pour détartrer rapidement un fer à repasser, il suffit de remplir son réservoir avec un verre de vinaigre blanc et de le mettre en position vapeur. Pour éviter tout problème, si votre eau du robinet est très calcaire, pensez à utiliser de l'eau déminéralisée.

Deuxième vie des ampoules usées

La forme arrondie des ampoules traditionnelles en fait un objet facile à détourner pour décorer la maison. Vous pouvez les réutiliser, au choix, comme de gracieux soliflores pour égayer une cage d'escalier, un centre de table fleuri ou pourquoi pas des boules de noël en les aspergeant de peinture dorée.

Deuxième vie des noix de coco

Ne jetez pas vos noix de coco, faites-en des objets déco rigolos : brossez les noix et ébouillantez-les une vingtaine de minutes. Utilisez les coques, au choix : pour une coupe dessert originale, un centre de table avec quelques fleurs, un bougeoir ou encore en abri pour vos poissons à loger au fond de l'aquarium.

Éliminer la rouille

Voici deux méthodes qui vous permettront d'éliminer la rouille de vos couteaux de cuisine. Première solution : piquer le couteau à plusieurs reprises dans un oignon en ayant soin d'introduire la lame sur toute sa longueur. Lorsque la lame ressort bien humide, saupoudrez-la de sucre et frottez. Deuxième méthode : frottez la lame avec un bouchon de liège noirci à la flamme. Si vous ne voulez pas brusquer vos couverts par un traitement trop brutal et que les dépôts de rouille sont légers, plongez-les dans une huile d'olive additionnée de jus de citron jusqu'à parvenir à décoller la rouille.

Enlever les poils de chat

Comment se débarrasser des poils de chat lorsque l'on ne dispose ni d'une brosse autocollante, ni de scotch ? Si vous avez, au fond de votre placard, un vieux collant ou bas maillé, c'est le moment de le ressortir. Enfilez-le sur une brosse, ou à défaut, sur votre main, et passez-le sur l'ensemble du vêtement. Autre solution : brosser le vêtement avec un gant de toilette bien humidifié.

Entretenir un vêtement en soie

Pour conserver longtemps un vêtement en soie, il faut le laver à la main, dans une eau savonneuse légèrement tiède. Il s'agit simplement de plonger le vêtement dans l'eau, mais il faut absolument éviter de le frotter ou de le malaxer, que ce soit pour le laver ou pour l'essorer. Dès que le vêtement a pris son « bain », qui doit rester court, plongez-le dans une eau de rinçage dans laquelle vous pouvez ajouter un trait de vinaigre blanc pour rendre son éclat à la soie. Essorez le vêtement en le pressant entre deux serviettes et séchez-le à plat et à l'intérieur de votre logement (le soleil le décolorerait).

Étiqueter les conserves

Vous voulez identifier vos confitures et autres pâtés maison et vous n'avez pas d'étiquette ? Pour en fabriquer une, coupez un bout de papier à la dimension voulue, écrivez le nom du produit et passez, au verso, une fine couche de lait avec un pinceau : aussi efficace que de la colle, il maintiendra vos étiquettes à la perfection.

Éviers sans traces

Les éviers en inox, c'est un peu comme les fenêtres : après le nettoyage, il reste les disgracieuses taches que l'eau laisse en séchant. Repasser un coup d'éponge n'y changera rien. En revanche, vous pourrez enlever ces traces en passant sur l'évier un linge légèrement imbibé d'huile.

Éviter l'éclatement du bois

Planter une pointe, visser une vis : voilà qui est à la portée de tout bricoleur. Mais que faire pour éviter que le bois n'éclate sous la pression du marteau ou du tournevis ? Si vous avez une perceuse, faites un pré-trou dans la planche avec une mèche d'un diamètre légèrement inférieur à celui de la vis. Vous pouvez également humecter la vis, avec de la salive ou avec un peu d'huile. Pour la pointe, il suffit d'écraser son extrémité avec quelques coups de marteau.

Éviter les coulures de peinture

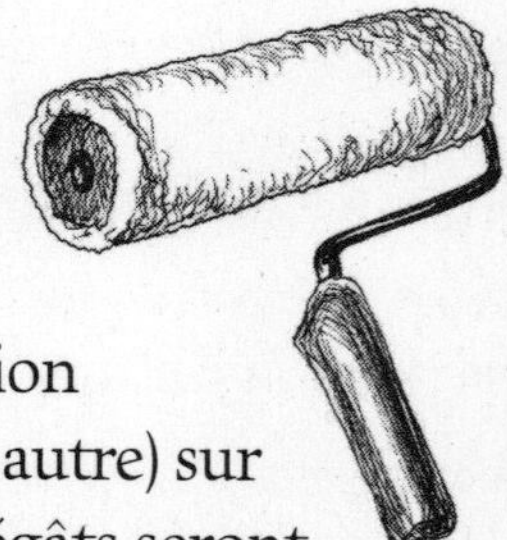

Avant de peindre, prenez toujours la précaution de « circonscrire » la zone avec du sparadrap large. Si le pourtour de la zone à peindre est carrelé, alors vous pouvez prendre une précaution supplémentaire : étalez un corps gras (huile ou autre) sur les carreaux. En cas de faux mouvement, les dégâts seront plus faciles à réparer.

Fabriquer sa pâte à bois

Pour réparer un trou ou combler un interstice dans un meuble, on a recours à la pâte à bois. Le souci : on ne peut pas vraiment se fier à l'image sur la boîte pour envisager la teinte finale. Le plus simple est alors de réaliser sa propre pâte à bois. Lorsque vous bricolez, conservez toujours vos chutes de bois. Choisissez un morceau dont la couleur est proche de celle du meuble que vous comptez réparer, puis poncez-le pour récupérer une poussière de bois très fine. Ajoutez-y un peu de colle à bois, mélangez bien : votre pâte à bois est prête. Elle ne se conserve pas et doit donc être préparée au coup par coup.

Fabriquer son liquide vaisselle

Pour réaliser un liquide vaisselle écologique et bon marché, diluez, dans un litre d'eau bouillante, une cuillère à soupe de bicarbonate de soude et 5 cuillères à soupe de savon noir. Si vous voulez un liquide vaisselle à fort pouvoir dégraissant, remplacez deux cuillères à soupe de savon noir par le même volume de cristaux de soude ; il est alors préférable de porter des gants, car les cristaux sont irritants à la longue. Vous pouvez agrémenter cette recette à votre convenance, en ajoutant, par exemple, quelques gouttes d'huile essentielle de citron pour parfumer le produit.

Faire briller les cuivres

Pour nettoyer un objet en cuivre, frottez-le avec des feuilles d'oseille. Moins fatigant : faites bouillir de l'eau avec les feuilles d'oseille et faites tremper vos cuivres dans cette « infusion ». Pour les détails ciselés, frottez à la brosse à dents mouillée de jus de citron ou de vinaigre de vin blanc.

Faire ses bougies

Ne jetez plus vos restes de bougies. Faites les fondre au bain-marie. Prenez ensuite de petits verres à moutarde ou à pâte à tartiner. Prenez une ficelle : collez une extrémité au fond du verre avec une goutte de cire fondue. Pour maintenir cette mèche bien droite, entortillez l'autre extrémité autour d'une pique à brochettes que vous poserez à cheval sur le verre. Vous n'avez plus qu'à « couler » votre bougie maison. À noter qu'en lieu et place de la cire de récupération, certains utilisent l'enrobage d'un petit fromage rouge et rond…

Finir un tube de dentifrice ou de crème

Le tube de dentifrice est bientôt fini mais vous avez oublié d'en acheter un neuf. Tous les matins, vous vous battez contre ce maudit tube pour en extraire un peu de pâte. Vous finissez par le couper en deux, mais alors son contenu sèche en une demi-journée. Pour éviter cela, fabriquez une pince qui vous permettra de parfaitement vider le tube. Prenez deux cotons-tiges et placez-les de chaque côté du tube, à sa base. Attachez leurs extrémités avec un élastique (faites le plus grand nombre de tours possibles et installez vos élastiques avant les petites boules en coton qui les empêcheront de filer). Au fur et à mesure que vous consommez du dentifrice, ou de la crème, faites coulisser votre pince maison le long du tube.

Joints propres

Pour blanchir les joints d'une salle de bains ou d'une cuisine, remplissez un spray d'eau de Javel, vaporisez généreusement toute la zone à nettoyer. Laissez poser 30 minutes et rincez. Si certaines zones ne retrouvent pas leur blancheur, il n'y a plus qu'une solution : l'huile de coude. Munissez-vous d'une brosse à dents à poils durs et frottez avec un peu de vinaigre blanc ou de produit vaisselle. Pour éviter le noircissement des joints, veillez à la bonne ventilation de votre salle d'eau, ou essuyez rapidement les joints avec un chiffon après la douche.

Laver une couette en machine

Pour que votre couette ne ressorte pas informe de la machine à laver, glissez dans le tambour deux ou trois balles de tennis qui la bousculeront pendant toute la durée du lavage.

Lave-vaisselle sans mauvaises odeurs

Pour éliminer les mauvaises odeurs d'un lave-vaisselle, vous pouvez le faire tourner à vide en remplaçant le produit par du vinaigre blanc.

Lessive maison

Si vous avez une cheminée, vous pouvez, à peu de frais, vous constituer un stock de lessive pour toute l'année. La cendre de bois contient en effet de la potasse, et sera votre matière première. Placez la cendre fine dans un seau et diluez-la dans de l'eau. Laissez reposer une journée entière et filtrez ce mélange plusieurs fois, jusqu'à ce qu'il ne reste plus de dépôt brun : votre lessive est prête à l'emploi.

Limiter le débit de la chasse d'eau

Pour économiser l'eau, il existe des chasses d'eau à double commande. Pour limiter le débit de la chasse d'eau, la meilleure solution consiste à limiter la capacité de la cuve. Soulevez le couvercle du réservoir et logez dans la cuve une bouteille d'eau bien remplie ou quelques briques, en prenant soin, bien sûr, de ne pas gêner les mouvements du flotteur.

Lisser les joints en silicone

Dans les salles d'eau mal aérées, les joints en silicone doivent être régulièrement remplacés. Toute la difficulté est de les lisser. On conseille de prendre un morceau de carton, plié à la bonne dimension. Mais le produit colle au carton, si bien qu'à la moindre hésitation, le joint est raté. Essayez cette autre méthode. Pelez une pomme de terre et coupez-la en grosses frites. Utilisez ces frites, crues bien entendues, pour lisser vos joints. L'humidité du tubercule lui permettra de glisser sur la silicone.

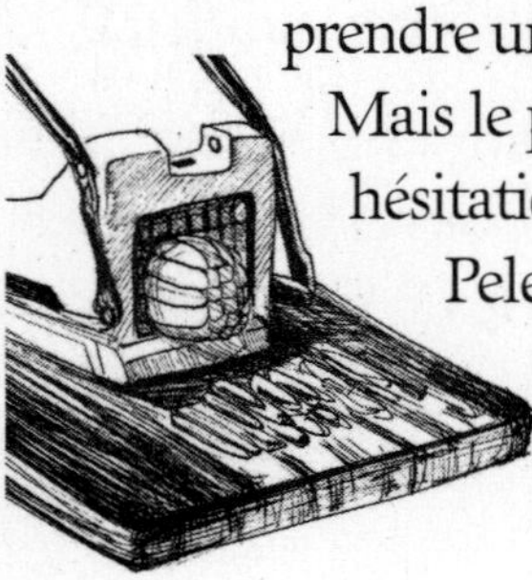

Manger sans se tacher

Burritos, fajitas… tout le monde connaît aujourd'hui ces spécialités sud-américaines épicées et dégoulinantes de sauce tomate. Pour les consommer sans vous tacher, déposez-les dans un filtre à café : il évitera à la sauce de couler.

Micro-ondes propre

Pour nettoyer l'intérieur du micro-ondes facilement, mettez du vinaigre blanc dans un bol, faites chauffer le micro-ondes, et passez un coup d'éponge. Vous pouvez également utiliser un bol de jus de citron.

Nettoyer les plaques vitrocéramiques

Les plaques vitrocéramiques sont fragiles et se rayent facilement. Pour les nettoyer, si vous ne disposez pas d'une « raclette spéciale », il ne faut surtout pas employer d'instrument métallique. En revanche, vous pouvez utiliser du liquide vaisselle, de l'eau et une éponge (pas le côté abrasif, bien sûr), pour dégraisser les plaques et décoller les dépôts. Une fois ces « crasses » bien imbibées d'eau savonneuse, vous pourrez vous aider d'une spatule en bois, efficace et inoffensive pour vos plaques.

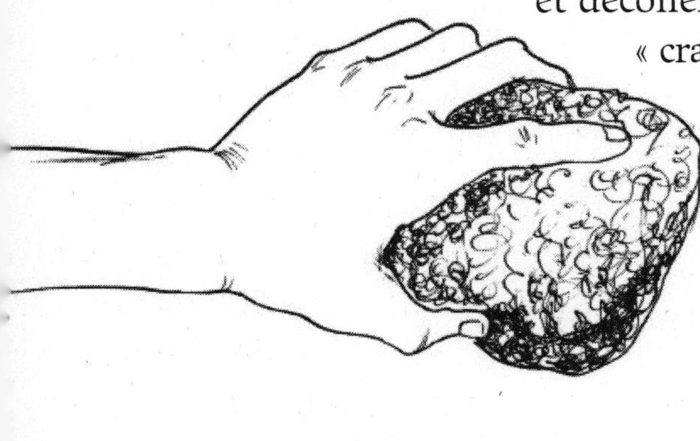

Noir qui reste noir

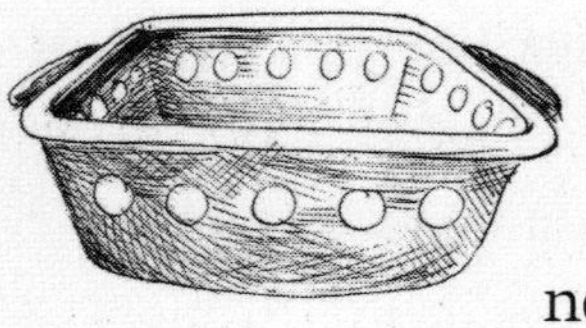

Pour éviter qu'au fil des machines la grisaille s'empare de vos vêtements noirs, à chaque fois que vous faites une machine de linge noir, versez dans le tambour un demi-verre de vinaigre blanc.

Ôter un carreau sans casser les autres

Pour remplacer un carreau cassé, il faut d'abord parvenir à déloger l'ancien sans endommager les carreaux qui l'entourent. Pour cela, il faut finir le travail, c'est-à-dire abîmer ledit carreau encore plus. Avec une perceuse, faites plusieurs trous dans le carreau. Dégager ces petits éclats vous demandera moins d'effort et moins de gestes brusques.

Parfumer la maison

Mieux qu'un parfum d'ambiance, et surtout beaucoup plus esthétique : vous pouvez parfumer votre intérieur avec quelques oranges dans lesquelles vous piquerez des clous de girofle. Amusez-vous à dessiner de belles formes avec vos clous de girofle (ellipses, spirales…). Pour parfumer votre maison tout en passant l'aspirateur choisissez une épice dont l'odeur vous paraît plaisante et aspirez-en une ou deux cuillères. À chaque fois que vous passerez l'aspirateur, il restituera l'odeur de votre épice préférée.

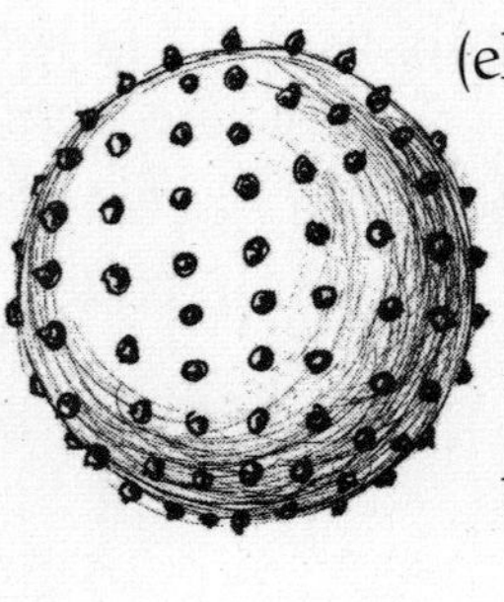

Pâte à modeler maison

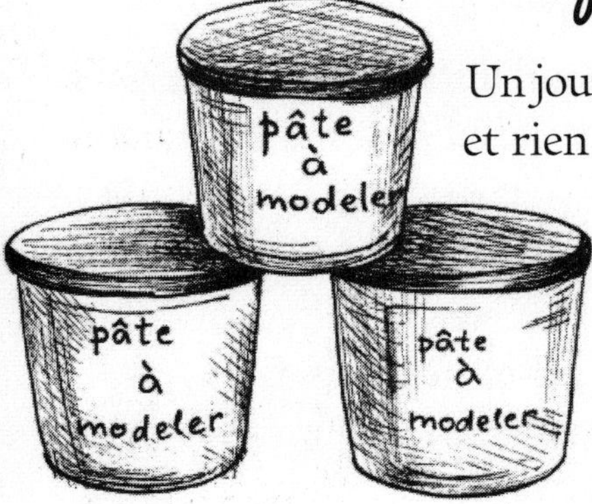

Un jour de pluie, deux enfants qui s'ennuient et rien pour les occuper ? Avec cinq ingrédients, vous pouvez fabriquer de la pâte à modeler maison. Commencez par diluer du colorant alimentaire dans un volume d'eau que vous verserez dans une casserole. Ajoutez un volume de farine, un demi-volume de sel de table, un demi-volume de Maïzena et deux cuillères à soupe d'huile. Chauffez doucement, tout en remuant, jusqu'à ce que la pâte devienne difficile à remuer.

Photos nettes

Dans un bol d'eau, ajoutez quelques gouttes de shampoing. Mélangez bien et humectez très légèrement un disque de coton avec cette solution (si vous pressez le disque, il doit y avoir suffisamment peu d'eau pour qu'aucune goutte ne s'échappe). Cela vous permettra d'enlever les traces de doigts gras sur vos photos. Cette méthode ne vous servira à rien sur un tirage très ancien, qui peut être affecté par des décolorations ou des traces de moisissure. Seul un professionnel saura alors quoi faire.

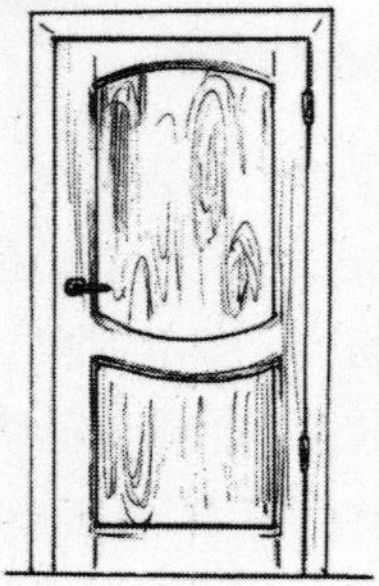

Porte qui frotte contre le sol

Prenez une feuille de papier de verre et fixez-la sur un carton épais. Glissez cet ensemble sous la porte, au niveau du gond. Déplacez doucement le carton vers l'autre bord de la porte pour trouver « l'endroit qui coince ». Une fois celui-ci localisé, ouvrez et fermez plusieurs fois la porte au-dessus du papier de verre. Autre méthode un peu plus rapide : placez une personne de chaque côté de la porte pour tirer, chacun à son tour, sur le papier de verre (un peu comme on scie à deux un tronc d'arbre). L'ensemble de la manœuvre doit se faire porte fermée (peut-être que ce n'est pas la porte qui pose problème, mais la barre de seuil ou le sol).

Poubelle malodorante

Pour absorber les mauvaises odeurs qui se dégagent de votre poubelle, jetez au fond du bac un peu de litière pour chats (propre bien sûr !), ou de bicarbonate de soude.

Protéger les serrures du gel

Humidité, froid extrême : les deux ingrédients sont réunis pour favoriser un gel des serrures. En prévention, trempez vos clés dans de la glycérine. Jouez à fermer et ouvrir votre serrure avec la clé pour que la glycérine se glisse dans tous les interstices : votre serrure est à présent protégée.

Protéger sa gazinière

Lait bouilli, éclaboussures d'huile et de sauces… Votre gazinière en prend plein les brûleurs toute la semaine, et semble impossible à nettoyer le week-end. Pour limiter les dégâts, ôtez les grilles de protection et plaquez sur toute la surface de la gazinière une feuille d'aluminium. Percez des trous pour laisser passer les brûleurs. Il vous suffira de remplacer cette feuille chaque semaine. Vous pouvez employer cette même méthode pour protéger le bas de votre mur : prenez une plaque de contreplaqué mince et recouvrez-la d'aluminium.

Pull qui gratte

La sensation de la laine qui frotte sur la peau est vraiment désagréable. Vous rendrez votre pull nettement moins agressif en lui faisant passer une nuit au congélateur. Pensez à le protéger dans un sac en papier.

Quand la machine à laver déborde

Si votre machine se met à déborder parce que vous avez trop mis de lessive, versez un demi-verre de vinaigre blanc dans la machine pour arrêter le débordement. Avant de réutiliser la machine, faites-la tourner une fois à vide.

Nettoyer la barre de seuil

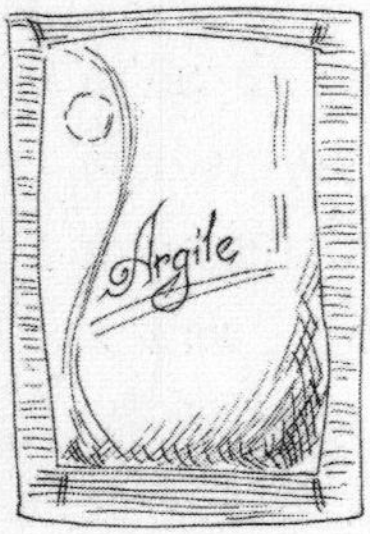

Pour faire briller vos barres de seuil sans les abîmer, utilisez une vieille brosse à dents et de l'argile verte ! Appliquez simplement une petite quantité d'argile verte sur la barre, frottez avec la brosse, rincez à l'eau claire et séchez avec un chiffon propre. Regardez comme elles brillent !

Enlever les traces de rouille

Exit traces de rouille sur vos ustensiles de cuisine en métal ! Pour leur redonner tout leur éclat et les rendre comme neuf, préparez une pâte à base de beurre et de sel. Enduisez-les de cette mixture et laissez agir pendant une bonne heure. Essuyez ensuite avec du papier absorbant.

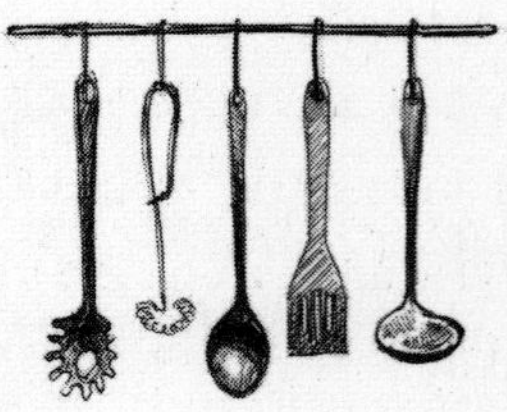

Fini le bruit insupportable du goutte à goutte

L'idéal bien sûr est de rapidement trouver une solution définitive pour faire des économies d'eau car un robinet qui coule consomme énormément. Mais en attendant, vous pouvez stopper le bruit du goutte à goutte en attachant un fil de laine épaisse au bout du robinet. Laissez-le pendre jusqu'au fond du lavabo.

Percer la faïence ou le carrelage

Pas facile de percer du carrelage. Le foret risque à tout moment de glisser, saccageant ainsi tout le travail ! Aussi, l'idéal est d'appliquer un morceau de Scotch à l'emplacement du futur trou. Et bien sûr, de ne pas attaquer directement en percussion pour éviter de faire exploser le carreau !

Des crochets à ventouse bien collés

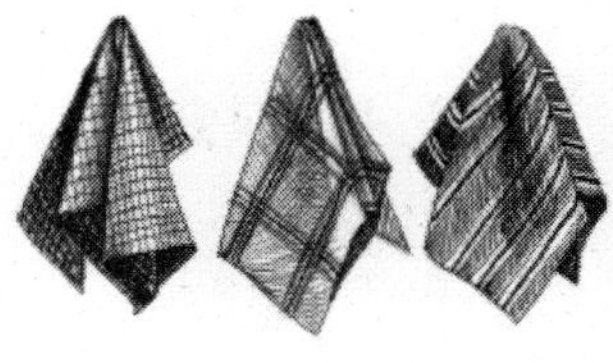

Vous accrochez vos torchons sur des crochets à ventouse mais ces derniers ont souvent tendance à se décoller. Pour éviter ce désagrément, enduisez simplement la surface de la ventouse qui est censée adhérer au carrelage ou au meuble d'un peu de blanc d'œuf. Vos crochets ne bougeront plus !

Éliminer les pucerons de vos plantes

Pour venir à bout des pucerons qui mènent la vie dure à vos plantes d'intérieur, mélangez 1 litre d'eau avec 2 cuillères à soupe d'alcool à brûler et une touche de liquide vaisselle. Vaporisez sur vos végétaux atteints, en évitant ceux situés en plein soleil. L'invasion devrait rapidement prendre fin.

Nettoyer les stores à lamelles

Pour nettoyer plus facilement ses stores à lamelles, grand-mère a une astuce bien utile. Elle commence par imbiber un chiffon d'alcool ménager. Ensuite, elle fixe le morceau de tissu autour d'une cuillère en bois de sa cuisine avec des élastiques. Reste plus qu'à passer la spatule sur chaque lame du store !

Dégivrer plus rapidement le freezer

Fini les heures passées assis face au réfrigérateur, un sèche-cheveux à la main, pour tenter de dégivrer plus vite le freezer. Pensez plutôt à y déposer deux ou trois bouteilles remplies d'eau bien chaude. Voilà qui devrait rapidement venir à bout de la glace récalcitrante. Facile !

Améliorer le goût de l'eau du robinet

Il arrive parfois que l'eau du robinet ait un goût désagréable. Pour y remédier et continuer à la consommer sans problème, remplissez-en une carafe et ajoutez simplement quelques feuilles de menthe fraîche. Vous l'apprécierez nettement plus avec ce petit goût frais et mentholé !

Nettoyer les bijoux d'ambre

Votre collier d'ambre est terne. Et vous ne savez pas comment le nettoyer sans l'abîmer. Ne prenez aucun risque ! Rendez-lui tout son brillant grâce à un peu d'huile. Pour cela, enduisez vos mains et frottez délicatement votre bijou. Ôter le surplus de gras grâce à un mouchoir en papier et polissez à la peau de chamois.

Désherber facilement entre les dalles de la terrasse

Qu'il s'agisse de votre allée ou des dalles de votre terrasse, il vous faut désherber régulièrement. Ce que vous aimeriez ? Une solution pour y parvenir rapidement et sans effort… Facile ! Ajoutez du gros sel dans de l'eau et arrosez entre les dalles ! Plus rien ne poussera après votre passage.

Éliminer les mauvaises odeurs dans le broyeur

Votre évier est équipé d'un broyeur ? Vous avez dû constater que parfois de mauvaises odeurs s'en dégagent… Lorsque cela vous arrive, pensez écolo plutôt que de sortir le bataillon de produits agressifs. Mettez simplement votre broyeur en marche et jetez-y des épluchures d'orange. Puis laissez couler l'eau.

L'entretien des couverts en argent

Pour nettoyer et faire briller votre argenterie de manière naturelle, utilisez vos pommes de terre ! Pour cela, il suffit de laisser tremper vos couverts dans une bassine remplie de l'eau de cuisson des patates. Attention cependant, ne les laissez pas plus d'une dizaine de minutes et essuyez-les soigneusement après.

Faire briller l'inox

Votre nouvelle cuisine est superbe. C'est le top ce mélange des matières entre le bois et l'inox. En revanche, pour l'entretien, c'est une autre paire de manches. Pour faire briller l'inox pourtant, il existe une astuce qui va vous simplifier la vie. Faites-le briller avec un chiffon doux imbibé d'alcool à brûler.

Nettoyer une tache rebelle sur une toile cirée

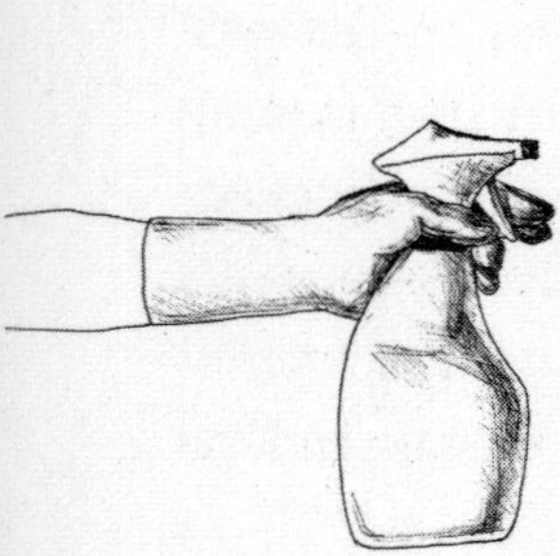

Certaines taches sont plus difficiles à faire disparaître que d'autres et une éponge savonneuse ne suffit pas toujours. Pour encore plus d'efficacité, nettoyez-les avec un chiffon imbibé d'un mélange de 2/3 d'eau et de 1/3 d'eau oxygénée. Voilà qui devrait venir à bout des taches rebelles sans abîmer votre nappe.

Nettoyer une tache d'encre sur papier peint

Votre petit dernier s'est pris pour Picasso sur le papier peint de sa chambre. Pour faire disparaître son œuvre d'art, appliquez une feuille de papier absorbant qui boira l'encre. Ensuite, mettez un peu de craie en poudre et brossez au fur et à mesure que l'encre est absorbée. Rincez et séchez au sèche-cheveux.

Éliminer des taches de moisissure sur papier peint

Dans une pièce un peu humide, des traces de moisissure peuvent apparaître sur le papier peint. Diluez de l'eau de Javel avec de l'eau (4 à 5 volumes d'eau pour 1 volume d'eau de Javel). Imbibez un coton-tige et frottez délicatement les taches. Voilà qui devrait les faire disparaître sans laisser de trace.

Exit les puces

Pour être sûr que les puces n'envahissent pas votre maison, aidées en cela par votre animal de compagnie, dispersez des petits sachets en tissu que vous aurez remplis de fleurs séchées de camomille dans chaque pièce de la maison. La camomille, un insectifuge naturel, repoussera les parasites pour un moment.

Une baignoire impeccable

Votre baignoire est encrassée, une sorte de film grisâtre la ternit ? Pour que l'émail retrouve tout son éclat et redevienne brillant comme au premier jour, frottez la baignoire à l'aide d'un chiffon imbibé d'essence de térébenthine. Pensez à aérer la pièce pendant l'opération.

Nettoyer le four à micro-ondes

Vous oubliez parfois de mettre la cloche sur les aliments que vous passez au micro-ondes. Du coup, il est constellé de taches. Pour le nettoyer, placez-y un linge humide et faites chauffer pendant trois minutes à puissance maxi. La vapeur va décoller les résidus. Frottez ensuite avec de l'eau gazeuse. À faire régulièrement !

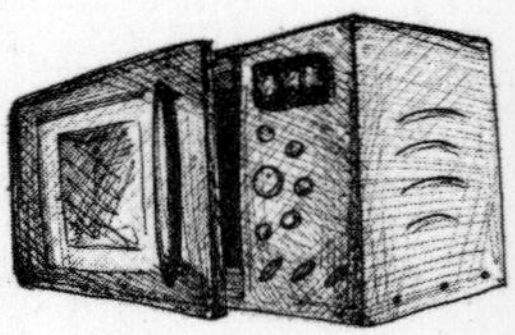

Pour des lames de rasoir qui durent plus longtemps

Qui dit jetable ne dit pas forcément utilisable une seule fois ! Par exemple, vous pouvez augmenter la durée de vie de vos rasoirs jetables en les plongeant quelques minutes avant la première utilisation dans de l'eau bouillante. En plus, ils raseront mieux… Bon à savoir !

Nettoyer le joint du réfrigérateur

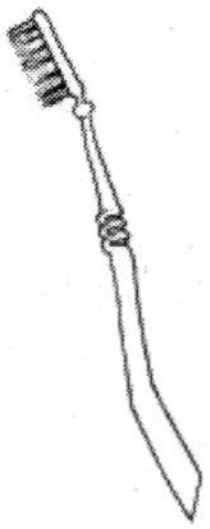

Pour un réfrigérateur impeccable jusqu'au joint d'étanchéité, il suffit simplement d'appliquer du dentifrice sur toute la longueur du joint. Frottez ensuite délicatement à l'aide d'une brosse à dents. Le dentifrice va désinfecter, détacher et désodoriser votre joint sans risque d'altérer l'étanchéité.

Raviver les bijoux fantaisie en métal

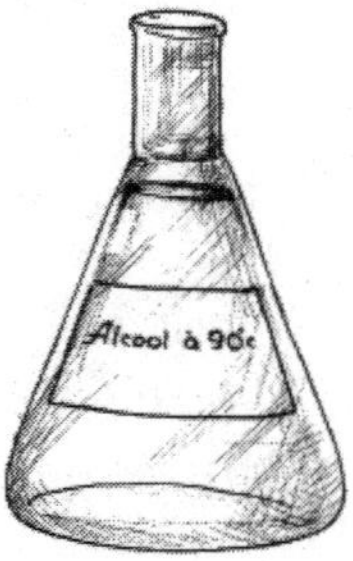

Si vos bijoux en métal ont noirci, ils ne sont pas fichus pour autant. La preuve ! Vous pourrez les nettoyer et leur donner une seconde jeunesse en les mettant à tremper dans un peu d'alcool à 90° pendant une dizaine de minutes, pas plus. Rincez-les ensuite abondamment à l'eau chaude et essuyez-les avec un chiffon doux.

Dépoussiérez le haut des meubles

Fini la poussière qui vole, se déplace et… se pose de nouveau ! Pour dépoussiérer le haut de vos meubles ou de vos étagères, enfilez une vieille chaussette humide sur votre main et passez-la simplement à l'endroit que vous souhaitez nettoyer. De cette façon, la poussière collera à la chaussette.

Ranger les jouets pour le bain des enfants

Au moment du bain, c'est un rituel, les enfants partagent la baignoire avec un tas de jouets et autres figurines. Pour ranger et égoutter tout ce beau monde, rien de tel qu'un sac en maille dans lequel sont vendues les clémentines. Avec une poignée, il sera en plus très pratique à accrocher dans la salle de bains.

Fini les chaussures malodorantes !

Pour supprimer les mauvaises odeurs persistantes dans vos paires de chaussures, versez-y régulièrement une ou deux gouttes d'huile essentielle de pin ou d'eucalyptus. Cela les rafraîchira et vos pieds avec par la même occasion ! À renouveler aussi souvent que nécessaire.

Chasser les taupes

Vous pensez que votre chat vous sera totalement inutile pour chasser les taupes de votre jardin. Détrompez-vous ! Vous pouvez utiliser sa litière usagée contre les intruses ! Comment ? En en versant simplement dans les galeries et taupinières. Voilà qui devrait les éloigner durablement.

Un grattoir maison pour les casseroles

Votre allié vaisselle ? La prêle. Cette mauvaise herbe qui contient de la silice a souvent tendance à envahir les jardins. Et c'est tant mieux ! Ramassez-la et mettez-la à sécher quelques jours. Ensuite, placez-la dans un vieux bas ou collant et voilà, vos casseroles n'ont qu'à bien se tenir !

Des cuillères en bois impeccables

Pour retrouver des cuillères et autres spatules en bois comme neuves, rien de plus simple. Il vous suffit de les laisser tremper plusieurs heures, voire toute une nuit selon leur état de saleté, dans un fond d'eau auquel vous aurez ajouté deux à trois cuillères à soupe d'eau oxygénée. Résultat garanti !

Entretenir un évier pour éviter qu'il se bouche

À peu près une fois tous les dix jours, pensez à verser une bonne dose de gros sel dans votre évier avant d'aller vous coucher. Ne faites pas couler d'eau avant le lendemain. Idéal en entretien de vos tuyauteries et tellement moins agressif et polluant que les produits spécifiques vendus en grandes surfaces.

Comment savoir si votre plante a soif ?

Vous ne savez plus quand vous avez arrosé cette plante pour la dernière fois ? Pas de problème ! Tapez simplement sur le pot à l'aide d'un couteau. Si le son rendu est plutôt sourd, inutile de lui donner de l'eau. En revanche, si cela sonne creux, allez-y, votre plante a soif.

Une plante d'intérieur resplendissante

Il n'y a pas de secret, une belle plante, en pleine santé, est une plante bien arrosée certes, mais aussi bien nourrie. Alors pourquoi ne pas faire les deux en même temps ? Pour cela, arrosez vos plantes avec l'eau de cuisson de vos légumes ! Elles vous en remercieront et en plus, vous ferez des économies d'eau. Du tout bon !

Fini la buée sur le miroir !

Pour éviter que de la buée se forme sur le miroir de la salle de bains, il suffit simplement de le frotter à l'aide d'un chiffon imbibé d'alcool à 90°. De cette façon, il restera nickel, même pendant la douche, aussi chaude soit-elle ! Le truc en plus ? Cela fonctionne aussi sur le pare-brise.

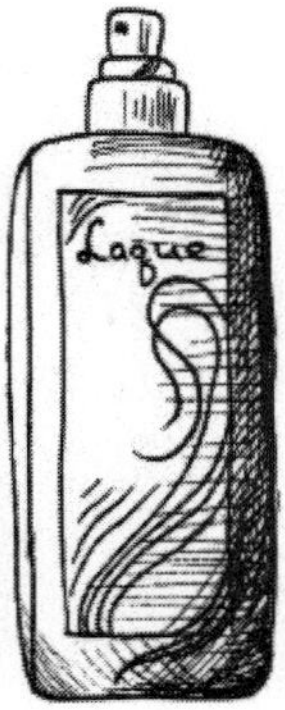

Des fleurs artificielles impeccables

Le plus pénible avec les fleurs artificielles ? La poussière. Elle s'immisce, s'insinue, se colle. En clair, elle s'installe. Et après, pas facile de la déloger. Aussi, mieux vaut intervenir de manière préventive. Pour cela, vaporisez de la laque à cheveux sur les fleurs, du bouton aux extrémités des pétales.

Pour des meubles en bois éclatants

Fabriquez votre cire maison ! Mélangez un quart de litre d'huile d'olive avec un peu de thé noir et utilisez ce mélange sur vos meubles en bois foncé. Frottez-les délicatement avec un chiffon imprégné de cette mixture, en formant des petits cercles, et ils retrouveront tout leur éclat !

Éloigner les fourmis de la terrasse

Pour éviter une invasion de votre terrasse par une, voire plusieurs colonies de fourmis, prenez le temps de saupoudrer du talc tout autour ! Celui-ci agira comme un véritable barrage que les intruses ne franchiront pas ! À renouveler chaque fois que la poudre blanche n'est plus visible.

Pour qu'un balai dure plus longtemps

Halte aux balais malmenés, aux poils tout rabougris et repliés sur eux-mêmes ! Fini de les poser par terre au fond d'un placard après les avoir utilisés. Non, pour augmenter leur durée de vie et faciliter de plus le balayage, stockez vos balais suspendus à un crochet. Tout bêtement.

Des vitres sans traces

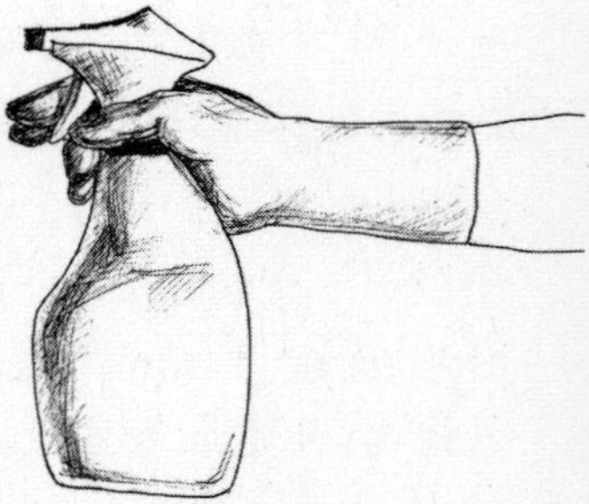

Fini d'attendre un jour nuageux pour faire les vitres. Voici une astuce qui vous permettra de les nettoyer en plein soleil et surtout, sans laisser de traces ! Nettoyez-les avec un chiffon imbibé d'alcool à 90°. Ou mieux même, imprégnez du papier journal que vous aurez préalablement froissé.

Rendre leur éclat aux objets en cuir

Sac à main, portefeuilles, ceinture… Vos objets en cuir font grise mine ? Pas de problème ! Plutôt que de les remplacer, redonnez-leur de l'éclat et faites-les briller comme au premier jour en les frottant avec un zeste d'orange. Un moyen naturel et économique de leur donner une seconde vie.

Faire sécher le carrelage plus vite

Chaque fois que vous lavez le sol, c'est la même rengaine. Vous avez beau utiliser de l'eau chaude et créer un courant d'air, le carrelage ne sèche pas assez vite à votre goût. Pour y remédier, ajoutez une cuillère à café de liquide de rinçage pour lave-vaisselle dans le seau. Effet garanti !

Séparer deux verres collés

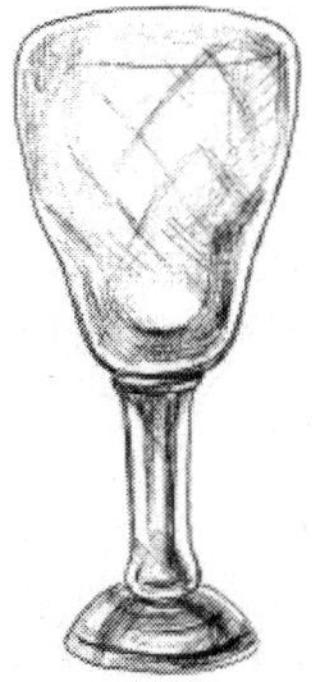

Pour gagner de la place dans le placard, vous empilez les verres. Oui mais voilà, parfois deux d'entre eux restent collés et vous ne pouvez les libérer sans risquer de les casser. Pour les séparer, commencez par verser de l'eau froide dans celui du dessus. Ensuite, plongez celui du dessous dans de l'eau chaude.

Assainir l'atmosphère de la maison

Pas toujours facile d'aérer l'hiver. Laisser les fenêtres ouvertes reviendrait à gaspiller l'énergie et à perdre la chaleur que ce bon feu de cheminée vous procure… Pas de problème ! Jetez sur le feu quelques baies de genévrier ou concassez des noyaux de fruits séchés auxquels vous réserverez le même sort.

Nettoyer les cuivres rouges

Au moment de « faire ses cuivres », Grand-mère n'utilise aucun produit abrasif ni même de détergent chimique et autre nettoyant miracle. Au contraire, elle les astique avec… des tomates qu'elle frotte simplement sur ses bibelots. Et ceux-ci retrouvent ainsi éclat et brillance comme par magie !

Du pain pour les bijoux en or !

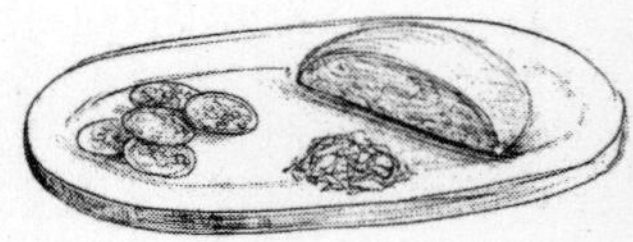

Fini les bijoux en or ternes, sans éclat, voire carrément noircis ! Pour les faire briller et étinceler de mille feux comme au premier jour, essayez de les nettoyer avec de simples boulettes de mie de pain… Vous en blufferez plus d'une ! Une astuce efficace, naturelle et économique, rien que ça !

Nettoyer les nattes de plage en paille

Une fois dépoussiérées à l'aide d'une brosse ou d'une balayette, nettoyez-les avec un peu de lait sur un linge propre. Rincez ensuite à l'eau chaude et essuyez doucement. Hop ! Vos nattes seront impeccables l'été prochain. À condition de les ranger à l'abri de l'humidité quand même.

Entretenir vos meubles en sapin

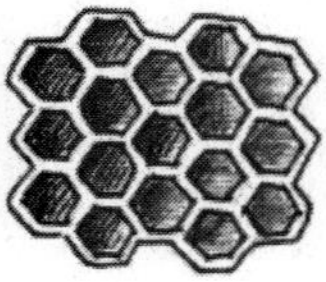

Votre vieille commode en sapin retrouvera sa jolie couleur dorée si vous lui appliquez un baume à base d'huile de lin, d'essence de térébenthine et de cire d'abeille, le tout à parts égales dans la préparation. Faites pénétrer sans frotter et laissez sécher à l'abri de la lumière et de la chaleur.

Ouvrir un bocal sans forcer

Si vous avez du mal à ouvrir un bocal, pensez à percer un trou dans le couvercle. Vous y ferez ainsi entrer de l'air et faciliterez l'ouverture. Bien sûr, cette astuce ne vaut que si ce qu'il contient doit être consommé le jour même ou peut être conservé au réfrigérateur jusqu'au lendemain.

Des robinets brillants

Pour retrouver des robinets comme neufs, inutile de les astiquer avec des produits hors de prix et souvent plus agressifs qu'efficaces. Optez plutôt pour une paire de vieux collants. Roulez-la en boule et humidifiez-la. Nettoyez les robinets avec cette éponge improvisée et admirez le résultat.

Pour des pinceaux toujours souples

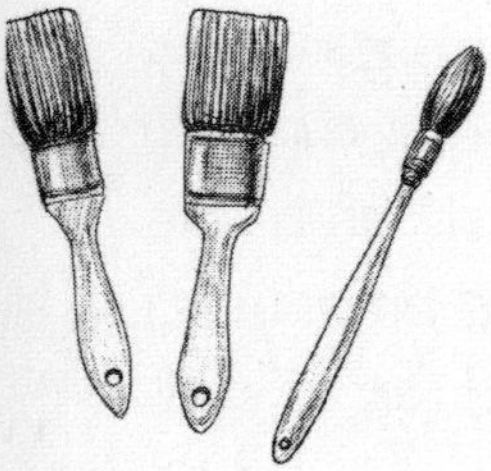

Une fois votre travail de peinture terminé, il est évidemment important de nettoyer soigneusement les pinceaux afin de leur éviter un aller simple dans la poubelle. Et pour éviter qu'ils ne sèchent avant de les réutiliser, pensez à ajouter quelques gouttes d'assouplissant à l'eau de rinçage. Résultat assuré.

Exit la poussière sur le dessus des meubles !

Votre cuisine est impeccable. Plan de travail et façades des meubles nickel… Seulement voilà, mieux vaut éviter de passer la main sur le dessus des meubles ou le haut du réfrigérateur. Pour déloger la poussière, il existe pourtant une solution simple : utilisez un mélange d'eau chaude et d'assouplissant.

Décoller plus facilement du papier peint

Vous souhaitez relooker votre intérieur ? Avant de vous attaquer à la tapisserie très seventies du salon, diluez un bouchon d'assouplissant liquide dans de l'eau tiède. Remplissez-en un vaporisateur et humidifiez abondamment les murs. Voilà qui devrait aider à décoller le vieux papier peint.

Des outils impeccables

Pour garder vos outils propres et les préserver ainsi plus longtemps, pensez à les nettoyer après chaque utilisation et à jeter une poignée de riz dans votre caisse à outils. Bizarre ? Non ! Le riz est connu pour absorber l'humidité et du coup, prévenir l'apparition de la rouille, corrosive.

Fini les mauvaises odeurs dans le frigo !

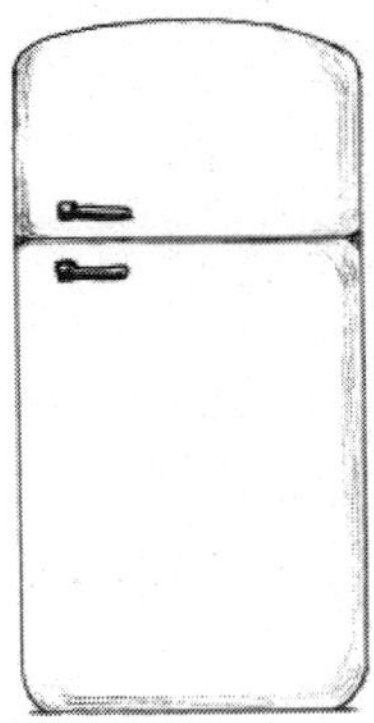

C'est un fait, vous avez beau le nettoyer régulièrement, votre réfrigérateur sent mauvais. Au point d'en avoir honte au moment de l'ouvrir devant les invités… Pour y remédier, vous n'avez pas besoin de grand-chose pourtant. Une simple pomme de terre pelée coupée en deux fera l'affaire. À placer où vous voulez.

Des toilettes qui sentent bon

Vous le savez, les bombes désodorisantes sont nuisibles pour l'environnement. Et les autres systèmes ne vous ont pas convaincu jusqu'à présent (le parfum qui ne dure pas, une odeur bizarre, trop agressive ou inexistante…) ! Alors essayez les grains de café ! Une bonne poignée dans un bol et le tour est joué !

Anti-tabac

Marre des odeurs de cigarette dans la maison ? Pour éviter cela, l'idéal est de vider régulièrement les cendriers. Ou mieux, de ne pas fumer. Mais il existe aussi un autre moyen, naturel, de limiter les dégâts… Mélangez des herbes de Provence avec du sable mouillé et placez cette mixture au fond des cendriers. Voilà qui devrait absorber les odeurs de tabac froid.

Entretenir le fer à repasser

Si la semelle de votre fer à repasser est sale ou souillée par du nylon par exemple, il suffit de la nettoyer avec un chiffon que vous aurez préalablement imbibé de dissolvant (celui-là même que vous utilisez pour retirer le vernis à ongles). La voilà impeccable prête à passer sur la pile de linge qui vous attend !

Sauver un livre qui a pris l'eau

Tranquille, sur le transat, absorbé par le dernier best-seller en date. Et voilà que les enfants ont choisi ce moment de plénitude pour faire une bataille d'eau ! Et qui trinque ? Le livre ! Pour sauver les quelques pages maltraitées, saupoudrez-les de talc et recouvrez le bouquin avec un objet lourd pendant 2 jours.

Repeindre les fenêtres sans abîmer les vitres

L'important quand on fait des travaux, c'est de bien préparer le support. Autrement dit, si vous souhaitez repeindre vos fenêtres en bois, il faut d'abord les nettoyer, poncer, décaper… Et protéger les vitres ! Comment ? En coupant un oignon en deux et en le frottant dessus ! Fini les coulures de peinture !

Fini les lunettes trop fragiles !

Si vous craignez que les branches de vos lunettes ne tiennent pas le choc, prenez les devants et n'attendez pas qu'elles se cassent bêtement. Déposez simplement une petite goutte de vernis à ongles, transparent bien sûr, sur les vis qui les retiennent. De cette façon, elles ne se desserreront pas…

Fabriquer sa lasure !

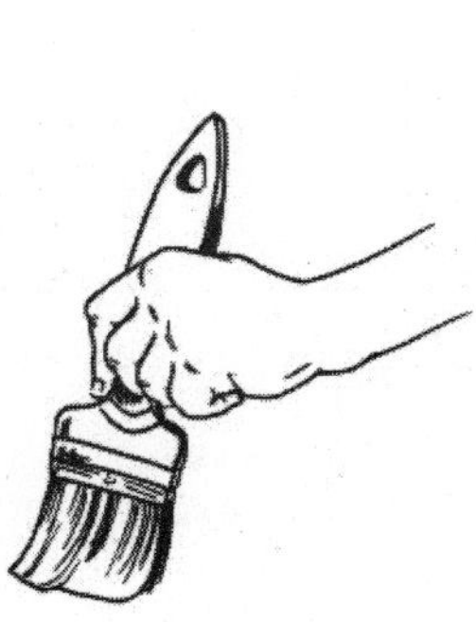

Pour son portillon en bois, Grand-mère détient une recette qui lui évite d'acheter de la lasure. Elle mélange 20 g de pigments naturels avec une canette de bière (33 cl). Elle applique ensuite cette préparation au pinceau, dans le sens du bois. Et elle finit par une solution d'huile de lin et d'essence de térébenthine (2/3, 1/3).

Jardin

Le jardin, en construction et en évolution permanente, est le lieu où l'on improvise et où l'on se lance dans la récupération et le détournement d'objets, pour le plaisir des yeux et pour la joie de se dire qu'on a été astucieux et qu'on a réalisé en un tour de main quelque chose de pratique et de fonctionnel. Avec quelques vieilles cordes, on peut créer des bordures pour ses massifs et des seaux en ferraille constitueront de ravissants cache-pots. Mais nous ne perdons pas de vue que, derrière le décor, le jardin est avant tout un lieu que l'on cultive. Grâce à nos astuces, vous découvrirez comment évaluer rapidement la composition d'un sol et comment la rééquilibrer pour que les plantes que vous aurez choisies s'y épanouissent. Enfin, parce que le jardin est synonyme d'ouverture sur la nature, nous parlerons des papillons et des oiseaux qui, eux aussi, sauront apprécier votre petit bout de verdure, surtout s'ils y trouvent à manger !

Conserver des tulipes

Les bouquets de fleurs, on aimerait qu'ils durent toujours ! Vous avez cueilli les belles tulipes de votre jardin pour égayer votre demeure. Grand-mère vous chuchote donc la façon de les garder fleuries un peu plus longtemps : il suffit d'ajouter dans l'eau du vase 2 à 3 glaçons, chaque jour.

Arroser des plantes difficiles d'accès

Vous possédez des plantes difficiles à atteindre, comme des plantes suspendues, ou le pied d'un sapin de Noël, et leur arrosage est toujours une tache compliquée à réaliser. Pas facile de viser avec un arrosoir ! La solution la plus simple est de déposer dans les pots ou à leur pied quelques glaçons.

Nettoyer la terrasse

Avec l'humidité, la pluie, les feuilles qui tombent… votre terrasse se salit bien vite. Pour la nettoyer au mieux, diluez 1 cuillère à soupe de cristaux de soude dans un seau d'eau. Trempez votre balai-brosse dans cette préparation : vous n'avez plus qu'à astiquer votre terrasse. Et elle retrouvera son éclat.

Enlever lichens et moisissures

Les propriétés alcalines des cristaux de soude détruiront les mousses et lichens de nature envahissante. Mélangez 1 cuillère à soupe de cristaux de soude dans 1 litre d'eau. Frottez le bois et la pierre avec cette préparation à l'aide d'une brosse en chiendent. Laissez sécher et finissez par un nettoyage au vinaigre blanc.

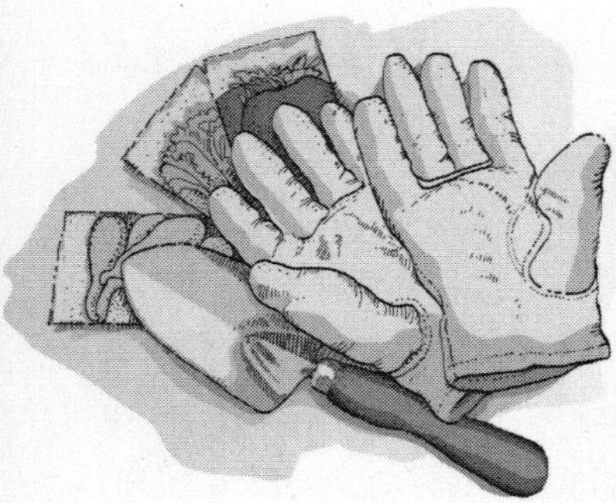

Détruire la prêle

La prêle est une vivace envahissante, qui aime l'humidité. Elle indique que votre sol est humide et acide. Les herbicides chimiques n'ont pas de réel effet sur cette dernière. Si vous voulez la voir disparaître de votre terrain, traitez-le à la chaux, qui remontera le pH de votre sol.

Lierre envahissant

Des murs habillés de lierre donnent du charme à une maison. Seulement ce dernier n'en finit plus de grimper et devient vite envahissant ! Utilisez du lait de chaux concentré sur celui-ci pour vous en débarrasser. Ce produit étant très corrosif, le lierre ne fera pas long feu.

Un sol frais

L'été, vous avez beau arroser vos plantations, la terre a des difficultés à retenir l'eau suite au temps trop sec. Il suffit d'ajouter à l'eau d'arrosage un peu de savon noir liquide pour y conserver la fraîcheur. Vous pouvez procéder de même pour vos plantes d'intérieur.

Protéger les rosiers

Vos beaux rosiers sont envahis d'insectes en tout genre, quelle plaie… Faites fuir les nuisibles sans avoir recours aux produits chimiques : optez pour la sauge sclarée. Plantez-en autour de vos rosiers, elle pousse facilement et demande peu d'entretien. Et vous pourrez l'utiliser en cuisine !

Fortifier les plantes

Laissez une bouteille d'eau gazeuse s'éventer afin de lui faire perdre son gaz. À quelle fin est-ce utile, réfléchissez-vous ? Cette eau dégazée a une forte teneur en magnésium et un pH bas. Arrosez vos plantes avec, elle les nourrira et les fortifiera.

Engrais naturel

Fortifiez vos plantes d'intérieur en mélangeant à leur terre des petits morceaux de coquilles d'œufs pilées. C'est un excellent engrais naturel. Vous pouvez aussi les arroser avec l'eau de cuisson des œufs durs, elles n'en seront que plus vigoureuses.

Enlever une tache d'alcool sur du teck

Le teck, bois précieux et inaltérable, est souvent utilisé dans la confection de meubles de jardin. Un cocktail sur la terrasse l'été, c'est agréable… mais patatras ! Voilà une belle tache sur votre table. Comment la faire partir ? Avec un peu de savon de Marseille et d'eau chaude. Frottez et laissez sécher. Poncez-le ensuite légèrement avec du papier de verre fin, la tâche aura disparu.

Éviter le jaunissement des plantes

En hiver, les feuilles des plantes ont tendance à jaunir à cause du manque de lumière. Pour empêcher ce phénomène, déposez un mélange à parts égales de marc de café et de sucre en poudre aux pieds des plantes. Arrosez régulièrement, de manière à ce que la terre soit constamment humide.

Contre le mildiou

Recyclez vos déchets, ne jetez plus vos épluchures de pommes de terre ! Ajoutez-les à votre tas de compost : elles constituent un formidable engrais naturel. Elles nourrissent le sol et, par la même occasion, protègent les légumes de diverses maladies : c'est un bon antidote à la maladie du mildiou.

Bien conserver la purin d'ortie

Le purin d'ortie met du temps à être préparé, il serait rageant de devoir le jeter. Conservez-le en le filtrant minutieusement. Il peut se garder dans des bidons hermétiques durant 8 à 12 semaines. Attention à ne pas le mettre dans des bidons en métal, car cet engrais est très corrosif.

Éviter la cloque du pêcher

La cloque du pêcher est une maladie provoquée par un champignon qui s'attaque aux feuilles, aux jeunes pousses et aux fruits. Les feuilles deviennent rouges et boursouflées, d'où son nom. Pour l'éviter, arrosez les arbres avec du purin d'ortie. Plantez de l'ail à leurs pieds augmentera les chances de combattre cette maladie.

Orties envahissantes

Les orties envahissent votre jardin ! Même si leur utilité n'est plus à prouver, elles y occupent bien trop de place. Débarrassez-vous-en définitivement : enfilez des gants bien épais et tirez sur chaque pied afin de déraciner le plant. Autre solution : répandez du sel de déneigement sur les plantes et aspergez d'eau. Les orties ne feront pas long feu.

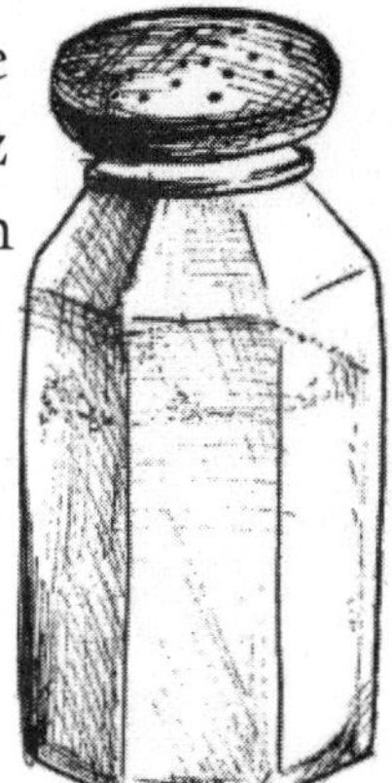

Cueillir des orties

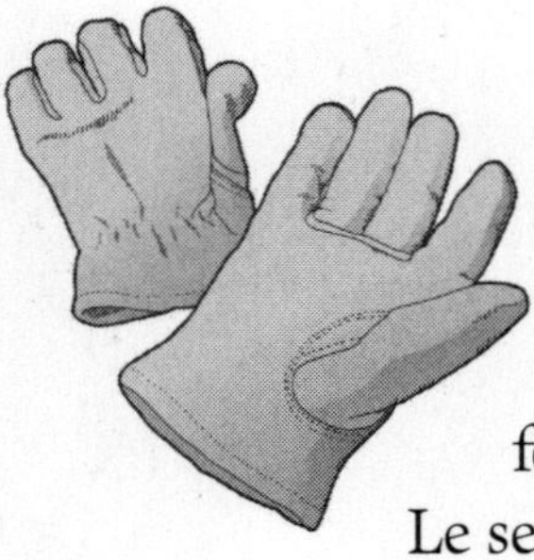

Le mieux est de prévoir des gants pour éviter tout risque d'urticaire. À mains nues, saisissez la tige à la base et les feuilles sur leur face supérieure. La pluie ainsi qu'une forte chaleur atténue l'effet urticaire des orties. Le secret de Mamie ? Se passer les mains dans les cheveux avant de les cueillir !

Atténuer la couperose

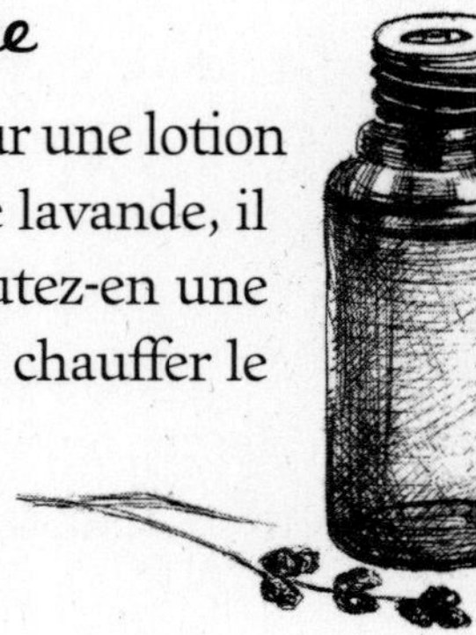

Si vous souffrez de couperose, optez pour une lotion à la lavande. Allez cueillir des fleurs de lavande, il faut qu'elles soient bien fraîches. Ajoutez-en une poignée à 50 cl d'huile d'olive et faites chauffer le tout dans une casserole, à feu doux, durant 2 heures. Filtrez et laissez refroidir. Nettoyez les zones touchées avec cette préparation, le soir.

Antimoustiques

Si vous en avez assez de vous faire piquer par les moustiques tout l'été, optez pour la lavande ! Faites-en pousser dans vos allées et sur vos balcons. Vaporisez également de l'essence de lavande sur vos ampoules : quand vous les allumerez, l'essence se dégagera.

Engrais écolo

Fabriquez un engrais naturel pour votre jardin : en hiver, récoltez les cendres des feux de cheminée. Pensez également à conserver du marc de café, en le gardant dans un bocal. Mélangez à parts égales les deux denrées, et voici votre engrais prêt à être utilisé pour le reste de l'année !

Contre l'altise

Protégez vos légumes de l'altise en déposant à leurs pieds des cendres de feux de cheminée. Pensez également à bien les arroser, matin et soir : l'humidité repousse ce petit coléoptère. Soyez davantage vigilant au printemps, c'est à cette période qu'il fait le plus de ravages.

Éradiquer la mousse

La mousse partout dans votre jardin, dans les allées, entre les cailloux, aux pieds de vos plantations… pour l'éliminer de façon radicale sans s'embêter à la gratter pendant des heures, versez tout simplement dessus de la cendre de bois. Attendez qu'il pleuve, ou humidifiez-la, et la mousse disparaîtra !

Engrais pour rosier

La cendre de bois constitue un bon engrais pour vos rosiers. La meilleure façon de leur administrer est de remplir un sac en toile avec la cendre, puis de le mettre à tremper dans de l'eau. Patientez jusqu'à ce que la cendre ait pris la consistance d'un liquide assez dense : vous pourrez alors en arroser vos rosiers.

Fabriquer du terreau

Faites le tri dans vos déchets ! Conservez coquilles d'œufs, pelures de légumes et de fruits, feuilles mortes, herbe, cendres de bois, etc. Mettez des petites branches au fond d'un bac puis déposez par-dessus l'ensemble de ces déchets. Le terreau sera prêt au bout de 4 à 8 mois, lorsqu'il s'émiettera facilement.

Plantes d'intérieur

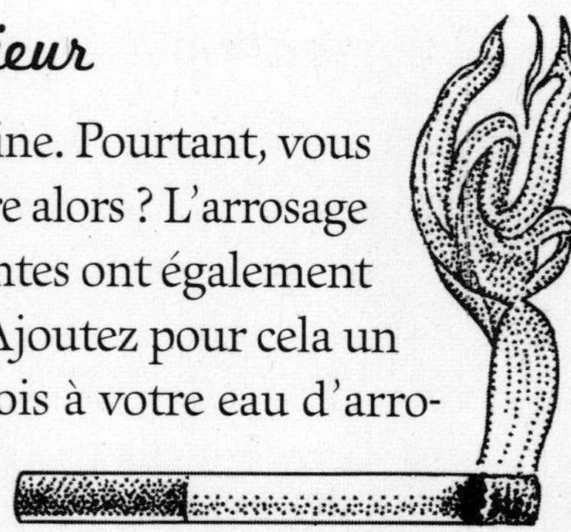

Vos plantes d'intérieur font grise mine. Pourtant, vous les arrosez convenablement ! Que faire alors ? L'arrosage doit être régulier certes, mais les plantes ont également besoin d'être nourries et fortifiées. Ajoutez pour cela un peu de cendre de cigarettes ou de bois à votre eau d'arrosage : vous obtiendrez des plantes pimpantes !

Arroser les géraniums

Le lait a la particularité de stimuler la floraison des géraniums. Ajoutez quelques gouttes de lait dans leur eau d'arrosage. Plus simple, remplissez d'eau vos contenants de lait vides. Arrosez les géraniums de cette eau miracle qui rendra vos plantes bien plus fleuries !

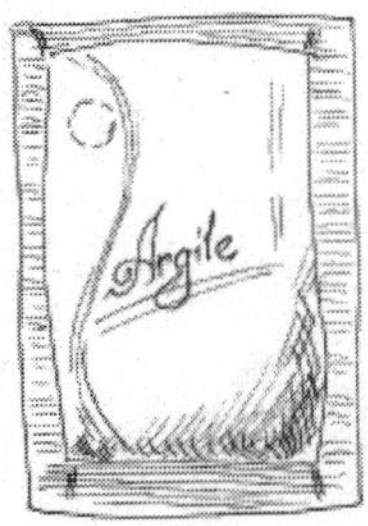

Garder la fraîcheur au pied des plantes

Les plantes ont besoin d'avoir leurs pieds bien au frais. Déposez une couche de billes d'argile à leur pied, sur le dessus de la terre. Lorsque vous arroserez vos plantes, les billes absorberont l'humidité. Ainsi gardée, elles leur transmettront de la fraîcheur.

Protéger les jeunes pousses du gel

Les jeunes pousses de vos plantes risquent de périr à cause des gelées, de plus en plus tardives. Mélangez 20 cl de glycérine et 10 cl d'alcool à brûler dans 1 litre d'eau. Mettez le mélange dans un vaporisateur et faites-en profiter vos pousses : elles seront ainsi protégées du gel.

Faire sécher des feuilles

Nos aïeules étaient expertes en bouquets de fleurs séchées. Pour faire sécher convenablement les feuilles, elles faisaient bouillir une casserole d'eau et y versaient moitié moins de glycérine. Une fois la préparation refroidie, elles y plongeaient les feuilles. Le temps de séchage peut varier : retirez-les lorsqu'elles semblent cireuses.

Un châssis pour forcer le démarrage

Un châssis est un coffre possédant quatre côtés, recouvert d'un couvercle mobile, transparent, légèrement en pente pour évacuer l'eau. Ce châssis a plusieurs avantages, comme celui de protéger « hors gel » vos godets ou vos barquettes de légumes de printemps. Pour que celui-ci soit vraiment adapté à vos besoins, vous devrez concevoir ce châssis comme une mini serre d'appoint. À l'intérieur du coffre, étalez une bâche étanche et recouvrez de graviers. Vous y placerez vos caissettes de semis ou des cagettes de godets, sans pour autant qu'ils aient les pieds perpétuellement dans l'eau. Le couvercle doit pouvoir se soulever en faisant charnière sur un côté et rester entrouvert à l'aide d'une cale. Ce châssis vous permettra de « forcer »

vos plants et ainsi d'avancer de quelques jours, ou parfois quelques semaines, vos plantations définitives. Construisez plusieurs châssis de différentes hauteurs, ceci permettra de déplacer les plantes qui montent vite en tiges, comme les pieds de tomates.

Un arrosage mesuré

Pour donner suffisamment d'eau en profondeur à vos jeunes plants en début de saison, percez un vieux tuyau d'arrosage d'une multitude de petits trous et enterrez-le avant de planter vos pieds de tomates, courges, aubergines, etc. Par cet astucieux « goutte-à-goutte » d'antan, vos pieds bénéficieront d'un arrosage en profondeur sans déperdition.

Trop d'eau nuit

Les tubercules ne supportent pas les sols mal drainés et les régions où la pluie s'installe durablement. Ces légumes souffrent de l'humidité stagnante et dépérissent rapidement comme la pomme de terre souvent atteinte de la pourriture rose. Pour remédier à cela, les jardiniers réalisent des plates-bandes rehaussées, appelées « billons » dans le Nord, qui permettent à l'eau de s'écouler dans les rigoles aménagées sur les côtés.

Soigner ses fraisiers

Si, pour cause de mauvais temps, vous devez reporter la plantation de vos fraisiers qui attendent sagement en cassettes leur nouveau carré, n'oubliez pas de les nourrir avec un purin d'ortie fortement dilué pour ne pas brûler les racines. Ensuite, lors des transplantations, ajoutez du compost et de la corne broyée au fond du trou. Pour enrichir votre terre pendant la culture, semez une graine de féverole ou de haricot entre chaque pied et coupez dès la floraison.

Semer des engrais verts

Il n'est pas recommandé de laisser votre terrain nu. Pourquoi ne pas semer, à la fin de l'été, des engrais verts à croissance rapide, qui se développeront en fin de saison en couvrant le sol et ceci de façon conséquente ? Pendant cette courte période, ces plantes fourniront une quantité importante de matières organiques qui vont enrichir naturellement la terre. Vous favoriserez certaines plantes ou légumineuses qui, par l'action de leurs racines et le développement de la vie microbienne, vont être capables d'apporter beaucoup d'azote : le seigle, la phacélie, la navette, l'avoine, le lupin, le trèfle blanc, la moutarde blanche, le ray-grass et le sarrasin.

Attention à ne pas laisser monter en graines avant l'hiver ces semis, sous risque d'obtenir l'effet inverse et connaître quelques problèmes de mauvaises herbes au printemps suivant !

Quand l'oignon se brûle

Lorsque les feuilles de l'oignon semblent être brûlées, il s'agit d'une infection fongique causée par un champignon (Botrytis squamosa). Dès que l'oignon est atteint de cette maladie, de petites taches foliaires rondes et pâles apparaissent sur les feuilles qui brunissent, puis dessèchent totalement. Le dépérissement se propage du haut vers le bas. Pour lutter contre ce champignon, il est tout d'abord nécessaire de créer une bonne circulation d'air entre les plants, en les espaçant suffisamment et en désherbant régulièrement. L'application d'un mince paillis d'écorces de sarrasin est recommandée, sinon fondamentale. Vous pourrez aussi vaporiser régulièrement de la prêle ou du bicarbonate de soude pour diminuer la sévérité de cette infestation saisonnière.

Protéger la musaraigne

Ce petit rongeur n'est pas un nuisible, bien au contraire. Elle vous débarrassera des limaces, des escargots et des insectes comme son compagnon le hérisson.

Protection des poireaux

Lors du repiquage des poireaux, l'usage veut que l'on creuse, au plantoir, un trou d'une dizaine de centimètres dans lequel on place le poireau. Ensuite, avec l'arrosoir, le jardinier inonde le trou, ce qui assure une bonne hauteur de tige blanche et un pralinage naturel de la terre sur le plant. Le problème est de désherber ensuite les lignes de poireaux sans les blesser. Pour pallier cela, recouvrez de papier journal (2 feuilles) la terre humide, puis faites un trou dans le papier suffisamment large pour mettre un jeune plant de poireau. Ensuite, plantez comme décrit ci-dessus, puis recouvrez les feuilles de papier journal de déchets de tonte pour maintenir l'humidité.

Pour que les choux résistent

La culture des choux est, certes, un élément de fierté lorsque, bien pommés, ils remplissent le panier. Mais que de soins pour en arriver à cette fabuleuse récolte ! De nombreux parasites ont un faible pour ces plantes aux feuilles si accueillantes : les altises, la piéride, les limaces, les pucerons cendrés et la mouche du chou (*Delia radicum*). Vous aurez quelques difficultés à visualiser cette mouche minuscule, de 6 à 8 mm, dont les larves viendront creuser les

racines. Les feuilles périphériques se teintent de rouge violacé, jaunissent, puis se dessèchent. Pour lutter contre cette mouche parasitaire, plantez profond et buttez, puis protégez le collet des plants en épandant autour un peu de poudre de roche, de la cendre ou de la suie. Pour les jeunes choux cabus et les choux de Bruxelles, une méthode efficace consiste à découper des petits carrés de carton avec une encoche que vous enclaverez au pied de chaque plant. Semer du trèfle est aussi une bonne précaution.

La pollinisation manuelle

Il se peut que dans certaines régions, l'été soit frais et que la pollinisation naturelle ne soit pas suffisante. Vous pouvez vous-même remédier à cela en pollinisant les potirons et les melons à la main. Ces plantes possèdent une fleur mâle dotée d'un pédoncule entier, alors que les femelles portent un fruit miniature sous leurs pétales. Cueillez une fleur mâle et ôtez les pétales, puis insérez-la délicatement dans la fleur femelle largement ouverte, en secouant légèrement l'ensemble. Utilisez une nouvelle fleur à chaque fertilisation. Si aucun fruit ne se développe au bout de 5 à 6 jours, répétez l'opération.

Faire de l'ombre aux salades

Certains légumes, comme les salades, redoutent le plein soleil en été, notamment en région PACA ou en Languedoc-Roussillon. Pour leur apporter un peu de fraîcheur, plantez des piquets de 40 cm de hauteur autour de votre carré de salades, tirez une cordelette et posez dessus un rouleau de canisses (bambou fin cache-vue). Il sera facile de protéger vos plants aux heures les plus chaudes et de les découvrir le soir venu en déroulant ce paillon.

Du sel contre les chardons

Pour supprimer d'une manière naturelle, sans pesticide, les chardons qui poussent dans votre potager, coupez à ras de terre le pied indésirable ; mettez du gros sel et arrosez très légèrement. Si le tronçon coupé ne devient pas brun foncé, renouvelez l'opération.

Chauffage gratuit pour une mini serre

Pour obtenir un chauffage bon marché dans une mini serre et sans polluer l'atmosphère, mettez à décomposer du fumier frais ou des déchets verts. Situé dans un des coins de votre serre, un seau de déchets suffit à chauffer correctement 1 m^3 en plein hiver. De plus, la décomposition du compost fournira un espace cultivable qui n'est pas inintéressant dès l'arrivée des beaux jours.

Bulbes : pas d'eau et pas d'engrais

Inutile de mettre une soucoupe dans les pots qui accueillent les bulbes, ils détestent cela et pourrissent rapidement. Un lit de graviers est même recommandé. N'ajoutez pas d'engrais car ils ont pour propriété de favoriser le développement des feuilles au détriment des fleurs…

Bouquets de fleurs séchées

Quel dommage de ne pouvoir conserver les fleurs estivales plus longtemps que durant cette courte période. Vous pouvez malgré tout conserver les « achillées », plantes vivaces par excellence, qui ne craignent ni la canicule ni la sécheresse. Ces plantes au feuillage duveteux dans les tons de vert gris ont des fleurs jaunes variant jusqu'à l'orangé pour quelques variétés, ou des tons de blanc, rose et rouge foncé pour d'autres. De quoi se créer de merveilleux bouquets de fleurs séchées qui égailleront votre habitation. Pour réussir ces bouquets secs, coupez les tiges en fin de soirée, au début de la floraison vers le mois de juillet et liez les bouquets, la tête en bas dans un local bien aéré et le plus sombre possible. Dès octobre, ces bouquets prendront place dans la maison jusqu'à la prochaine saison…

La serre en été

Dès les premières grosses chaleurs, aérez jour et nuit en ouvrant largement portes et fenêtres.

Renforcez l'opacité des panneaux et du toit vitré en ajoutant une ou deux couches de blanc de Meudon avec un peu de bleu de méthylène ou du jus de betterave.

Arrosez et humidifiez régulièrement la serre, même si elle est vide, pour éviter que des parasites indésirables viennent y trouver le gîte et le couvert. Désinfectez souvent avec une décoction de feuilles de rhubarbe : 500 g de feuilles à faire macérer dans 5 litres d'eau pendant 24 heures. Ensuite, faites bouillir 30 minutes, laissez refroidir, filtrez et aspergez sol, plafond et murs.

Semez les premiers légumes d'hiver pour les repiquer lorsque l'automne sera venu. À l'automne, réduisez l'arrosage, laissez une aération seulement la journée et brûlez les plantes malades.

La serre au printemps

Vous intensifierez sensiblement la ventilation, en privilégiant les aérations hautes le matin et basses l'après-midi. Soyez vigilant aux premières gelées nocturnes.

C'est le moment de semer les haricots et les petits pois et de repiquer les premiers légumes primeurs. Si votre serre est en verre, vous passerez une couche de blanc d'Espagne (poudre de carbonate de calcium) pour protéger vos semis des premières brûlures du soleil.

Tous les légumes gélifs (souffrant du froid) seront plantés sous serre chauffée, puis sous serre froide en mai, après les saints de glace. En hiver, isolez et ventilez.

Semer au bon moment

Une petite serre dans le jardin permet de réaliser des semis précoces ou d'obtenir des récoltes tardives. Ce sont les mini serres avec un toit oblique et des parois en verre qui sont les plus efficaces car elles laissent passer les rayons ultraviolets et le verre conserve la chaleur beaucoup plus longtemps que le plastique.

Semez les laitues dans du compost en août pour replanter en novembre et récolter en avril.

Semez le cerfeuil vers la fin du mois de mars pour une récolte fin mai.

Semez, en godets, dans un mélange de 50 % de tourbe et de 50 % de terreau, les graines de piments, d'aubergines et de tomates vers le 15 mars. Lorsque les plants atteignent 30 cm, replantez en extérieur début mai.

Semez des aubergines en pots de 20 à 22 cm de hauteur, avec le mélange cité plus haut, puis repiquez en pleine terre en pinçant au-dessus de la première fleur et pour les rameaux, après les deux feuilles placées au-dessus des deux premières fleurs.

Éliminer une souche d'arbre

C'est un truc de grand-mère qui fait sourire bien des jardiniers, adeptes des produits chimiques à l'efficacité radicale. Pourtant, l'astuce a été testée et approuvée, par des mains vertes plus patientes, qui lui ont laissé le temps de produire ses effets.

Pour éliminer une souche d'arbre plus facilement, percez un ou plusieurs trous (selon son diamètre) dans la souche. Logez-y, bien au fond, des gousses d'ail et bouchez les trous avec de la terre. L'ail accélérera le pourrissement du bois.

Réussir les semis

Offrez une deuxième vie aux boîtes d'œufs (en carton exclusivement). Garnissez-les d'une bonne dose de terreau qui accueillera les semis. Le moment venu, vous découperez les alvéoles et les planterez dans votre jardin : le carton fin des boîtes d'œufs se décomposera rapidement.

Une terre cuite propre

Pots de fleurs et statues en terre cuite encrassés retrouveront un peu de fraîcheur et de netteté si vous les frottez avec une solution d'eau chaude et de cristaux de soude.

Décrasser un salon de jardin

Les salons de jardin en plastique noircissent avec les années et les intempéries. Pour les blanchir un peu, mettez dans une petite bassine, un verre à moutarde de cristaux de soude, puis remplissez-la d'eau bouillante. Plongez une brosse à poil bien dur dans ce liquide et frottez sans relâche.

Prolonger la vie des bouquets de fleurs

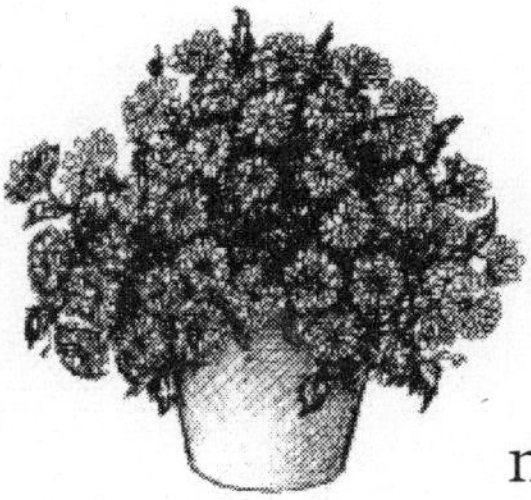

Pour que vos fleurs coupées restent belles plus longtemps, ajoutez à leur eau un cachet d'aspirine. Faute d'aspirine, vous pouvez aussi mettre un peu de sucre, ou encore quelques gouttes d'eau de Javel. En outre, coupez toujours les tiges en biais et laissez-les assez longues pour pouvoir les recouper par la suite, à chaque fois que vous changerez l'eau.

Le mildiou de la pomme de terre

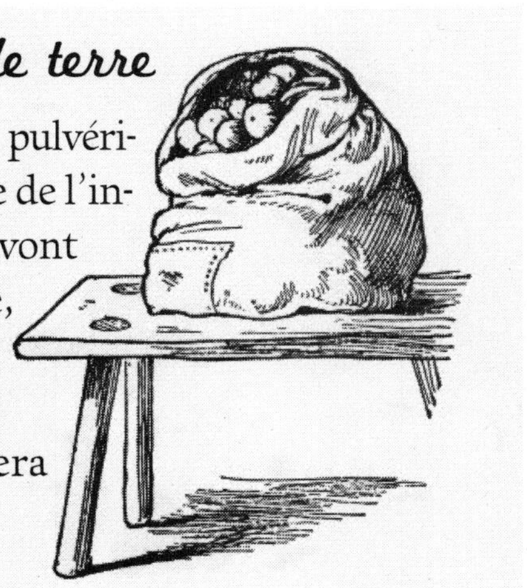

En prévention comme en traitement, pulvérisez sur vos plants de pomme de terre de l'infusion de sauge. Certains jardiniers vont jusqu'à réaliser un purin de sauge, plus efficace car plus concentré, mais beaucoup plus long à réaliser. Sur un potager familial, l'infusion sera suffisante.

Des plantes brillantes

Les plantes vertes finissent par prendre la poussière. Pour lustrer leurs feuilles, utilisez l'intérieur d'une peau de banane. Au besoin, passez ensuite un mouchoir en papier pour ôter le dépôt blanc.

Un engrais naturel

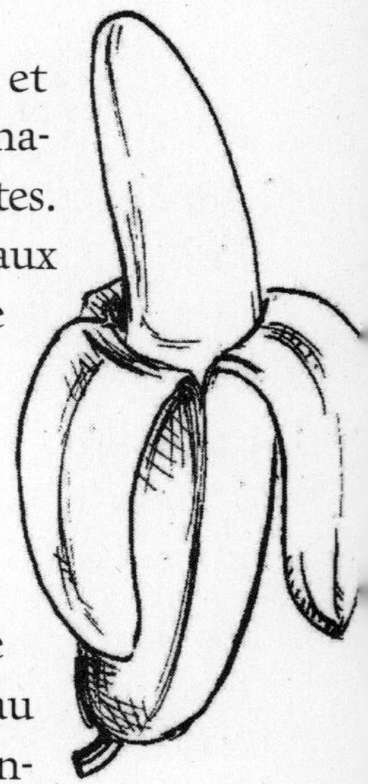

La peau de banane est riche et constitue un excellent engrais naturel pour tous les types de plantes. Elle réussit particulièrement bien aux rosiers : il est conseillé d'enterrer une peau près de chaque plant.

Une piqûre d'insecte

Vous calmerez les picotements et irritations qui suivent une piqûre d'insecte, en appliquant sur la peau une goutte d'huile essentielle de lavande et une goutte d'huile essentielle de tea tree. Massez bien pour que les produits pénètrent.

Une piqûre d'ortie

Si l'on saisit les feuilles d'ortie par en dessous, on ne se pique pas. Lorsqu'on ne sait pas prendre l'ortie dans le sens du poil, en revanche, l'irritation est immédiate. Pour la faire passer, frottez-vous vigoureusement avec du vinaigre.

Les vertus du purin d'orties

Il sert d'engrais, protège contre certaines maladies (mildiou et oïdium notamment) et éloigne les pucerons : le purin d'ortie sait presque tout faire. Sa réalisation est simple ; il faut cependant préciser que le produit dégage une odeur particulièrement nauséabonde. Munissez-vous d'un bidon de grande contenance. Pour 10 litres d'eau, jetez-y 1 kilo d'orties fraîches. Patientez 2 bonnes semaines en remuant chaque jour pour faciliter la fermentation, en répartissant bien les feuilles. Une fois le délai de repos achevé, filtrez le produit. Le purin d'ortie ne s'utilise jamais pur. En général, on en dilue 1 litre dans 10 litres d'eau.

Des tomates épanouies

Vos tomates seront en pleine forme si, avant de les planter, vous couchez au fond du trou une poignée de feuilles d'ortie. Recouvrez d'un peu de terre, pour que les plants ne soient pas en contact direct avec les feuilles en décomposition, avant de semer. L'ortie servira d'engrais.

Protéger les arbres fruitiers

Pour éviter que des insectes ne se glissent sous l'écorce des arbres, on peut les « chauler » en hiver. Pour cela, ajoutez à un volume de chaux vive trois volumes d'eau. Laissez reposer une nuit, mélangez et peignez le tronc des arbres avec ce lait blanc. Non seulement c'est efficace, mais en plus cela ajoute un supplément de fantaisie au jardin.

Amender un sol

La chaux corrige les sols acides. Avant de la répandre, il vous faut être certain que cela répond bien aux besoins de votre sol, sans quoi vous obtiendrez un mauvais résultat. Mélangez la chaux en poudre à la terre sur dix centimètres de profondeur (de 200 à 500 g par mètre carré selon le degré d'acidité du sol). Ce traitement est pluriannuel, et se fait de préférence en automne.

Désherber sans se piquer

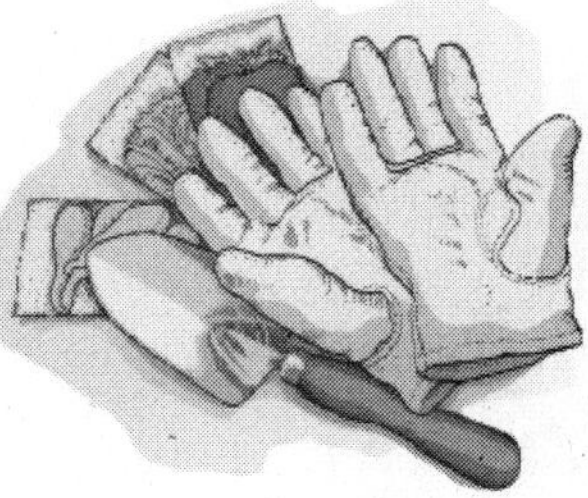

Pour éviter que les mauvaises herbes ne poussent dans vos allées ou sur la terrasse, répandez dessus de la chaux éteinte diluée dans l'eau.

Désherber au naturel

Vous venez de faire bouillir des pommes de terre ? Ne jetez pas l'eau de cuisson ; répandez-la plutôt, lorsqu'elle est encore bien chaude, dans les allées de votre jardin pour éliminer sans effort toutes les mauvaises herbes.

Une pelouse en bonne santé

Pour doper votre pelouse au calcium, répandez dessus du blanc de Meudon à raison de 100 à 200 g par mètre carré.

Un compost malodorant

Jeter quelques poignées de cendre sur le tas de compost permet de contenir son odeur pendant les périodes de forte chaleur. La cendre ne devra cependant être utilisée qu'en petite quantité. Dans le cas contraire, elle ralentit considérablement le processus de dégradation des végétaux compostés.

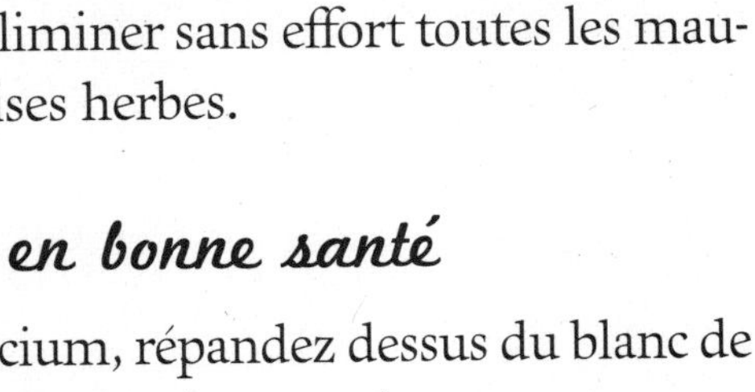

Des petits pois savoureux

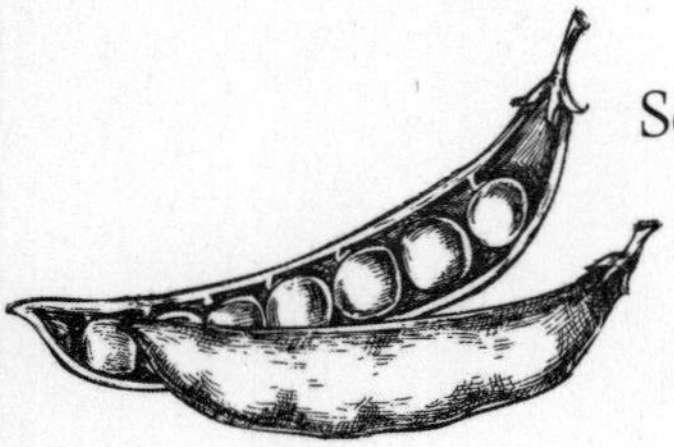

Selon nos grands-mères, arroser de cendre la terre dans laquelle on vient juste de semer des petits pois leur assure une saveur particulièrement douce.

Contre le verglas

Pour éviter de glisser sur la neige en arpentant la terrasse ou les allées du jardin, il y a plus écologique et plus économique que le sel. La cendre de cheminée produit à peu près le même effet, en facilitant la fonte de la neige et en empêchant le verglas de prendre.

Enrichir un sol trop acide

La cendre de cheminée peut amender un sol trop acide et l'enrichir en calcium et phosphore. Pour cela, la cendre doit provenir exclusivement de bois naturels et être soigneusement tamisée.

Protéger les arbres fruitiers

Pour éviter que les insectes rampants ne profitent avant vous des bons fruits de votre verger, mouillez un grand seau de cendre et étalez le produit ainsi obtenu sur la base des troncs d'arbres.

Semer clair

Pour éviter d'entasser vos graines lorsque vous les semez, mélangez-les à du marc de café. Ainsi, elles seront bien dispersées et bénéficieront, dès le début de leur croissance, d'un apport en engrais naturel.

Un engrais naturel

Le marc de café contient de l'azote, du phosphore et du potassium. Il gagne donc à être utilisé comme engrais, en le mélangeant de temps en temps à la terre qui entoure vos plantes, qu'elles soient en pot ou en pleine terre.

Blanchir le salon de jardin

Les salons de jardin en plastique exposés aux intempéries noircissent. Vous leur redonnerez un peu d'éclat en les brossant vigoureusement avec du bicarbonate de soude.

Vieillir les pots de terre

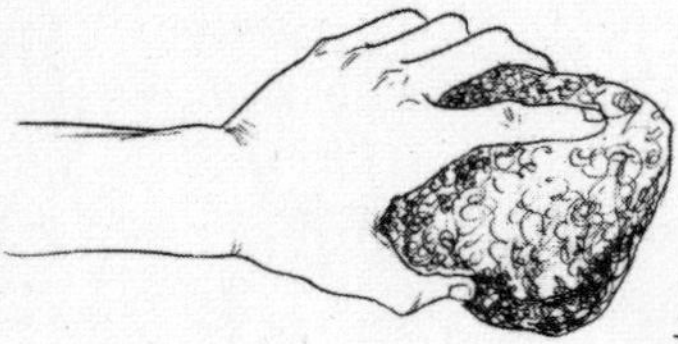

Le rouge brique des pots de terre neufs n'est pas toujours du plus bel effet dans une serre ou sur le bord de la terrasse. Pour les vieillir plus rapidement, hachez du persil que vous mélangerez avec du purin de cheval. Faites une mixture légèrement humide pour enduire les pots. L'effet est radical au bout de 15 à 20 jours. Une autre astuce consiste à les badigeonner à l'éponge avec du yaourt…

Un insecticide pour les plantes de la véranda

Si des petites bêtes sont venues passer l'hiver dans les plantes de la véranda (ou de l'appartement), vaporisez la solution suivante sur et sous les feuilles : faites chauffer 50 cl d'eau et ajoutez 3 cuillères à soupe de savon noir liquide. Dès que cela frémit, mettez dans un bocal ¼ de paquet de tabac à pipe et versez l'eau dessus. Après 12 heures, filtrez avec une passoire à thé et mélangez soigneusement la solution sans remuer trop fort, car le savon fait mousser le produit obtenu. Vaporisez sur les deux côtés des feuilles et au pied de la plante (sauf les plantes à feuilles duveteuses).

Un insecticide multi-usage

Mettez dans 2 l d'eau 4 piments Zoizeau ou 8 piments de Cayenne. Faites bouillir pour réduire de moitié et ajoutez 3 gousses d'ail écrasées et 3 cuillères à soupe de savon noir liquide. Laissez reposer pendant une journée et une nuit avant de filtrer. Ajoutez ½ l d'eau minérale et vaporisez sur les fleurs, les plantes et les arbustes.

Un insecticide contre les fourmis

Une colonie de fourmis a élu domicile dans votre cuisine d'été ? Faites bouillir 10 feuilles de noyer dans 1 litre d'eau pendant 30 minutes Filtrez la décoction avec une gaze et mettez dans un flacon. Dès l'apparition d'un chemin de fourmis, passez l'insecticide au pinceau sur le trajet.

Une éponge au fond du pot

Ne jetez plus les vieilles éponges, elles vous serviront lorsque vous rempoterez vos jardinières. Placez un morceau d'éponge au fond du pot et recouvrez de 50 % de tourbe et de 50 % de sable, avant de mettre vos plants. Vous aurez ainsi une réserve d'humidité si vous vous absentez 2 ou 3 jours, ou si le temps est vraiment sec… Vous pouvez également remplacer ce morceau d'éponge par des billes d'argile ou des sachets de thé… usagés.

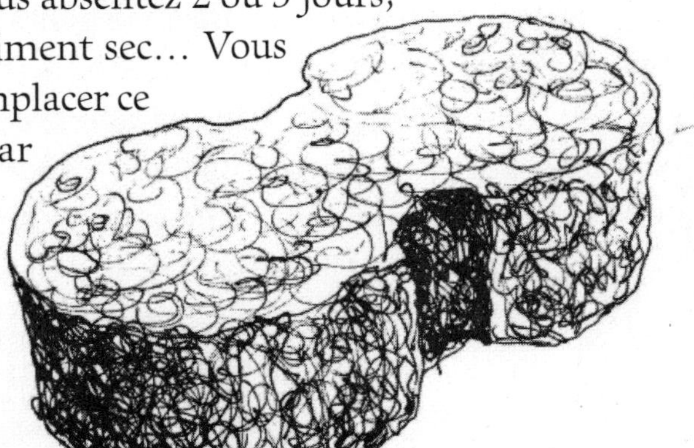

Renforcer la pelouse et le gazon

Mélangez des cendres de bois naturels (pas d'aggloméré) et du marc de café dans un seau large, pour bien brasser le tout. Au printemps, tamisez et vous saupoudrerez les parties épuisées. Vous redonnerez ainsi un bon coup de fouet à votre pelouse, plus forte et encore plus verte !

Prévenir les algues du bassin

Un petit bassin au jardin est un lieu accueillant qui permet d'installer quelques plantes sur les bordures. Mais l'eau qui dort attire les moustiques… Pour éviter les algues sur lesquelles les adultes pondent, vous placerez une dizaine de moules d'eau douce (en aquariophilie), ou vous mettrez dans un bas lesté de la paille d'orge (à changer tous les 3 mois). Enfin, la solution la plus simple est de mettre un ou deux poissons rouges (carassins) qui mettront à leur menu les œufs, les larves et les insectes !

Nettoyer les pots avant le printemps

Les œufs des parasites profitent des restes de terre au fond des pots, en attendant sagement le retour des nouvelles plantations. Les engrais maculent également la terre cuite et ces traces blanches ne sont pas toujours vraiment les bienvenues. Il faut donc les nettoyer et les désinfecter avant leur prochaine utilisation. Mettez-les à tremper dans une bassine d'eau légèrement chlorée et frottez avec une brosse, rincez à l'eau claire et faites sécher. S'il reste des traces, frottez-les avec une pomme de terre coupée en deux ou un chiffon trempé dans du vinaigre.

Maintenir la beauté des fleurs coupées

Quel dommage de voir les fleurs se faner dans le vase placé au milieu de votre salon. Pour conserver plus longtemps vos fleurs en beauté, taillez la tige en biseau, en ôtant 1 cm à chaque fois que vous changez l'eau (au minimum tous les deux jours), sans pour autant remplir le vase jusqu'au col. Préférez l'eau du robinet (car légèrement chlorée) à l'eau de pluie. Pour maintenir les fleurs, vous pouvez également, une fois par semaine, ajouter un cachet d'aspirine ou 2 cuillères à café de sucre.

Les bons mélanges pour rempoter

La multiplication des plantes réclame beaucoup de soins pour qu'elle réussisse. Certes, il se dit que ceux qui ont la main verte font pousser n'importe quoi, mais nos aïeux n'avaient ni le goût, ni le temps de perdre ce qu'ils avaient patiemment réalisé, pour améliorer leur quotidien. Un dicton cévenol dit : « Tout ce qui me coûte me dégoûte ». Comprenez : « Ce qui est vain mais qui prend du temps doit être oublié ». Pour réussir et favoriser l'enracinement des boutures de jeunes plants, voici deux méthodes pour créer un bon terreau.

Méthode sans terreau : 3 brouettes de tourbe tamisée + ½ brouette de sable (grains de 1 à 3 mm), 20 l d'engrais compostés (prêles, orties...), 1 l de calcaire broyé ou d'huîtres concassées.

Méthode avec le terreau du jardin : 3 brouettes de tourbe tamisée + 1 brouette de sable (grains de 1 à 3 mm) + 1 brouette de terreau stérile, 20 l d'engrais compostés (prêles, orties...), 1 l de calcaire broyé ou d'huîtres concassées.

Le bicarbonate pour nettoyer le rotin

Pour nettoyer les meubles en rotin ou en paille, brossez avec une solution composée de 2 cuillères à soupe de bicarbonate de soude et de 1 l d'eau. Si les taches persistent, ajoutez ½ citron. Rincez et laissez sécher à l'abri du soleil.

Fleurs de lilas durables

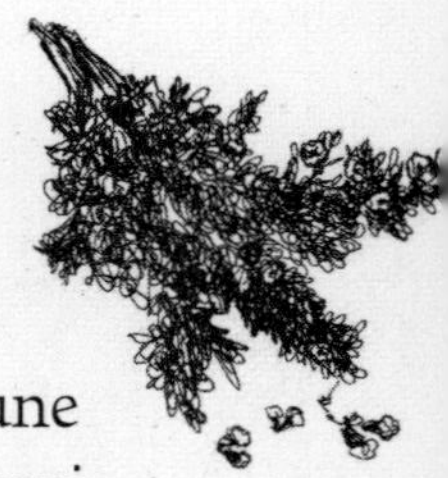

Pour conserver plus longtemps les fleurs coupées du lilas, écrasez à l'aide d'une pince la base des tiges, si elle est inférieure au diamètre d'un crayon à papier. Dans le cas contraire, martelez avec un galet rond et bien poli que vous aurez récupéré au fond du lit d'une rivière ou sur une plage. Pour ralentir davantage la floraison, placez une vieille pièce de monnaie jaune (ancien franc) au fond du vase.

Des hortensias tout bleus

Si les hortensias sont naturellement roses, le jardinier aimerait beaucoup qu'ils deviennent bleus pour davantage attirer l'œil… Ceci dépend uniquement de l'acidité de votre sol car plus il est neutre, plus l'hortensia est pâle. Pour que votre plante prenne de belles teintes bleutées, ajoutez 1 cuillerée à soupe de sel d'alun pour 10 l d'arrosage. Pour maintenir ces couleurs, pilez de l'ardoise que vous enfouirez au moment de la coupe d'entretien automnale.

De l'eau minérale pour les fleurs

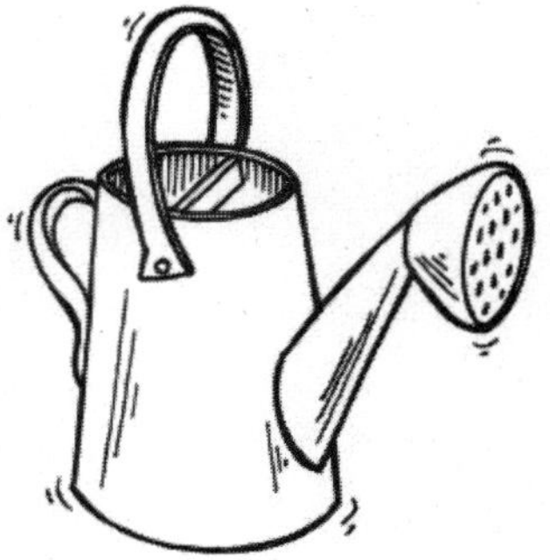

Récupérez l'eau qui sert à laver les légumes, elle est truffée de sels minéraux qui feront le plus grand bien à vos plates-bandes fleuries. Arrosez tard le soir ou de bonne heure le matin.

De l'air sous les bacs

Pour éviter que vos bacs en bois prennent l'humidité pendant l'hiver, installez sous les pieds des petites cales ou des briquettes pour surélever vos jardinières. L'air qui circule entre le fond de bois et le sol évite les moisissures. Plus tard, au printemps, lavez à grande eau.

Couper le terreau avec du sable

Lors de vos plantations de printemps, utilisez un terreau mélangé avec 30 % de sable, pour améliorer le drainage. Sur le fond, posez des morceaux de pots en terre cuite, des gravillons ou des éclats de coquilles d'huîtres et ajoutez une petite épaisseur à la surface, pour éviter que la terre ne se dessèche trop vite.

Bouturage liquide fait maison

La création d'une hormone de bouturage est simple à réaliser. Réduisez en miettes des branches de saule, placez les débris dans de l'eau (200 g pour 1 l d'eau) et attendez 48 heures Filtrez et mettez le liquide obtenu dans une bouteille, à l'abri de la lumière. Lorsque vous aurez des bouturages à réaliser, trempez la pointe du plant dans cette préparation.

Boutures de dipladénia

Pour réaliser des boutures de cette très belle plante, qui peut atteindre 3 m et fleurir de rouge votre véranda, coupez à la fin de l'hiver des tiges de 10 à 12 cm. Dans un pot en terre cuite de 15 cm de diamètre et rempli de terreau spécial semis, plantez 5 à 6 boutures recouvertes, au préalable, de poudre de bouturage (ou de liquide d'hormones fait maison) sur 2 cm de hauteur. Tassez du bout des doigts et humidifiez légèrement. Posez une cloche en verre sur l'ensemble et maintenez à une température de 18 °C. Recommencez l'opération jusqu'au nombre de pots désiré.

Allumettes contre pucerons

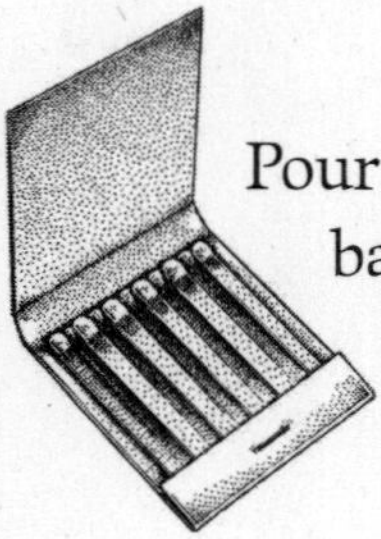

Pour éliminer les pucerons qui colonisent les pots et les balconnières, enfoncez une allumette, côté rouge dans la terre. En se décomposant au fil des arrosages, le soufre éliminera toutes ces petites bêtes.

Moins traiter pour mieux protéger

Aviez-vous remarqué que les légumes n'étaient jamais à la même place d'une année sur l'autre dans le potager de vos grands-parents ? Cette rotation des cultures était le principe de base qui limitait efficacement les maladies, la propagation des ravageurs et l'appauvrissement du sol. La fabrication du purin d'ortie permettait de fortifier les tout jeunes plans et les légumes étaient associés pour qu'ils se protègent mutuellement. Pour la culture des légumes en région sèche nécessitant un arrosage régulier, comme les tomates, il est plus profitable de couvrir le sol avec un paillis épais de 20 cm (paille, herbe sèche ou bois vert broyé) et d'arroser lentement le pied que vous aurez préalablement enterré profondément.

Tout connaître du poireau

Le poireau est très gourmand et il épuise le sol. Pour obtenir un bon repiquage, il est préférable de ne pas l'effectuer au même endroit avant cinq années et de lui offrir du purin d'ortie. Les cultures associées sont un excellent moyen de protéger les légumes entre eux. Le poireau aime les fraisiers et les tomates… Surtout pas les haricots. Attention, soyez économe sur l'arrosage, pas trop d'eau, car le poireau n'a soif qu'en cas de sécheresse prolongée ou de très forte chaleur, notamment dans le Sud où il se plaît beaucoup dans le limon.

Tête au Nord pour les choux

Pour protéger les choux des frimas et des pluies d'automne, faites un trou au pied du chou, côté Nord au moment de leur plantation. En effectuant une douce et lente pression, obligez le chou à se courber jusqu'à ce que les feuilles effleurent le bord du trou. Pour éviter l'éclatement de la pomme sous l'effet du froid, pratiquez une fente avec la pointe d'un couteau sur la partie face au Sud de la tige support.

Terreau de feuilles mortes

Les feuilles mortes se ramassent à la pelle… et se mettent en sac ! Pour obtenir un excellent terreau, placez des feuilles d'arbres fruitiers dans un vieux sac à pommes de terre (toile de jute) et laissez faire la nature. Après un an, vous aurez un excellent terreau. Attention à ne pas mélanger aux feuilles des épines de pin ou des feuilles de platane ou de chêne vert, celles-ci ne se décomposent pas, ou vraiment très très lentement.

Radis doux ou piquants

Le piquant de vos radis dépend de la fréquence des arrosages. S'il pleut ou si vous avez la main un peu lourde en arrosant, vous obtiendrez des radis doux.

Si le temps est sec ou si vous arrosez très modérément, les radis seront piquants. Et ils le seront de plus en plus s'ils manquent d'eau ! Dans ce cas extrême, plutôt que les jeter, coupez-les en petits dés qui parfumeront salades et plats orientaux.

Quand la graine coule ou flotte

La boîte noire de vos pellicules photo est un excellent abri pour vos semences. Une petite étiquette dessus et vous les conserverez dans le cellier ou le bas du réfrigérateur. Les tubes de médicaments qui possèdent un bouchon antihumidité sont également d'excellents récipients de conservation. Au moment de semer vos propres graines, vous éliminerez les mauvaises en les jetant dans une cuvette d'eau. Celles qui flottent sont à jeter. Récupérez celles qui coulent et semez-les sur le champ.

Purin de rhubarbe ou de sureau

Des pucerons noirs et des teignes sur les poireaux ? Concoctez un purin de rhubarbe pour traiter rapidement les plants. Plongez 1 kg de feuilles de rhubarbe dans 5 l d'eau bouillante. Dès que l'ébullition recommence, ôtez du feu et laissez infuser 24 heures et pulvérisez sans diluer. Effet radical les jours sans pluie. Pour le poireau, vous pouvez également réaliser cette opération avec du sureau. L'infusion est de 2 jours au lieu de 24 heures mais le résultat est tout aussi efficace. Ce purin chasse aussi les pucerons, la piéride du chou et éloigne les rongeurs du jardin potager.

Purin de pissenlit

Le purin de pissenlit s'utilise au printemps pour stimuler la croissance des arbres fleurs (lauriers-roses, rosiers, etc.). Faites macérer, pendant une dizaine de jours, 2 kg de pieds de pissenlit dans 10 l d'eau. Remuez tous les jours, puis versez au pied des arbustes.

Purin de feuilles de tomate

Un excellent engrais « coup de fouet » pour les pieds de tomate est... les feuilles de tomate. Laissez macérer 1 kg de feuilles de tomate hachées dans un arrosoir de 11 l d'eau pendant 48 heures Filtrez, puis vaporisez tous les 4 jours (le soir) sur et sous les feuilles. Le purin récupéré sera déposé en couche au pied des tomates comme fertilisant, à petite dose pour ne pas brûler le plant. Vous pouvez aussi utiliser ce purin pour lutter contre la teigne du poireau et la piéride du chou.

Semis d'aromates et boîtes à œufs

Pour démarrer la culture des herbes, le semis ne nécessite pas un godet important, mais une chaleur constante et une humidité parfaite. Stockez les boîtes à œufs en carton (boîtes rectangulaires de 6) et les couvercles des barquettes transparentes (croissants, galettes). Placez une bonne louche de terreau horticole dans les alvéoles, saupoudrez de graines, tassez légèrement. Humidifiez avec un vaporisateur en 3 ou 4 fois si nécessaire, puis placez les couvercles transparents. Placez au soleil et dès que les plants ont germé, découpez les alvéoles pour les enterrer peu profondément, dans un sol meuble allégé par du compost maison.

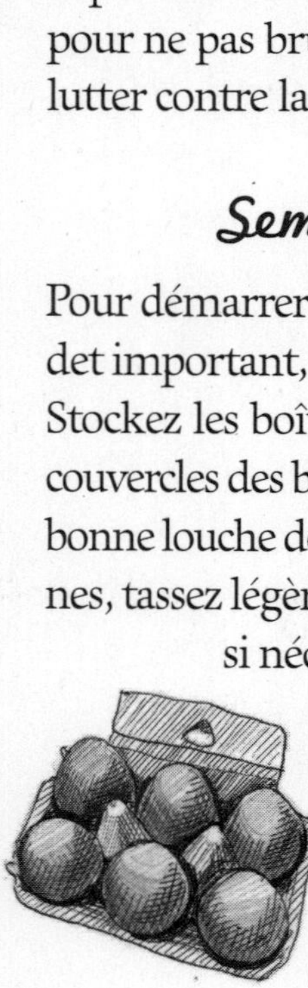

La menthe trop expansive

S'il est une plante qui n'a pas de limites si le terrain lui convient, c'est bien la menthe. Elle pousse rapidement, dans tous les sens, et son contrôle est difficile. Pour éviter qu'elle envahisse trop vite votre coin aux herbes, placez-la dans un grand pot que vous aurez enterré dans le lopin de terre qui lui sera destiné. Il existe de nombreuses variétés, faites collection de leurs nuances de parfums dans les assiettes de crudités, les desserts et dans les plats cuisinés, comme le taboulé, en utilisant toujours cette astuce du pot enterré, pour mieux contrôler leur prolifération envahissante.

Chenilles et papillons

Le jardinier s'émerveille à la vue d'un papillon, mais tremble dès qu'il aperçoit sa larve : la chenille... Pour éviter le désagrément de la destruction massive et rapide de vos légumes, vous installerez au milieu de vos planches des branches de chrysanthème. Plus décoratifs et actifs toute l'année, entourez votre potager de genêts qui repousseront les chenilles mais qui, de plus, égayeront votre potager de leurs jolies fleurs jaunes. Enfin, n'oubliez pas qu'un hérisson dans le jardin est un élément appréciable, car il vous débarrasse des chenilles et des limaces. Faites-lui bon accueil pour qu'il réside chez vous à l'année, en lui réservant un coin de feuilles au fond du jardin.

Vêtements

Dans ce chapitre, vous retrouverez toutes nos astuces de grand-mère pour venir à bout des taches les plus coriaces. Pour retrouver un linge impeccable, respectez toujours ces quelques principes. En premier lieu, vous devez venir à bout de la tache avant de passer le vêtement en machine : un bain d'eau chaude risque de fixer la tache et de compliquer votre travail. Il faut aussi se souvenir que tous les tissus ne réagissent pas de la même manière. Les plus fragiles ne supportent pas même d'être frottés ! Aussi, lorsque vous testez une nouvelle astuce, essayez-la en premier lieu sur une partie peu visible de l'envers du vêtement : aisselles ou entrejambes par exemple. Enfin, en cas de doute et surtout si vous tenez beaucoup au vêtement en question, n'hésitez pas à avoir recours au pressing. Même les professionnels s'avouent vaincus devant certaines taches. En revanche, leur expérience leur permet de savoir, à coup sûr, ce qui peut ou ne doit en aucun cas être tenté.

Tache de miel

Amateurs de sucré, vous ne résistez pas devant un pot de miel. Mais faites attention ! Le miel colle, et les taches sont pénibles à enlever. Si vous êtes maladroit et en avez renversé sur vos vêtements, sachez que vous en viendrez à bout à l'aide d'un mélange d'eau chaude et de cristaux de soude dissous.

Tache de moutarde

Vous étiez en pleine confection de mayonnaise maison, que votre cuillère de moutarde se retrouve sur votre jolie chemise blanche ! Pour éliminer la vilaine tache, agissez aussitôt : mélangez une poignée de cristaux de soude dans de l'eau tiède et frottez la trace avec ce mélange. Rincez et procédez à un lavage machine.

Tache de sang incrustée

Vous avez fait une belle tache de sang sur votre T-shirt et avez omis de la nettoyer dans la foulée. Plus la tache est vieille, plus elle est difficile à éliminer. Essayez donc ce conseil de nos grands-mères : frottez-la avec de l'eau additionnée de cristaux de soude, puis procédez à un second lavage à l'eau tiède savonneuse.

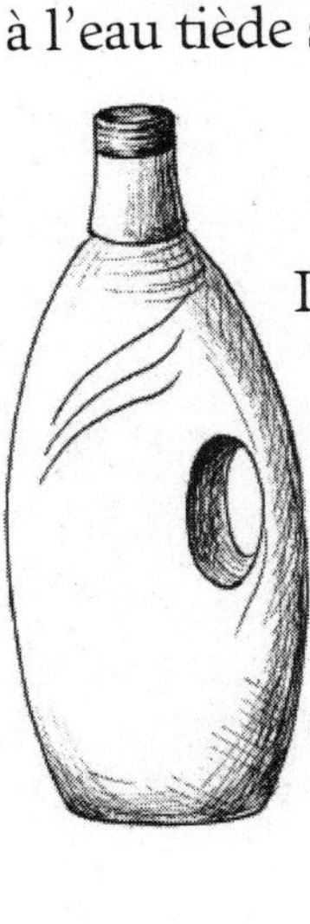

Une lessive améliorée

Donnez un petit coup de boost à votre lessive : diluez 2 cuillères à soupe de cristaux de soude dans de l'eau chaude puis versez le tout dans le bac à lessive, en même temps que votre lessive. Agents nettoyants, ils adoucissent l'eau. Il est préférable de les dissoudre au préalable, au risque de voir des traînées blanches sur les vêtements, une fois secs.

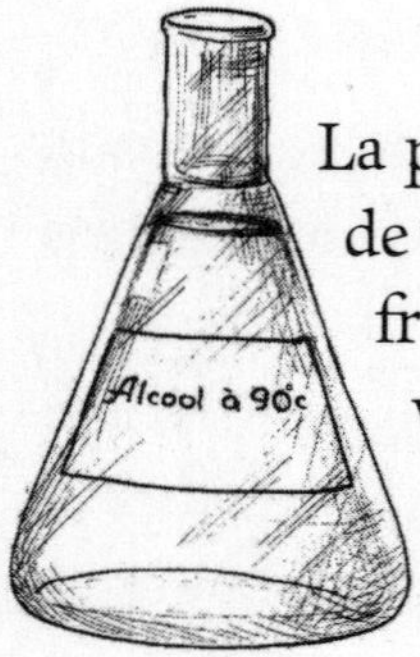

Taches de fruits

La part de tarte qu'a préparée votre grand-mère vient de vous glisser des doigts… résultat, une belle tache de fruits sur votre T-shirt ! Si le vêtement est en coton, vous arrivez à la faire disparaître en agissant aussitôt : faites fondre un cachet d'aspirine dans un mélange d'eau et d'alcool à 90°, puis frottez la trace avec.

Ôter les faux plis

Le repassage, ça n'a jamais été une partie de plaisir ! Surtout lorsque les vêtements ont des faux plis impossibles à faire partir. Mamie faisait fondre un cachet d'aspirine dans de l'eau et détrempait le faux pli avec. Elle passait ensuite le fer chaud sur le vêtement à l'aide d'une pattemouille. Plus aucun pli !

Un linge toujours blanc

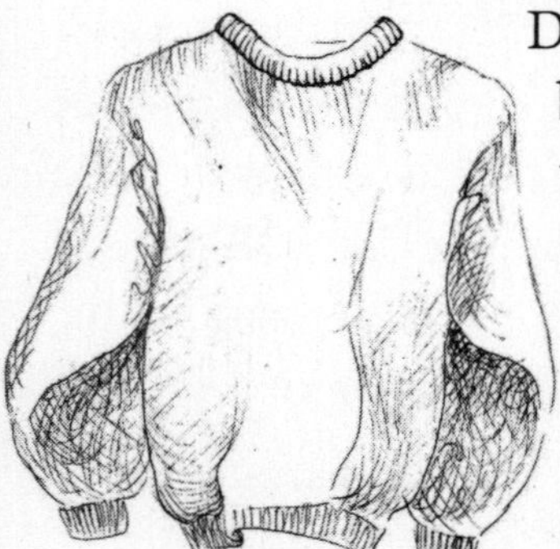

Difficile de conserver vos vêtements bien blancs avec le temps. Ils se ternissent, deviennent gris, sans compter les auréoles jaunâtres qui se forment sous les bras. Pour les raviver, rien de plus simple : ajoutez à votre lessive un cachet d'aspirine. Renouvelez l'opération plusieurs fois, et le linge retrouvera son éclat.

Odeurs de transpiration

L'été, il en faut peu pour que votre T-shirt s'imprègne d'odeurs de transpiration. Pour les éliminer en deux temps trois mouvements, laissez-le tremper une nuit dans une bassine d'eau froide vinaigrée dans laquelle vous ajouterez 3 cachets d'aspirine. Rincez le lendemain et faites sécher.

Enlever une tache de goudron

Les taches de goudron sur les vêtements sont plutôt coriaces. Nos grands-mères avaient pourtant réussi à trouver une solution : le savon noir. Mettez-en un peu sur la trace, sur l'endroit ainsi que sur l'envers du tissu. Lavez ensuite normalement votre vêtement : les marques de goudron auront disparu.

Chaussettes rouges

Amateurs de tennis, vous aimeriez bien dépenser moins d'argent en achat de chaussettes. Complètement souillées par la terre battue, elles sont irrécupérables. Mamie a pourtant la solution : trempez-les une bonne heure dans de l'eau chaude additionnée de vinaigre. Puis frottez-les avec du savon noir, pour qu'elles redeviennent blanches !

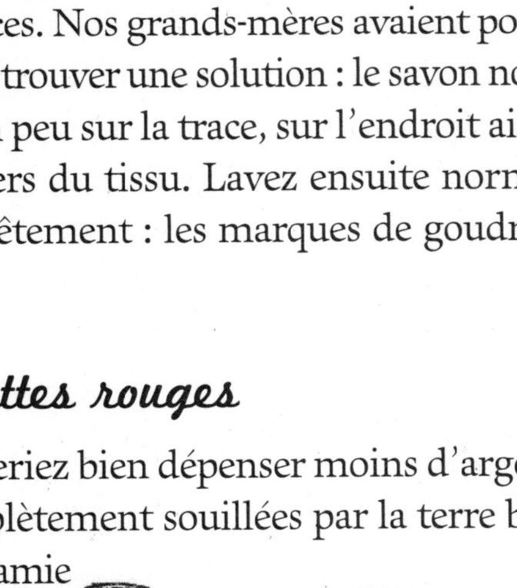

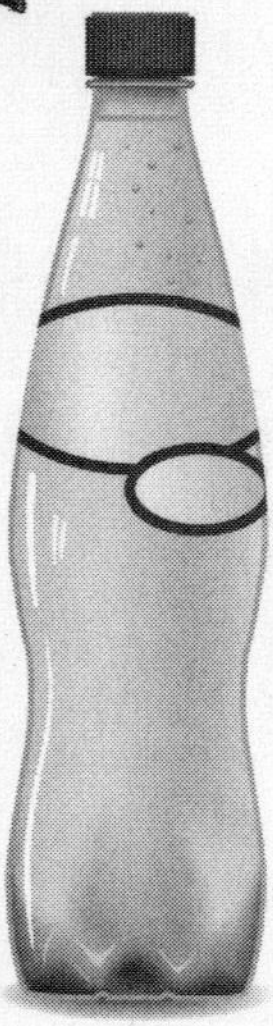

Tache de graisse

Catastrophe ! Une belle tache de graisse sur votre pull en laine. Vous avez de l'eau gazeuse dans votre réfrigérateur ? Voilà la solution ! L'effervescence de l'eau pétillante s'avère efficace sur la laine, pourtant délicate. Rincez la tache aussitôt avec de l'eau gazeuse pour un nettoyage efficace.

Tache de sang

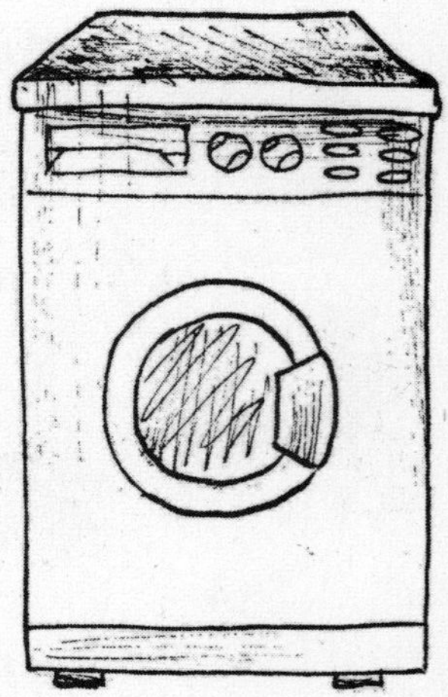

Les taches de sang sont coriaces à faire partir, surtout si elles ont le temps de sécher. Pour réussir à les éliminer, il faut s'occuper de la tache dès son arrivée sur votre vêtement. Versez dessus de l'eau gazeuse bien froide et laissez agir un instant. Procédez ensuite à un lavage normal.

Tache de sauce tomate

La sauce tomate, quel délice ! Mais quel embarras si par mégarde il vous arrive d'en renverser sur votre chemisier ! N'attendez pas pour agir : versez sur la tache de l'eau gazeuse et épongez avec du papier absorbant. Lavez ensuite la tâche à l'eau savonneuse puis rincez à l'eau claire.

Enlever une tache de sang

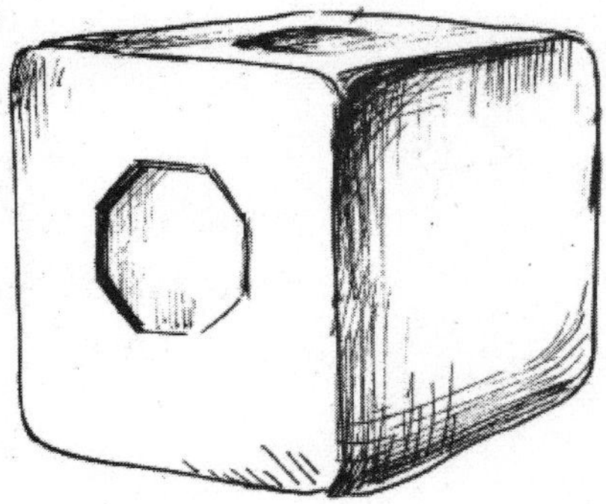

Pour éliminer une tache de sang sur du coton, vous devez la nettoyer au plus vite, en la frottant avec de l'eau froide et un peu de gros sel. Nettoyez ensuite la marque restante avec du savon de Marseille, laissez agir une bonne heure puis rincez à l'eau froide. La tache aura disparu.

Tache de rouille

Une tache de rouille sur un vêtement ? Rien n'est insurmontable pour Mamie. Voici son truc : nettoyez d'abord la trace avec un mélange de sel et de jus de citron. Avec une petite brosse à poils doux, frottez ensuite avec de l'eau savonneuse. Rincez abondamment : la tache aura disparu.

Tache de graisse

Les éclaboussures d'huile, ça brûle, et ça tache ! Si votre beau pull en laine est touché, n'attendez pas : appliquez du blanc d'œuf sur la tache et laissez agir quelques minutes. Rincez à l'eau froide. Si la tache persiste, tamponnez un peu d'alcool à 90° et lavez le vêtement.

Entretenir le cuir

Vous aimeriez redonner de l'éclat à votre sac en cuir ? Frottez-le avec un chiffon imbibé d'un mélange d'eau et de vinaigre puis opérez à un second nettoyage avec un blanc d'œuf additionné d'une cuillère à soupe d'essence de térébenthine. Quant à vos cuirs clairs, lustrez-les avec du blanc d'œuf battu en neige.

Enlever une tache de chocolat

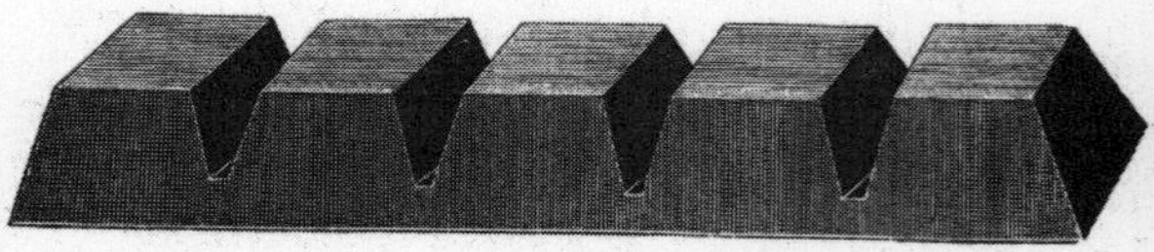

Vous avez tout essayé pour faire partir cette tâche de chocolat incrustée sur votre chemisier. Rien à faire, elle résiste ! Avant un lavage en machine, frottez la tache avec un mélange d'eau et de vinaigre blanc, à parts égales. Résultat garanti !

Enlever une tache de café

Le café du matin vous réveillera, quelle que soit la façon ! Par malheur, un moment d'inattention et votre tasse se retrouve sur votre pantalon… Surtout, n'attendez pas pour venir à bout de la tâche : nettoyez le vêtement avec de l'eau additionnée de vinaigre blanc.

Chasser les odeurs de tabac des vêtements

Vos habits sont imprégnés d'odeur de cigarette. Et les relents de tabac froid ne sont pas des plus agréables ! Pour les neutraliser, trempez vos vêtements dans une bassine d'eau chaude additionnée de 20 cl de vinaigre blanc. Une fois vos habits secs, les odeurs auront disparu !

Enlever une tache de rouille

Quelle bonne idée a eu votre petit d'escalader le grillage… son pantalon est plein de rouille ! Imbibez les parties tachées d'un mélange de jus de citron et de sel. Frottez puis versez ensuite de l'eau additionnée de savon de Marseille. Frottez de nouveau et rincez abondamment.

Enlever une tache de sève

La sève, particulièrement collante, est bien difficile à faire partir sur les vêtements. Vous en viendrez à bout en frottant les taches tout d'abord avec de la matière grasse, du beurre par exemple, puis avec du savon de Marseille sec. Lavez ensuite le vêtement normalement, et les traces auront disparu.

Rallonger un ourlet

Votre pantalon préféré est devenu trop court ? Vous avez grandi, ou le malheureux a rétréci au lavage. Le jeter ? Impensable. Pourquoi ne pas découdre l'ourlet ? Facile, mais une vilaine trace persiste ! Passez dessus un morceau de savon de Marseille, sec, taillé en pointe. Posez une feuille de papier de soie puis donnez un coup de fer à repasser sur la marque.

Entretien du fer à repasser

Vous êtes un maniaque du linge impeccable, et passez un temps fou à faire disparaître le moindre pli ! Le mot froissé n'existe pas chez vous. Seulement, votre fer en fait les frais et s'use de plus belle. Entretenez votre précieux instrument en passant sur sa semelle encore chaude un morceau de savon de Marseille sec, puis essuyez-la avec du papier journal.

Enlever une tache d'huile

En pleine cuisine, vous avez renversé de l'huile sur votre T-shirt. Les taches de gras, c'est la cata ! Grand-mère savait comment les faire partir : elle l'enduisait tout simplement de savon de Marseille avant de laver le vêtement.

Enlever une tache de parfum

Le parfum, cela sent bon (ou fort pour certains) mais cela peut aussi laisser des traces sur votre beau chemisier. Pour les tissus fragiles tels que la soie ou la laine, la trace ne partira que si vous y déposez un peu de talc pour les tissus clairs, un peu de terre de Sommières pour les tissus foncés. Frottez ensuite avec du savon de Marseille sec avant de laver.

Enlever une tache de cambouis

Vous avez eu la bonne idée d'aller fourrer votre nez lorsque votre compagnon réparait sa voiture, le nez dans le capot. Résultat : des taches de cambouis, et pas que sur vos doigts ! Difficiles à partir au lavage, pensez à enduire les marques avec du savon de Marseille sec pour que les vilaines disparaissent.

Bas et collants filés

Vous en avez assez de ces bas et collants qui filent sans arrêt… Néanmoins, pour réparer l'inévitable et réduire les dégâts, le savon de Marseille sera votre allié. Arrêtez la maille filée en frottant dessus un petit morceau de savon sec.

Antibuée

Vous qui portez des lunettes, la buée, ce n'est pas votre tasse de thé. Tasse que vous ne pouvez justement pas boire sans que vos verres deviennent flous et vous gâchent la vue ! Une petite astuce pour empêcher la formation de buée sur vos verres : frottez les deux faces avec du savon de Marseille sec.

Chaussures glissantes

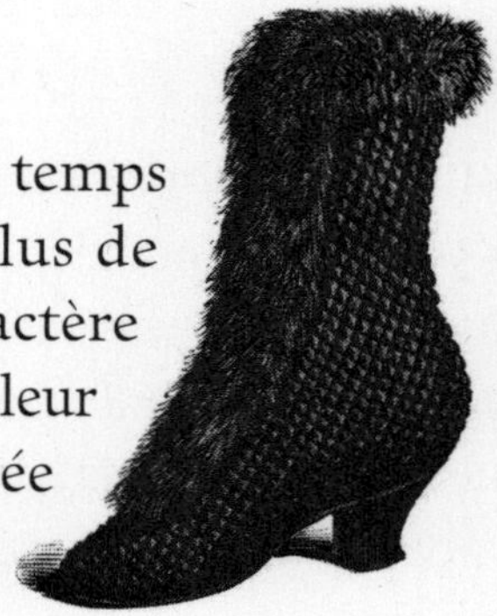

Vos chaussures deviennent usées et par temps de pluie ou de neige, vous ne cessez plus de tomber ? C'est assez ! Rendez leur caractère antidérapant à vos souliers en frottant sur leur semelle une pomme de terre crue coupée en deux. Fini les coups et les bleus, vous ne tomberez plus !

Adoucissant à la lavande

Vous voulez confectionner un adoucissant naturel ? Faites chauffer 1 litre d'eau et versez-y 25 ml de glycérine. Secouez bien puis ajoutez à la préparation 15 gouttes d'huile essentielle de lavande. Votre linge sera adouci et sera par la même occasion parfumé à la lavande.

Chasser les odeurs de chaussures

On ne peut pas dire que les chaussures dégagent un doux parfum. Si vous en avez assez que ces émanations nauséabondes titillent votre nez, ayez le réflexe, la veille au soir, de déposer dans vos souliers de petits sachets emplis de fleurs de lavande séchées. Pensez à les enlever avant de vous chausser !

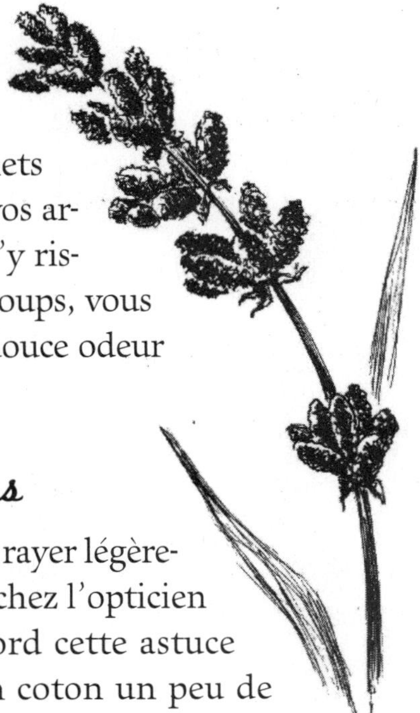

Antimites

Faites sécher des fleurs de lavande et placez-les dans des petits sachets en mousseline. Déposez-les dans vos armoires et placards : les mites ne s'y risqueront pas ! D'une pierre deux coups, vous embaumerez votre linge avec la douce odeur de la lavande.

Rayures sur lunettes

Si, par malheur, il vous arrivait de rayer légèrement vos lunettes, ne courez pas chez l'opticien refaire vos verres ! Testez d'abord cette astuce de grand-mère : déposez sur un coton un peu de cendre de cigarettes, puis frottez doucement le verre rayé avec. Essuyez avec un chiffon doux : les rayures ne paraîtront plus.

Tache de feutre fluo sur du tissu

Vous avez fait une tache de marqueur fluo sur votre plus beau T-shirt, et avez peur qu'elle ne parte pas ? Mamie a la solution : elle laissait tremper le vêtement dans une bassine de lait froid et frottait la tache jusqu'à disparition. Votre T-shirt est sauvé !

Entretien de la soie

Votre foulard en soie blanc peut ternir avec le temps et les lavages. Pour éviter qu'il jaunisse, trempez-le dans un bain de lait écrémé avant de le laver. Ajoutez ensuite 2 cuillères à soupe de lait dans l'eau de rinçage. Sa blancheur sera préservée !

Enlever une tache d'encre

Vous aimez écrire avec votre beau stylo-plume, seulement vous n'êtes pas à l'abri des giclées d'encre ! Si le malheur devait arriver, sur votre veston préféré, n'attendez pas : tamponnez la tache aussitôt avec du lait chaud. Lavez ensuite le vêtement à la machine.

Attention, cela ne fonctionne pas pour l'encre rouge, qui elle partira avec de la moutarde.

Enlever une tache de vin

Le vin rouge, si vous avez le malheur de renverser votre verre rempli de ce breuvage, a la particularité de faire de sacrées taches, difficiles à nettoyer. Votre belle nappe blanche est fichue… Eh bien non, car grand-mère a toujours une solution : trempez votre linge blanc dans du lait bouillant, et la tache disparaîtra !

Entretien du cuir

Votre canapé en cuir se fait vieux et comporte quelques traces ? Imbibez un chiffon doux de lait et nettoyez ce dernier avec. Cela fonctionne encore mieux avec du lait de toilette pour bébé. Enlevez le surplus et laissez reposer une journée.
Quant à vos chaussures en cuir verni, frottez-les avec du lait pour les nettoyer et les assouplir. Le lait périmé fonctionne aussi !

Contre les marques de stylo-bille

Les marques de stylo-bille sont si vite arrivées. Un moment d'inattention, le poignet qui dérape et bim ! c'est votre chemise blanche qui en fait les frais. Bien que coriaces à faire disparaître, vous en viendrez à bout si vous les nettoyez dans l'instant, avec du jus de citron pur. Frottez et rincez avant de le laver normalement.

Entretien des bijoux fantaisie

Les colliers en toc, bien qu'ils soient parfaits pour égayer vos tenues, peuvent laisser des vilaines traces noires sur votre cou. Pour éviter qu'ils ne déteignent sur la peau, nettoyez-les avec du jus de citron. Vous pouvez également passer une fine couche de vernis incolore sur l'intérieur des bagues.

Tache de jus d'orange

De manière générale, les taches de fruits sont difficiles à faire partir. L'orange marque facilement les vêtements : vous viendrez à bout de ces marques en utilisant de la glycérine pure. Tamponnez la trace orange avec un peu de glycérine et laissez agir un instant. Rincez, et le tour est joué !

Tache de rouge à lèvres

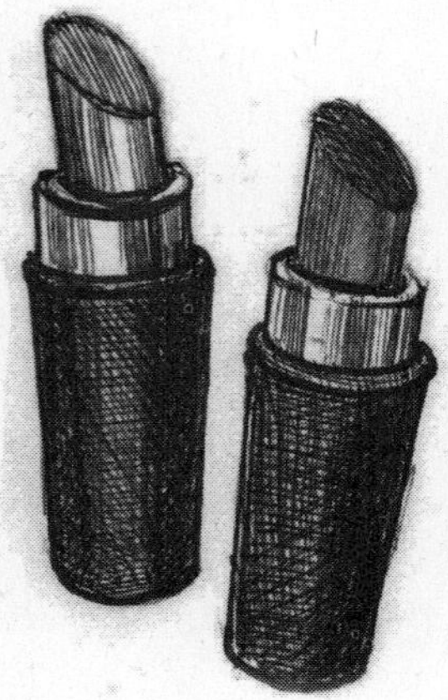

Le rouge à lèvre laisse de belles traces indélébiles sur les vêtements, plutôt voyantes ! Indélébiles, vous avez dit ? Pas pour Mamie : elle imprégnait la tache de glycérine et la frottait avec la plus grande douceur. Une fois dissoute, elle lavait le vêtement normalement. La marque avait disparu !

Tache de lait sur de la soie

Vous vous êtes mal réveillé ce matin. Si bien que votre bol de lait a fini sur votre foulard en soie. Non seulement vous êtes trempé, mais votre foulard en a aussi fait les frais ! Vous le récupérerez en le lavant avec un mélange à parts égales d'eau et glycérine, avec un peu d'ammoniaque. Rincez abondamment.

Enlever une tache de parfum

Le parfum peut laisser de vilaines traces jaunâtres sur vos vêtements. Si le tissu est fragile, il vous faut employer de la glycérine : frottez doucement la partie tachée puis rincez abondamment. Pour les autres tissus, un simple mélange de savon et d'alcool les fera disparaître.

Enlever une tache de thé

Vous avez renversé votre tasse de thé sur votre belle nappe blanche mais avez complètement oublié de la nettoyer de suite ! La marque risque d'être coriace… C'est sans compter sans Mamie : pour en venir à bout, elle la frottait avec de l'eau additionnée d'un peu de glycérine.

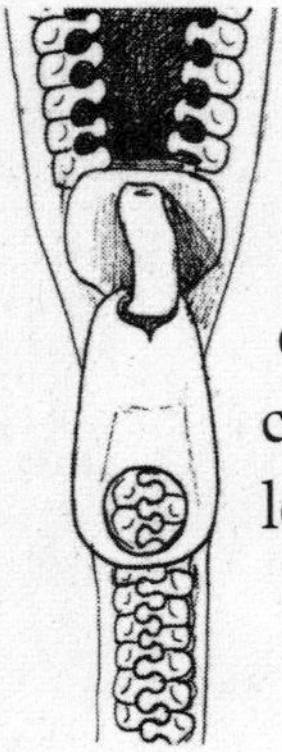

Décoincer une fermeture éclair

La fermeture éclair de votre parka est bloquée, pas très pratique pour l'enlever ! Pas de panique, il suffit de passer un peu de glycérine sur celle-ci pour la décoincer. La paraffine fait également des merveilles. Fini les ennuis !

Assouplissant maison

Vous n'êtes pas fan des produits industriels et êtes une fervente adepte du naturel ? Réalisez votre propre assouplissant bio : mélangez un peu de glycérine à de l'eau et ajoutez cette préparation dans le bac prévu. Elle remplacera à merveille un quelconque assouplissant.

Un lainage plus doux

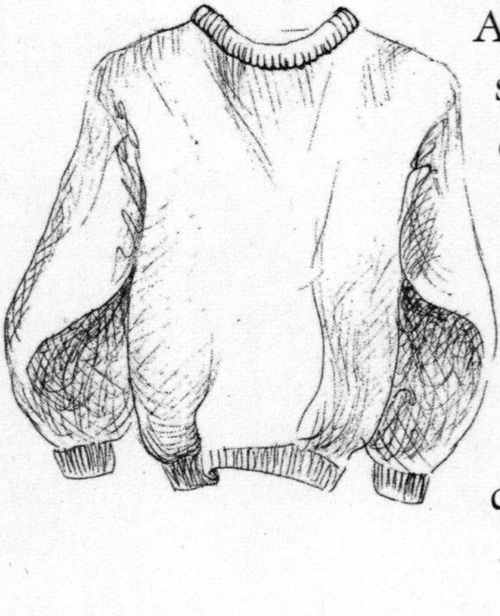

Au fur à mesure des lavages, la laine s'abîme et devient rêche. Pour redonner de la douceur à vos lainages, ajoutez à l'eau de lavage quelques gouttes de glycérine. Elle a également la propriété de la rendre plus élastique. Si votre vêtement est légèrement déformé, elle aidera à ce qu'il reprenne sa forme.

Assouplir le cuir

Vos chaussures en cuir sont devenues trop raides et de ce fait trop serrées ? Pour leur redonner leur souplesse d'antan, rien de tel que l'huile de glycérine. Frottez longuement vos chaussures avec ce produit miracle et vous pourrez les remettre sans problème, sans qu'elles ne vous fassent mal aux pieds.

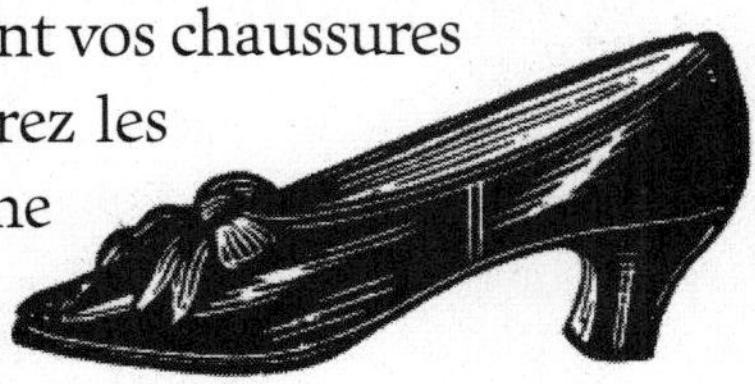

Enlever une tache de cirage

Vous venez de cirer vos chaussures et, sans faire attention, avez omis d'attendre que le cirage sèche ! Résultat : une belle tache sur le bas de votre pantalon. Comment la faire partir ? C'est simple, il suffit de l'enduire d'un peu de glycérine. Laissez agir puis retirez l'excédent avec du papier absorbant. Passez ensuite votre habit à la machine.

Pieds odorants

Quand l'été arrive, les températures montent inévitablement, et les petits tracas de transpiration nous accompagnent quotidiennement. Si vous avez tendance à trop transpirer des pieds, pensez à saupoudrer l'intérieur de vos chaussures avec un peu de bicarbonate de soude la veille au soir. Vous limiterez ainsi les possibles odeurs.

Traces de chewing-gum

Vous vous êtes assis sur un chewing-gum ? La première chose à faire est de le retirer à l'aide d'un glaçon, afin de le durcir. Il partira ainsi plus facilement. L'auréole laissée sur votre pantalon partira en la frottant avec de l'eau additionnée d'un peu de bicarbonate de soude.

Entretien de la turquoise

Vous possédez des bijoux ornés de pierre en turquoise et ne savez comment les nettoyer ? Surtout, pas d'alcool ni d'eau savonneuse, cela leur serait fatal. Frictionnez-les avec du bicarbonate de soude, rincez et essuyez-les rapidement avec un chiffon doux.

Une tache de gras

Pour absorber facilement une trace de gras sur un vêtement, ou sur un revêtement quelconque (plan de travail ou sol), répandez aussi largement que nécessaire de la farine et frottez bien. Une fois la farine débarrassée, le nettoyage sera facile.

Nettoyer des taches de transpiration

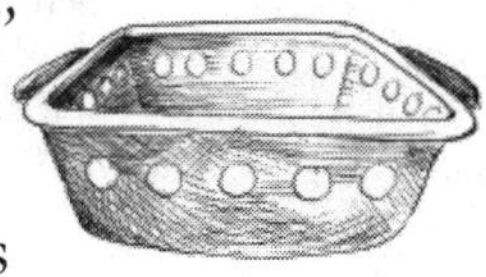

Lorsqu'on n'a pas de bicarbonate de soude, de citron ou de vinaigre blanc sous la main pour faire disparaître les vilaines auréoles laissées par la transpiration sur les aisselles des chemises blanches, on peut toujours faire tremper le vêtement dans une bassine d'eau gazeuse. Si une trace subsiste, tamponnez-la avec un peu d'eau oxygénée. Outre les auréoles, l'eau gazeuse dissipe également les mauvaises odeurs.

Effacer les auréoles d'urine

Pour enlever tout à la fois l'auréole et la mauvaise odeur laissées par un pipi au lit, frottez vigoureusement, et pendant cinq bonnes minutes, le tissu avec une brosse et une bonne grosse dose d'eau gazeuse.

Des taches de gras

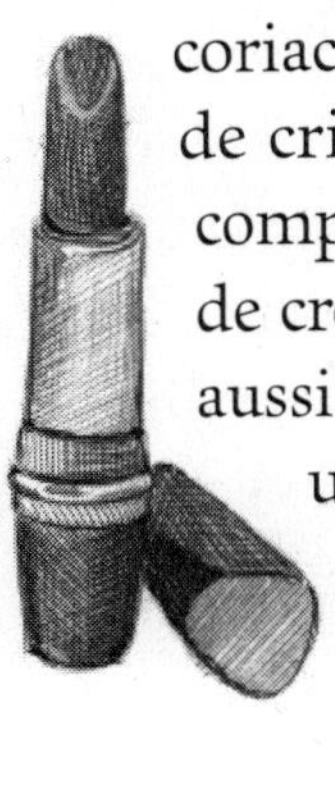

Vous viendrez à bout des taches de gras coriaces en les massant avec une pâte constituée d'eau et de cristaux de soude. Les produits de maquillage étant composés, dans une forte proportion, de graisse, les traces de crème teintée comme de rouge à lèvres partiront elles aussi avec ce traitement. Enfin, les cristaux de soude étant un nettoyant puissant, ils méritent d'être essayés sur tout type de taches, lorsque tous les autres remèdes se sont révélés inefficaces.

Assainir les couches lavables

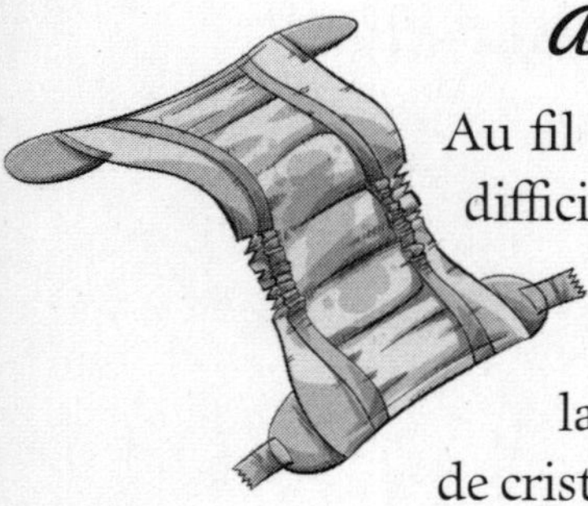

Au fil des utilisations, il semble de plus en plus difficile de laver efficacement les couches. Pour les nettoyer en profondeur, faites-les tremper toute une nuit dans une bassine d'eau à laquelle vous aurez ajouté une petite poignée de cristaux de soude. Le lendemain, essorez bien les couches et passez-les en machine.

Du linge très sale

Pour éviter d'avoir à faire tourner plusieurs fois votre machine à laver, lorsque le linge est très sale, dopez l'efficacité de votre lessive habituelle en ajoutant, directement dans le tambour, une petite poignée de cristaux de soude.

Nettoyer une tache de transpiration

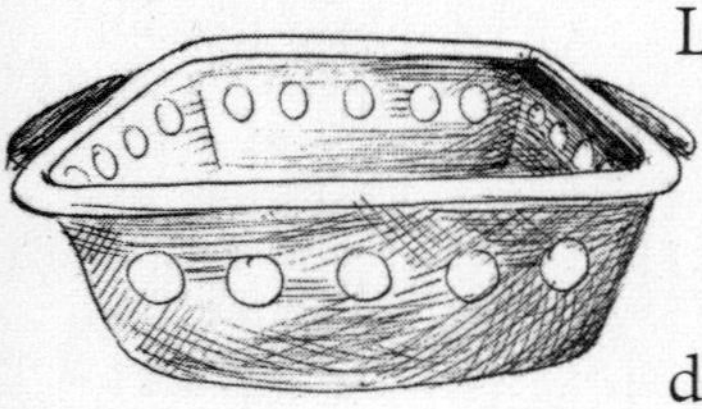

La lessive ne suffit pas à éliminer les traces de transpiration qui, à la longue, forment des auréoles jaunâtres au niveau des aisselles sur les vêtements blancs. Effacez ces traces dès leur formation, sans leur laisser le temps de s'incruster dans votre linge. Pour cela, faites tremper le vêtement dans une bassine d'eau à laquelle vous aurez ajouté quelques cachets d'aspirine. Vous pouvez aussi tamponner les aisselles avec du jus de citron ou de l'eau oxygénée.

Éliminer une tache de sang

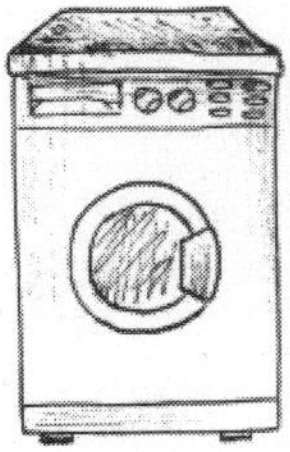

Si vous n'avez pas pu intervenir tant que la tache était humide, jetez une aspirine effervescente dans une petite bassine d'eau bien fraîche et plongez-y le vêtement aussi longtemps que nécessaire. Si la tache est récente, 10 minutes devraient suffire. Passez ensuite le vêtement en machine.

Cirer ses chaussures et entretenir le cuir

Voilà une astuce qui vous dépannera souvent. Même lorsque vous n'avez plus de cirage, vous pouvez encore lustrer vos chaussures ! Pour cela, il suffit de frotter leur cuir avec l'intérieur d'une peau de banane, qui laissera dessus un film gras protecteur. Ensuite, passez un premier coup de chiffon pour supprimer le dépôt blanc et un deuxième pour faire briller vos chaussures.

Vous effacerez une éraflure superficielle sur du cuir en frottant dessus l'intérieur d'une peau de banane.

Une tache de miel

Raclez la tache pour enlever le plus de miel possible. Ensuite, passez-la sous de l'eau bien chaude, puis frottez-la au savon. Si la tache résiste, tamponnez-la avec de l'alcool ménager.

Des chaussures malodorantes

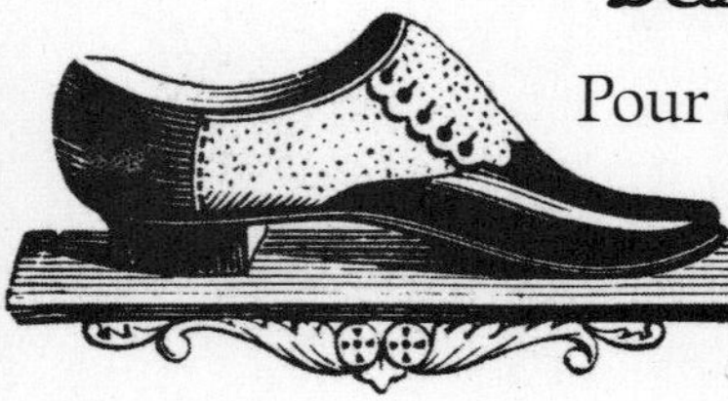

Pour absorber les mauvaises odeurs dans les chaussures, confectionnez de petits sachets que vous garnirez de clous de girofle. Glissez ces sachets tous les soirs dans vos chaussures dès que vous vous déchaussez. Ils agiront pendant la nuit…

Corriger un faux pli

Le fer glisse un peu trop vite, la main ne suit pas et un faux pli se forme. Difficile de rectifier le tir simplement en tirant sur le linge. Votre vêtement retrouvera une forme correcte si vous frottez le faux pli avec un glaçon, avant de le repasser une nouvelle fois.

Une tache de fruits rouges

Mouillez la tache de lait chaud et frottez. Si elle ne part pas, laissez tremper le vêtement dans le lait pendant plusieurs heures.

Une tache de feutre

Une tache de feutre sur un vêtement se dissoudra si vous laissez tremper le tissu quelques heures dans du lait.

Fixer les couleurs

Tout comme le vinaigre blanc, le sel peut être utilisé pour fixer les couleurs d'un vêtement neuf, c'est-à-dire pour éviter que celui-ci ne se délave trop rapidement. Avant de laver le vêtement pour la première fois, laissez-le tremper toute une nuit dans une eau fortement salée.

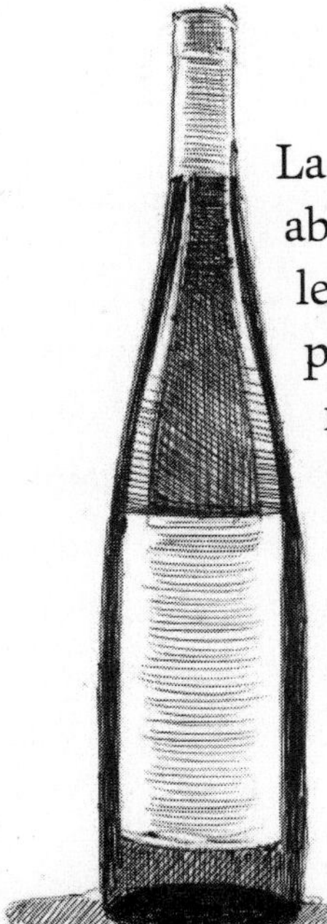

Absorber une tache de vin

La méthode est parfois critiquée en raison du côté abrasif du sel. Si nous ne la recommandons pas pour les tissus délicats, elle est en revanche très efficace pour agir dans l'urgence lorsque du vin rouge est renversé sur un fauteuil, une moquette, une nappe… Couvrez la tache de sel en la massant. Tant que le sel rosit (signe que tout le vin n'est pas encore absorbé), rajoutez-en. Frottez quelques minutes, puis laissez reposer plusieurs heures avant d'aspirer et de nettoyer à l'eau et au savon.

Des tennis bien blanches

Vos chaussures blanches en toile retrouveront un peu d'éclat si vous les brossez vigoureusement avec du blanc de Meudon et de l'eau.

Enlever une tache de gras

Le blanc de Meudon, parfaitement inoffensif pour les tissus, a une grande capacité d'absorption. Vous nettoierez plus facilement une tache de gras en la frottant préalablement avec une poignée de blanc de Meudon sur les deux faces du tissu.

Une lessive maison

La cendre est riche en potasse, ce qui permet d'en tirer, de façon très simple, une excellente lessive. Récupérez la cendre fine de votre cheminée ; tamisez-la au besoin. Versez-la dans une bassine. Pour chaque verre de cendre, faites bouillir un litre d'eau. Versez l'eau bouillante sur la cendre et patientez une journée, en remuant régulièrement. Filtrez soigneusement le produit, avec un filtre à café, par exemple. La lessive obtenue doit être légèrement collante et jaunâtre. Stockez ce produit dans un bidon. Pour rendre votre lessive plus efficace, n'hésitez pas à ajouter, dans le tambour de la machine à laver, une cuillère de bicarbonate de soude.

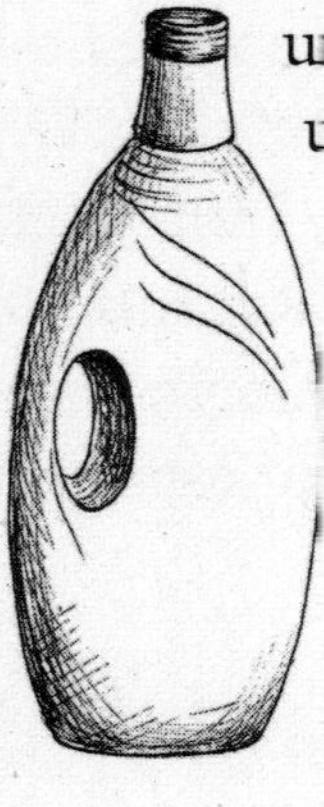

Colorer un vêtement

Pour brunir un vêtement, faites bouillir de l'eau avec une bonne quantité de marc de café. Plongez le linge dans l'eau chaude et patientez pendant quelques dizaines de minutes. L'intensité de la couleur obtenue dépendra de trois facteurs : la teinte de base du vêtement, la quantité de marc utilisée et le temps d'attente.

Une tache de pêche

Les taches de pêche sont parmi les plus coriaces, à tel point que nos grands-mères disaient qu'il fallait attendre la prochaine saison des pêches (comprenez l'année suivante) pour les voir partir. Si vous n'avez pas cette patience, vous pouvez masser longuement la tache avec de la glycérine, puis laisser reposer une demi-heure, avant de laver le vêtement au savon.

Une tache de curry

Frottez la tache à l'eau chaude additionnée de glycérine. Rincez le vêtement et passez-le en machine.

Une tache de café ou de chocolat

Le petit déjeuner a laissé des traces ? Pas de panique : vous pouvez dissoudre les taches de café et de chocolat avec un peu de glycérine avant de passer le vêtement en machine.

Entretenir le cuir

Pour réparer le cuir abîmé, on peut passer dessus un coton légèrement imbibé de glycérine. Il existe également des savons glycérinés liquides spécialement formulés pour l'entretien des cuirs.

Un pull déformé

Si votre pull s'est déformé, vous l'aiderez à reprendre une forme plus harmonieuse en lui faisant prendre un bain de quelques heures dans de l'eau tiède et de la glycérine. Ensuite, faites-le sécher bien à plat sur une serviette de toilette. Cette astuce fonctionne aussi pour un pull qui a légèrement rétréci. Évidemment, n'escomptez pas récupérer par ce biais un lainage qui a perdu trois tailles !

Enlever la rouille

Vous éliminerez la rouille sur du métal comme sur un vêtement en l'arrosant de jus de citron, puis de sel de table. Laissez agir quelques minutes et si la rouille semble trop incrustée, n'hésitez pas à frotter et à utiliser les propriétés abrasives du sel.

Entretenir la peau de reptile

Il est vrai que les sacs en croco et les bottes revêtues de peau de serpent ne sont plus vraiment à la mode. S'il vous reste quelques accessoires vintage de ce type dans votre dressing, sachez que vous rendrez sa brillance à la peau de reptile en passant dessus un morceau de coton légèrement imbibé d'huile d'amande douce.

Détacher avant lavage

Il est toujours préférable de détacher un vêtement avant lavage. Si vous manquez de temps, pour donner plus de chances de réussite à votre machine à laver, enduisez la tache, sur les deux faces du tissu, de savon noir mou, avant de glisser le vêtement dans le tambour.

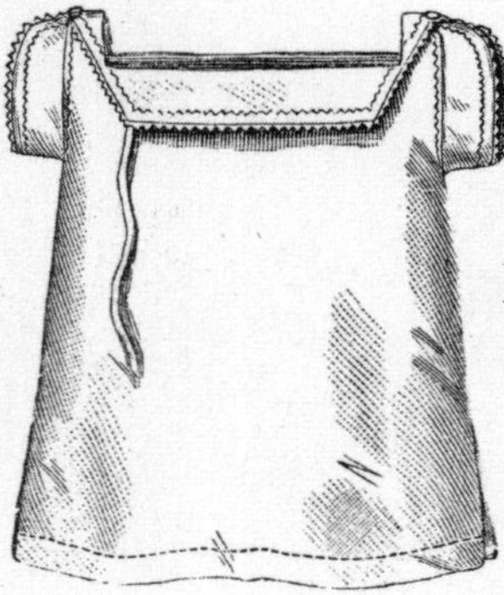

Contre toutes les taches de graisse

Frottez les taches de graisse et de cambouis sur l'envers et l'endroit du tissu avec du savon noir jusqu'à ce que les traces soient dissoutes. Rincez et renouvelez l'opération si vous avez l'impression qu'il reste encore une auréole.

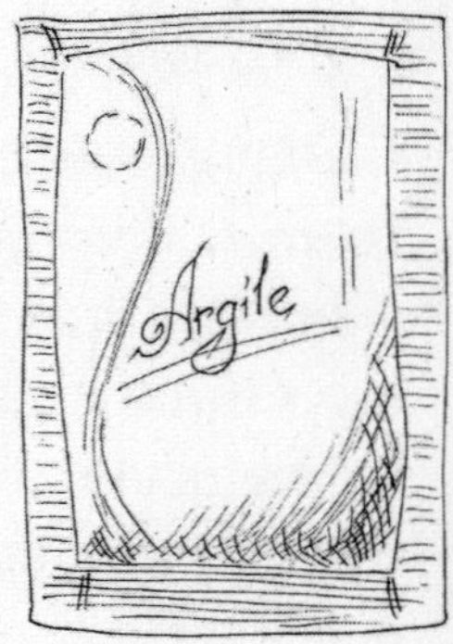

Éliminer une tache de graisse

Un vêtement taché de gras sera plus facilement nettoyé si vous éliminez, avant lavage, l'excédent de gras en frottant la tache, de part et d'autre du tissu, avec de la poudre d'argile sèche.

Enlever une tache de sang

Les taches de sang font partie des plus coriaces… mais seulement lorsque l'on ne s'y prend pas à temps ! Vous éliminerez toute trace, même sur un tissu blanc, si vous nettoyez la tache lorsqu'elle est encore humide. Pour cela, il vous suffit de la frotter vigoureusement avec du savon de Marseille et de l'eau très froide. N'utilisez jamais d'eau chaude, cela incrusterait la tache.

Fermeture coincée

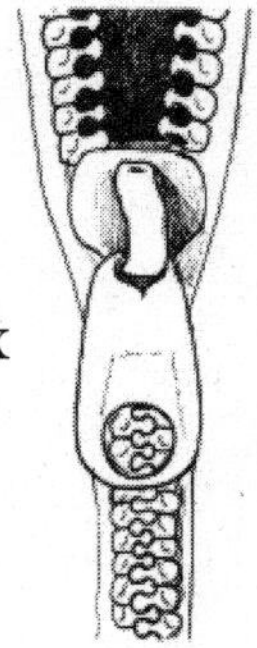

Quand la fermeture éclair de l'un de vos vêtements devient difficile à ouvrir et à fermer, tartinez-la, aux endroits qui coincent, de savon sur ses deux faces.

Lessive écologique

Râpez un demi-savon de Marseille dans un litre et demi d'eau bouillante. Ajoutez-y une cuillère à soupe de bicarbonate de soude et secouez vigoureusement jusqu'à ce que le savon soit bien dissous. Pour parfumer votre lessive, vous pouvez y ajouter une trentaine de gouttes d'huile d'arbre à thé. Votre lessive devra être secouée avant chaque utilisation car le savon a tendance à retomber au fond du bidon. Pour réussir votre lessive, achetez un savon de Marseille à l'huile d'olive et sans colorant.

Remplacer l'adoucissant

En panne d'adoucissant ? Pour éviter que vos draps ne ressortent rêches du tambour, versez, dans le bac réservé à l'assouplissant de votre machine, une cuillère à soupe de bicarbonate mélangé à un peu d'eau.

Blanchir du linge piqué ou moisi

Vous avez rangé le linge trop vite et il s'est piqué de moisissure ? Faites-le tremper dans une bassine d'eau vinaigrée. Si des traces résistent, massez-les avec du bicarbonate de soude. Vous avez oublié d'étendre votre linge ? En quelques heures, il n'a pas pu moisir ; en revanche, il a certainement pris une odeur de moisi. Pour vous en débarrasser, inutile de relaver le linge. Versez dans le tambour un demi-verre de vinaigre blanc, en essayant de bien le répartir, et faites repartir votre machine sur un cycle rinçage/essorage. Et comme le vinaigre blanc est un excellent assouplissant, non seulement votre linge sera propre, mais en plus, il sera doux au toucher.

Fixer les couleurs

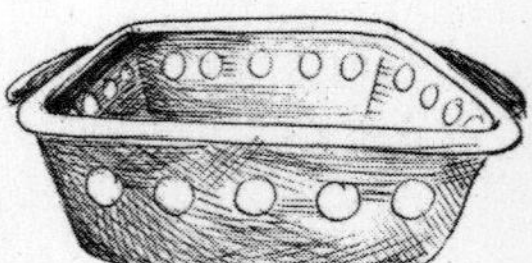

Pour éviter que vos vêtements neufs aux couleurs sombres ou vives ne virent trop vite au pastel, avant de les passer pour la première fois en machine, plongez-les, pendant une nuit, dans une bassine d'eau froide vinaigrée. Attention, cela n'empêchera pas la couleur de « dégorger », il ne faut donc toujours pas laver ensemble couleurs sombres et couleurs claires.

Ôter les taches de transpiration

Si vous avez tendance à transpirer abondamment, frottez les aisselles de vos T-shirts et chemises avec du vinaigre blanc avant de les passer en machine. Cela évitera que le tissu ne jaunisse à la longue.

Une machine à laver qui déborde

Vous avez mis trop de lessive et la machine déborde ? Versez un verre de vinaigre blanc au-dessus du tambour, ou dans le tiroir à lessive et la mousse disparaîtra.

Une machine à laver propre

Au fil des lavages, votre machine à laver s'est encrassée et fonctionne moins bien. La cause : le calcaire ! Pour le chasser une bonne fois pour toutes, glisser un verre de vinaigre blanc dans votre machine et lancer là à vide a 30°. Attention : le vinaigre blanc de doit pas bouillir.

Détartrer votre fer à repasser

Avec le temps votre fer à repasser s'est entartré. Résultat : il accroche de plus en plus. Désencrassez-le avec du vinaigre blanc. Imbibez-en un coton et passez-le sur la semelle de votre précieux instrument. Il glissera à nouveau comme aux premiers jours.

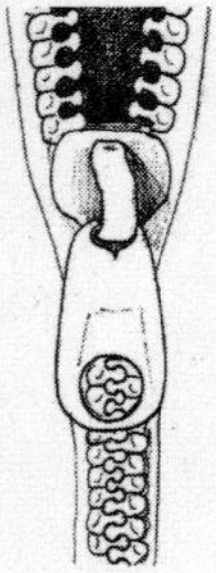

Dépanner une fermeture éclair cassée

En retard, comme chaque matin, la tirette de la fermeture éclair du manteau de votre enfant vous est restée dans les mains. Pour parer au plus pressé, remplacez-la par un simple trombone que vous aurez préalablement déplié. Glissez-le dans le trou, cela fera l'affaire pour l'instant.

Nettoyer une tache de sang

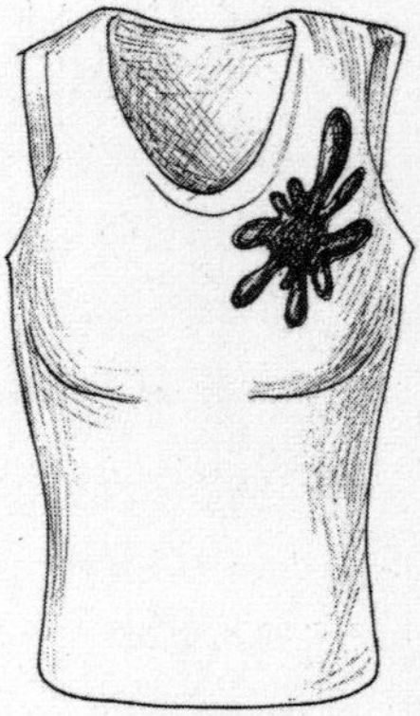

Coupure, saignement de nez… Lorsque vous tachez un vêtement avec du sang, essayez d'agir rapidement afin de ne pas laisser la tache s'incruster dans les fibres car cela vous compliquerait la tâche, justement. Et pensez à utiliser du sérum physiologique pour la faire disparaître plus facilement.

Retirer une tache de goudron

Pour nettoyer une tache de goudron sur le bleu de travail de monsieur, il suffit d'appliquer dessus un peu de beurre. Laissez ensuite agir quelques minutes puis tamponnez avec un chiffon imbibé d'essence de térébenthine. Voilà qui devrait venir à bout des taches les plus tenaces.

Supprimer une tache de rouge à lèvres

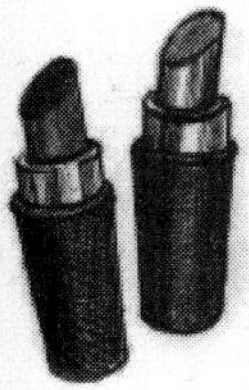

Vous avez taché le col de votre T-shirt avec votre rouge à lèvres. Pour faire disparaître la tache, imbibez l'envers du tissu taché avec un peu d'éther. Et la prochaine fois, essayez de vous maquiller après vous être habillée, vous prendrez moins de risques.

Enlever une tache d'herbe sur un vêtement

Votre enfant adore faire des galipettes dans le jardin. Résultat, une belle tache d'herbe est apparue sur son pantalon. Pour l'enlever, tamponnez-la avec un chiffon imbibé de vinaigre d'alcool à 90°. Prenez tout de même le temps de procéder à un essai préalable sur l'intérieur du pantalon.

Repasser un vêtement en laine

Pour repasser vos pulls et autres lainages fragiles, prenez un linge propre, type mouchoir en tissu, et humidifiez-le. Placez-le sur la laine et repassez directement le linge. De cette façon, vous évitez le contact direct avec le fer et évitez les traces de brûlures sur votre vêtement.

Éliminer les mauvaises odeurs sur un pull en laine

Pas le temps de salir un pull qu'il sent déjà mauvais. En cause, la cigarette, les odeurs de nourriture, la pollution… Pour rafraîchir votre lainage sans passer par la case lavage, mettez-le à proximité d'un radiateur en fonctionnement durant une nuit. Au réveil, il sera débarrassé des mauvaises odeurs.

Pour des semelles de tennis bien blanches

Les semelles des baskets se salissent toujours vite. Alors les semelles blanches… Pour leur rendre leur couleur d'origine, rien de plus simple ! Frottez-les simplement avec un peu de dentifrice (blanc de préférence) à l'aide d'une brosse douce. Laissez agir et rincez à l'eau claire.

Préserver la forme des bottes en cuir

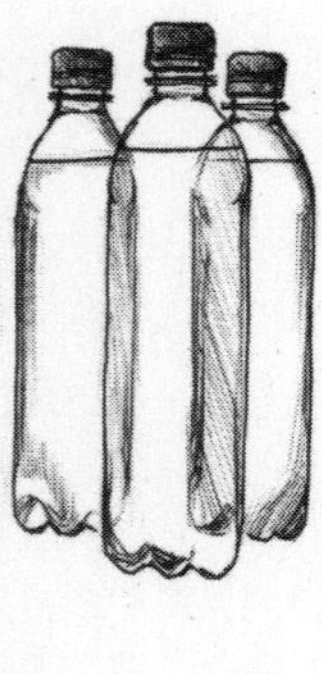

Pour éviter que vos bottes ne se replient sur elles-mêmes dans le placard et qu'un pli se marque sur la jambe, il suffit de placer à l'intérieur des bouteilles vides. Elles seront impeccables lorsque vous vous déciderez à les enfiler ! En revanche, elles vont prendre plus de place dans le placard…

Supprimer une tache de fruits

Votre T-shirt vient de faire les frais de votre goût très prononcé pour les fruits frais ! Pour éliminer la tache, commencez par rincer le vêtement dans une bassine d'eau bien chaude. Ensuite, recouvrez-le d'une couche de miel. Laissez agir une demi-heure, puis rincez à l'eau claire. Enfin, lavez en machine.

Fini les lacets qui s'effilochent !

Pas terrible les lacets effilochés sur vos chaussures. En plus, ils passent nettement moins facilement dans les œillets lorsque le petit morceau de plastique est parti ! Pour y remédier, enduisez leurs extrémités dénudées d'une bonne couche de vernis à ongles incolore. Ainsi, ils ne bougeront plus.

Défroisser une cravate

Cette cravate mal rangée a besoin d'un bon défroissage ? Inutile de courir jusqu'au pressing ! Pour lui redonner de la tenue, enroulez-la autour d'une bouteille remplie d'eau bien chaude. Laissez ainsi pendant une vingtaine de minutes. Et voilà, votre cravate est fin prête à passer la journée autour du cou de monsieur.

Nettoyer les chaussures en toile

Tennis et autres chaussures en toile légère risqueraient de ne pas résister à un lavage en machine. Qu'à cela ne tienne ! Pour les nettoyer, vaporisez-les de mousse à raser et laissez agir entre vingt minutes et une heure selon le degré de saleté. Frottez à l'aide d'une brosse pour ôter la mousse séchée.

Nettoyer une veste en daim

Si une tache dont vous ignorez l'origine est apparue sur votre veste en daim, ne courez pas immédiatement chez le teinturier. Essayez d'abord de la frotter avec un petit morceau de pain rassis. Cela peut suffire bien souvent. Économique et naturel, c'est votre teinturier qui va faire la tête.

Du linge qui sent bon

Si, une fois sec, votre linge ne vous semble pas vraiment frais et ne sent pas aussi bon que vous l'auriez espéré, rien n'est perdu. Au moment du repassage, pensez simplement à ajouter quelques gouttes d'eau de Cologne à l'eau de votre fer. Évitez néanmoins le parfum, trop gras, il pourrait tacher le linge !

Contre les traces de stylo-feutre

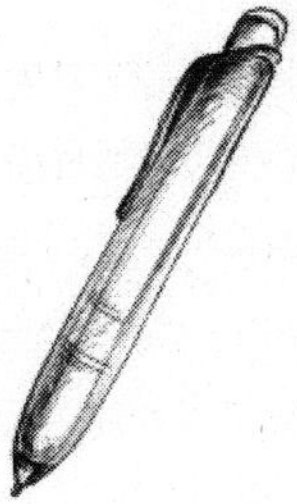

Le stylo-feutre a laissé des traces sur votre T-shirt ? Avant de le passer en machine, vaporisez sur la tache un peu de laque pour cheveux. Laissez sécher quelques instants, puis tamponnez la tache avec un peu d'eau. Brossez. Les traces de stylo-feutre sont envolées !

Ranger foulards et cravates

Pour éviter les faux plis sur les foulards et cravates en les rangeant en piles dans votre placard, essayez le truc du papier aluminium ! Placer une feuille d'aluminium à plat sur l'étagère et déposez-les dessus. Enroulez ensuite le tout et rangez les rouleaux. Bonus ? Vous gagnez de la place dans l'armoire !

Nettoyer une tache de feutre sur un vêtement

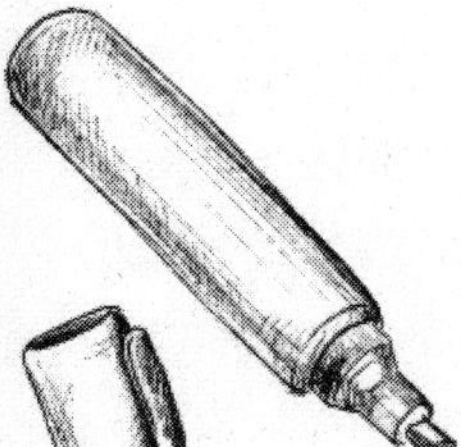

Pour supprimer une tache de feutre sur un vêtement, Grand-mère ne fait jamais appel à un détachant acheté dans le commerce. En effet, elle préfère utiliser… de la laque pour les cheveux ! Elle en vaporise un peu sur la tache avant de passer le vêtement en machine et hop !, la tache disparaît.

Fini les taches d'herbe !

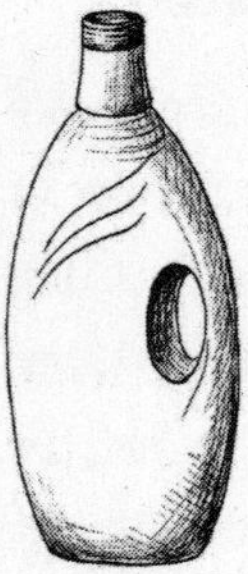

Pour supprimer une tache d'herbe, Grand-mère connaît une astuce toute simple. Elle fait immédiatement tremper le vêtement dans une bassine d'eau froide additionnée de quelques gouttes de liquide vaisselle pendant plusieurs heures. Ensuite, elle frotte délicatement. Une fois sec, il n'y paraît plus !

Éliminer une tache d'herbe sur un pantalon

Pas franchement esthétique les genoux du pantalon tout verts… Pour supprimer ces taches, commencez par les mouiller avec de l'eau froide. Ensuite, saupoudrez simplement un peu de sucre. Il ne vous reste plus alors qu'à mettre le vêtement dans le lave-linge et voilà ! Les taches d'herbe ont complètement disparu !

Enfiler des bottes plus facilement

Ces bottes achetées en solde vous vont à merveille… une fois enfilées ! Mais quelle galère pour les mettre ! S'allonger sur le lit, se contorsionner… Tout ça, c'est fini grâce à ce petit truc tout bête : collez dans chaque botte, du talon au sommet, un ruban en satin. Eh oui, de cette façon, votre pied glissera sans difficulté.

Soigner les chaussures vernies

Vous venez de craquer pour une paire d'escarpins vernis hors de prix mais tellement tendance... Pour les entretenir et les faire durer, pensez à les astiquer régulièrement avec un chiffon imprégné de lait. Voilà qui devrait les nourrir et les faire briller jusqu'à ce que vous vous en lassiez...

Entretien des chaussures

Si vos chaussures n'ont plus d'allure, cette astuce est pour vous. Après un séjour prolongé dans les flaques d'eau ou sous la pluie, leur cuir est défraîchi, blanchi... Pour leur redonner de l'éclat, enduisez-les de vaseline que vous laisserez poser quelque temps avant de procéder au cirage.

Un ciré comme neuf

Si votre ciré a essuyé tempêtes et autres intempéries sans jamais vous trahir, il est grand temps d'en prendre soin. D'autant plus s'il commence à se craqueler par endroits. Pour cela, badigeonnez-le tout simplement de lait entier. Et le voilà prêt à affronter une nouvelle saison hivernale !

Éliminer une tache d'encre

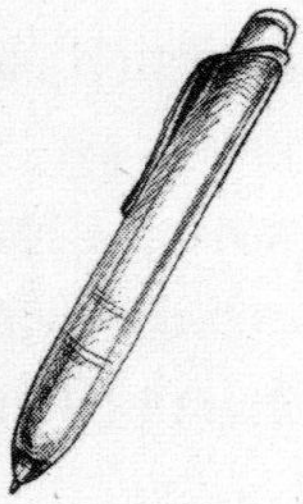

Un stylo qui fuit dans la poche de la chemise de votre homme et c'est la catastrophe : une grosse tache d'encre sur la poitrine ! Pour l'effacer à coup sûr, immergez la chemise dans une bassine remplie de lait. Frottez ensuite la tache avec les mains. Si la tache est plus étendue, n'hésitez pas à changer le lait et à renouveler l'opération.

Faire disparaître une tache de café

Bousculade au restaurant et le serveur renverse votre tasse. Et voilà, c'est la tache sur votre superbe chemisier tout neuf. Ne perdez pas de temps à incendier le pauvre serveur débordé, attrapez plutôt la salière la plus proche et saupoudrez immédiatement la tache. Le sel boira le café sur le tissu.

Chouchouter un pull en angora !

Fini les bouloches et les pulls qui perdent leurs poils avec cette astuce toute simple. Pour bichonner votre pull en angora, placez-le dans un sac plastique et déposez-le ensuite dans le réfrigérateur. Puis après un séjour de 2 ou 3 heures, mettez-le au congélateur, mais pas plus de 1 heure !

Laver un vêtement en laine

Qu'il s'agisse de votre pull préféré ou de l'écharpe que votre grand-mère vous a tricotée… Pour laver un vêtement en laine, fragile par conséquent, commencez par faire bouillir une vingtaine de feuilles de lierre dans 1 litre d'eau. Une fois que l'eau aura refroidi, trempez-y votre lainage et lavez-le délicatement.

Fini la corvée du repassage !

Pour les allergiques au fer à repasser ! Annulez la fonction « essorage » de votre lave-linge et sortez le linge détrempé du tambour. Étendez-le ensuite tel quel, dehors. Le poids de l'eau lissera tous les plis ! Bien sûr, cette méthode est à éviter avec certains vêtements qui passeraient d'un 38 à un XXL !

Le gel qui rend blanc

Pour redonner blancheur et éclat à son linge blanc, Grand-mère commençait, bien sûr, par le laver sans le mélanger aux couleurs. Ensuite, elle l'étendait dehors, sur sa terrasse… les soirs de gel ! Et le lendemain, quelle surprise de retrouver un linge plus blanc que blanc !

Défroisser un vêtement

Vous avez porté votre pantalon 2 heures hier et le voilà tout froissé. Le mettre au pressing pour si peu ? Pas question ! Pour le défroisser, il existe une astuce toute simple. Vaporiser dessus un peu d'eau et laissez sécher à l'air ambiant. Vous pouvez le porter une deuxième fois !

Sécher les pulls en laine

Nombre d'entre nous se sont déjà fait avoir : un pull en laine joliment cintré étendu sur un sèche-linge se détend… Pire, il finit carrément en nuisette. Pour éviter cela, placez le pull entre deux serviettes éponge et passez dessus un rouleau à pâtisserie. Séchage accéléré et forme du pull préservée.

Contre les marques de fer

Vous n'avez pas réglé le fer à repasser sur la température adéquate… Résultat ? Une traînée jaune est apparue sur la chemise blanche de votre homme. Pour la faire disparaître, frottez la trace avec de l'eau additionnée d'un peu d'eau oxygénée. Une fois la chemise rincée, mouillez la tache et saupoudrez de sel fin…

Des épinards pour la laine

L'écharpe noire que Grand-mère vous a tricotée est indémodable. Vous l'adorez. Seulement voilà, vous craignez que le noir passe au lavage… Mais c'est sans compter sur l'astuce que Mamie vous a glissée à l'oreille lorsqu'elle vous l'a offerte : la laver dans l'eau de cuisson des épinards !

Lingerie en salade

Dentelles et passementeries ne s'entretiennent pas à la légère. Pour prolonger la vie de votre lingerie, et si le soleil est aux abonnés absents, préférez un tour dans l'essoreuse à salade plutôt que dans votre sèche-linge… Vos sous-vêtements fragiles vous en remercieront.

Tache de vinaigrette

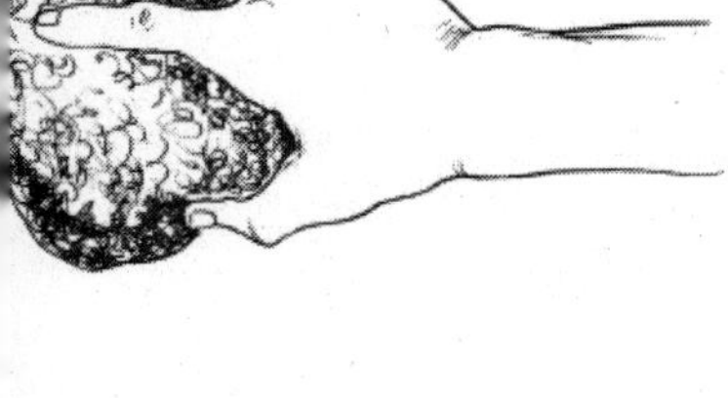

Grand-mère vous a appris à faire la meilleure des vinaigrettes. Et elle vous a également appris à la nettoyer si, par malheur, vous la renversiez sur votre beau chemisier ! Ironie du sort, c'est l'eau vinaigrée qui éliminera pour sûr les taches de vinaigrette. Frottez avec une éponge, la trace ne devrait pas faire long feu.

Auteurs : Élodie Baunard, Sandrine Coucke-Haddad, Sonia de Sousa et Laurent Vinet

Illustrateur principal : © Irina Sarnavska - Lenivitz Production

Sauf : p. 35 © Natalia Poberezhna - iStockphoto.com ; p. 41 © Natalia Poberezhna - iStockphoto.com ; p. 47 © Keith Bishop - iStockphoto.com ; p. 48 © Natalia Poberezhna - iStockphoto.com ; p. 52 © Classix ; iStockphoto.com ; p. 53 © Classix - iStockphoto.com ; p. 56 © samposnick - iStockphoto.com ; p. 57 © Transfuchsian - iStockphoto.com ; p. 60 © d_rich - iStockphoto.com ; p. 62 © Natalia Poberezhna - iStockphoto.com, © George Peters - iStockphoto.com ; p. 95 © George Peters - iStockphoto.com ; p. 98 © d_rich - iStockphoto.com ; p. 102 © Kraska - iStockphoto.com, © SaulHerrera - iStockphoto.com ; p. 103 © Classix - iStockphoto.com ; p. 105 © Constance McGuire - iStockphoto.com ; p. 107 © oana stoica - iStockphoto.com ; p. 110 © d_rich - iStockphoto.com ; p. 113 © d_rich - iStockphoto.com , © George Peters - iStockphoto.com ; p. 114 © George Peters - iStockphoto.com ; p. 115 © d_rich - iStockphoto.com ; p. 116 © SaulHerrera - iStockphoto.com, © nicoolay - iStockphoto.com ; p. 117 © SaulHerrera - iStockphoto.com ; p. 118 © Ivan Burmistrov – iStock ,© Duncan Walker _ iStockphoto.com ; p. 119 © Keith Bishop - iStockphoto.com ; p. 120 © duncan1890- iStockphoto.com ; p. 121© yaskii - iStockphoto.com © Kraska - iStockphoto.com ; p. 122 © zhizhong zhou - iStockphoto.com ; p. 126 © oana stoica - iStockphoto.com ; p. 127 © Natalia Poberezhna - iStockphoto.com ; p. 130 © d_rich - iStockphoto.com ; p. 142 © oana stoica - iStockphoto.com ; p. 145 © catrinka81 - iStockphoto.com ; p. 152 © Keith Bishop - iStockphoto.com ; p. 153 © Vasiliy Ganzha - iStockphoto.com ; P153 © deystudio - iStockphoto.com ; p. 154 © d_rich - iStockphoto.com ; p. 157 © George Peters - iStockphoto.com ; p. 158 © Keith Bishop - iStockphoto.com, © Helga Jaunegg - iStockphoto.com ; p. 159 © Kateryna Pruchkovska - iStockphoto.com ; p. 161 © George Peters - iStockphoto.com ; p. 162 © Кирилл Семенов - iStockphoto.com ; p. 164 © Keith Bishop - iStockphoto.com ; p. 165 © d_rich - iStockphoto.com,© Walter Hearn - iStockphoto.com, p. 166 © George Peters - iStockphoto.com, p. 166 © joe demling - iStockphoto.com, p. 173 © Helga Jaunegg - iStockphoto.com, © Classix - iStockphoto.com ; p. 174 © Mike Elliott - iStockphoto.com, © yaskii - iStockphoto.com ; p. 195© Dmytro Patrashchuk - iStockphoto.com ; p. 220 © Duncan Walker - iStockphoto.com ; p. 221 © Mila Petkova - Fotolia.com © d_rich - iStockphoto.com ; p. 228 © Classix - iStockphoto.com ; p. 251 © Kris Black - iStockphoto.com ; p. 255 © George Peters - iStockphoto.com ; p. 268 © Luseen - iStockphoto.com ; p. 271 © Vasiliy Ganzha - iStockphoto.com ; p. 272© Walter Hearn - iStockphoto.com, © Keith Bishop - iStockphoto.com ; p. 273 © yaskii - iStockphoto.com ; p. 174 © George Peters - iStockphoto.com ; p. 276 © Walter Hearn - iStockphoto.com ; p. 277 © Classix - iStockphoto.com ; p. 278 © Keith Bishop - iStockphoto.com ; p. 280 © Scott Luke - iStockphoto.com ; p. 281© Classix - iStockphoto.com ; p. 282 © John Morris - iStockphoto.com ; p. 283 © Кирилл Семенов - iStockphoto.com ; p. 284 © Sergio Bellotto - iStockphoto.com ; p. 287 © lineartestpilot - iStockphoto.com ; p. 288 © Song Speckels - iStockphoto.com, © John Morris - iStockphoto.com ; p. 289 © Duncan Walker - iStockphoto.com ; p. 290© grimgram - iStockphoto.com, © Keith Bishop - iStockphoto.com ; p. 291 © Constance McGuire - iStockphoto.com ; p. 292 © 4x6 - iStockphoto.com ; p. 294 © Elena Kalistratova - iStockphoto.com, © bekir gürgen - iStockphoto.com ; p. 295 © Walter Hearn - iStockphoto.com ; p. 296 © Diane Labombarbe - iStockphoto.com ; p. 299 © ac_bnphotos - iStockphoto.com ; p. 301 © Elena Kalistratova - iStockphoto.com ; p. 303© Keith Bishop - iStockphoto.com , © Scott Luke - iStockphoto.com, © Mike Elliott - iStockphoto.com ; p. 304© Keith Bishop - iStockphoto.com, © Keith Bishop - iStockphoto.com ; p. 306© Song Speckels - iStockphoto.com, © Diane Labombarbe - iStockphoto.com ; p. 307 © Classix - iStockphoto.com ; p. 309 © Keith Bishop - iStockphoto.com, © 4x6 - iStockphoto.com ; p. 314 © yaskii - iStockphoto.com ; p. 315 © d_rich - iStockphoto.com ; p. 316 © Ivan Burmistrov - iStockphoto.com ; p. 317 © Keith Bishop - iStockphoto.com ; p. 319 © Classix - iStockphoto.com ; p. 330 © Ivan Burmistrov - iStockphoto.com ; p. 321 © Classix - iStockphoto.com ; p. 322 © Juan Facundo Mora Soria - iStockphoto.com ; p. 323 © Constance McGuire - iStockphoto.com, © Juan Facundo Mora Soria - iStockphoto.com ; p. 324 © andDraw - iStockphoto.com ; p. 325 © Classix - iStockphoto.com ; p. 327 © Classix - iStockphoto.com ; p. 329 © Duncan Walker - iStockphoto.com ; p. 330 © brett lamb - iStockphoto.com ; p. 331 © d_rich - iStockphoto.com ; p. 332 © Classix - iStockphoto.com ; p. 334 © Helga Jaunegg - iStockphoto.com ; p. 336 © Ivan Burmistrov - iStockphoto.com ; p. 337 © d_rich - iStockphoto.com, © Classix - iStockphoto.com ; p. 338 © Juan Facundo Mora Soria - iStockphoto.com ; p. 346 © classix - iStockphoto.com

EDITIONS ESI

Imprimé par FINIDR en République tchèque à Cesky Tesin

Dépôt légal : décembre 2011 – Achevé d'imprimer : décembre 2011

ISBN : 978-2-35355-925-1 – N° Sofédis : S486731